Inhaltsverzeichnis

Einleitung 5

Die Tierkreiszeichen und ihre Auswirkungsmöglichkeiten 11

- Der Aszendent 15
- Der Widder 16
- Der Stier 20
- Die Zwillinge 24
- Der Krebs 27
- Der Löwe 31
- Die Jungfrau 35
- Die Waage 39
- Der Skorpion 43
- Der Schütze 48
- Der Steinbock 52
- Der Wassermann 57
- Die Fische 61
- Die Sonderbeurteilung der Tierkreiszeichen in den Haupthäusern 65

Sonne, Mond und die Planeten 71

- Der Pluto 76
- Der Neptun 83
- Der Uranus 94
- Der Saturn 112
- Der Jupiter 128
- Der Mars 136
- Die Venus 145
- Der Merkur 153
- Die Sonne 162
- Der Mond 172
- Die Mondknoten 182
- Die Antiszien 183
- Die sensitiven Punkte 184
- Die Fixsterne 187

Besondere Regeln 189

- Von den geistigen, intellektuellen und moralischen Qualitäten 190
- Über die Gesundheitsverhältnisse. Die Krankheitskonstellationen 196

Über Wohlstand und Armut....205
Über Kinder....211
Traditionelle Aphorismen über Liebe und Ehe....214
Über den Beruf....222
Traditionelles über die Eltern....227
Über Reisen....229
Über die Geschwister....234
Über Freunde....235
Über Feinde....236

Die Technik der Diagnose und Prognose....237
Einleitung....237
Beispiel mit Horoskopfigur....239
Geist, Seele, Charakter, Anlagen und Fähigkeiten....250
Die Lebensprognose....260

Die astrologische Diagnose und Prognose

Die Interpretation des Horoskops

Karl Brandler-Pracht

Verlag Heliakon

Velag Heliakon

Umschlaggestaltung: Verlag Heliakon

Druck und Vertrieb: BoD - Books on Demand, Norderstedt

www.verlag-heliakon.de
info@verlag-heliakon.de

ISBN 978-3-943208-43-6

Titelbild: Pixabay

Die Deutsche Nationalbibliothek verzeichnet diese Publikation in der Deutschen Nationalbibliografie; detaillierte bibliografische Daten sind im Internet über dnb.de abrufbar.

Einleitung

Die Astrologie ist, wenn richtig verstanden und angewendet, ein hoher, nicht zu unterschätzender Entwicklungsfaktor der Menschheit. Sie hat zu allen Zeiten bewiesen, dass alles materielle Geschehen, alle seelischen Zustände in einem gewissen Einklang mit den uns umgebenden kosmischen Kräften stehen; denn der Mensch als ein winzigstes Teilchen des Universums befindet sich mit diesem in einer Allverbundenheit.

Der Einfluss der Sterne und die kosmischen Kräfte des Raumes im Augenblick der Geburt eines Menschen sind ein Spiegel seiner ihm mit auf die Welt gegebenen Kräfte, Anlagen und Fähigkeiten, mit denen er seine große Aufgabe, sich zu einer höheren Entwicklungsstufe durchzuringen und damit auch ein wirklich nützliches Glied der menschlichen Gesellschaft, des Staates und der Familie zu werden, zu erfüllen hat. Und dieser Spiegel trügt nicht.

Es ist eine uralte Erfahrungstatsache für den wirklichen Kenner der Astrologie, also für den, der sich eingehend und ohne Voreingenommenheit mit ihren Lehren vertraut gemacht hat, dass das Horoskop der Geburt den Menschen in seiner ganzen körperlichen und seelischen Disposition, allen in ihm ruhenden Kräften und Anlagen und damit auch den gesamten Entwicklungsmöglichkeiten anzeigt.

Alles Leben ist mit den kosmischen Kräften des Universums verbunden. Von der Geburt bis zum Tode wirken daher diese kosmischen Kräfte auf das Individuum ein. Je nach ihrer Qualität können sie auf allen drei Ebenen, der geistigen, mentalen und physischen, fördernd oder hemmend wirken.

Im Allgemeinen lässt sich der, dieser Erkenntnis fernstehende Mensch unbewusst, und ohne Widerstand von dem Auf oder Ab dieser Kräfte treiben. Er erlebt dann sein Geschick als etwas Unabänderliches.

Und warum das? Nur, weil er sich selbst nicht kennt, weil er nicht weiß, dass seine innerste Wesenheit eine offene Empfangsstation ist für alle feinen und feinsten Kräfte des Universums. Der Unwissende und Willensschwache ahnt eben nicht, dass er in der Lage wäre, sein Geschick selbst in die besten Bahnen zu lenken; auch die moderne, wissenschaftliche Astrologie unterstreicht den Saß: „Hilf dir selbst, dann hilft dir Gott!“

Das ist aber keinesfalls in dem brutalen, egoistischen Gewaltsinne zu verstehen, sondern nur auf der geistigen Ebene, in der Höherentwicklung des inneren Menschen, in der Selbsterziehung und in der Kräftigung des moralischen Willens, in einer steten Selbstkontrolle und Selbstzucht.

Denn auch das ist eine Erfahrungstatsache, wer an sich arbeitet, sein Menschentum erhöht, wer sein Wesen auf Gute und Nächstenliebe stellt und ein wahres soziales Empfinden in sich fördert, der verschließt sich von selbst allen ungünstigen und hemmenden kosmischen Einflüssen und bessert damit auch sein ganzes Geschick.

Zu diesem Zweck aber muss sich der Mensch selbst ganz genau kennen, er muss zu einer wahrhaft einwandfreien Selbsterkenntnis gelangen, die nicht getrübt ist durch die Brille der Eigenliebe. Und diese Selbsterkenntnis verschafft ihm sein nach geordneten Prinzipien gearbeitetes Geburtshoroskop. Und dadurch allein schon wird die Astrologie zur Wohltäterin der Menschheit. Sie macht den Menschen frei und unabhängig von allen hemmenden und zerstörenden kosmischen Kräften.

Darin liegt wohl hauptsächlich der erzieherische und fördernde Faktor der Astrologie, dass sie den Selbsterkennenden und Wissenden antreibt, die moralische Willenskraft zu steigern, in seinem Wesen Güte und Nächstenliebe immer mehr zu entwickeln und alles Böse, Unwahre und Ungerechte zu meiden, ein dienender Mensch zu werden für die Menschen.

Er dient damit ja auch sich selbst, denn nun wird er sich bewusst disharmonischen kosmischen Schwingungen verschließen und dadurch immer mehr asoziale Handlungen vermeiden, er wird sich aber auch in Hinkunft bewusst allen guten und fördernden kosmischen Einflüssen öffnen und damit auch für sich günstigere Lebensmöglichkeiten zur Wirksamkeit bringen, seinen Fähigkeiten einen besseren Aufstieg ermöglichen und solcher Art Segen bringend und aufbauend wirken.

Gewiss, die Lehren der Astrologie basieren auf einer bestimmten Gesetzmäßigkeit, gewisse Konstellationen haben und hatten seil Jahrtausenden immer die gleiche Auswirkung, vielmehr die Tendenz dazu. Und trotzdem wird nicht in allen Fällen der gleiche Effekt eingetreten sein. Denn hier ist die Reagenzfähigkeit des Individuums zu beachten.

Eine sehr disharmonische Konstellation kann den einen Menschen zum Verbrechen verleiten, wenn seine ganze Entwicklungsstufe, seine schwache Widerstandsfähigkeit und mangelnde Willenskraft darauf deuten.

Den anderen Menschen aber mit einer höheren Entwicklung und moralischeren Einstellung kann die gleiche Konstellation Umstände des Leides herbeiführen, die er zu erdulden hat und ruhig auf sich nimmt, in dem Bewusstsein, dass auch das Leid ein Erziehungsfaktor ist und zu höherer Erkenntnis führt.

Disharmonische Konstellationen sind überhaupt nicht immer und in allen Fällen als schwere Schicksalsschläge zu werten. Sie erzeugen oft nur aufrüttelnde Spannungszustände, die den Betroffenen zur Abwehr zwingen. Latente, bisher unbenützte Kräfte regen sich dann in ihm und werden ebenfalls zu einem Entwicklungsfaktor.

Die in den nachstehenden Regeln und Aphorismen angeführten, einer mehrtausendjährigen Erfahrung angehörig, sollen keineswegs zur kritiklosen Wahrsagerei verleiten und dürfen nicht immer als absolut feststehend gewertet werden. Es ist ja überhaupt nicht die eigentliche Aufgabe der Astrologie, die Geschicke des Lebens zu prognostizieren, sondern sie soll in erster Linie die innerste Wesenheit des Individuums erkennen lassen, damit dasselbe erfolgreich an sich zu arbeiten vermag.

Man wolle alle diese Regeln in der Hauptsache nur als Inklinationen auffassen und nur in dem Sinne, dass die schicksalshafte materielle Auswirkung mehr oder weniger vom Gesamtbild des Horoskops abhängig ist, beziehungsweise vom Individuum selbst.

Die kosmischen Einflüsse zeigen überhaupt nur die Tendenz zu gewissen Auswirkungsmöglichkeiten, und diese hängen wieder all von den Einwirkungen der Kraftfelder, in denen sich die betreffenden Planeten befinden. Ein disharmonischer Aspekt zwischen Saturn und Mars z. B. richtet sich ganz nach den Zeichen und Häusern, in denen sich die beiden Aspektbildner befinden.

Er muss also nicht immer schwere Geschicke bedeuten, sondern kann auch zu seelischen Spannungszuständen führen, zur Erregung von Leidenschaften oder allzu großer Betonung des egoistischen, materiellen Ichs. Dadurch werden für den höher strebenden Abwehrkräfte aus der Latenz gehoben, die in weiser Anwendung eine ungeahnte Stärkung der moralischen Willenskraft zur Folge haben und in diesem Sinne ebenfalls fördernd und erzieherisch wirken. Aber kennen muss man diese Einflüsse, und dazu sollen die Aphorismen dieses Buches dienen.

Der Neuling in der Astrologie, der sich mit Eifer und Hingabe durch den astronomisch-mathematischen

Teil der Astrologie durchgearbeitet hat und wissenschaftlich einwandfrei ein Horoskop zu errichten vermag, will nun auch den Lohn seiner Mühe haben, er will wissen, was ihm die Sterne zu sagen haben und wer er aufgrund dieser Aussagen in seiner innersten Wesenheit eigentlich ist.

Diesen Weg hat jeder Anfänger beschritten und in Hinkunft wird ihn auch jeder beschreiten müssen.

Freilich wird er bald einsehen, dass diese Aphorismen nicht in allen Fällen und unbedingt stimmen.

Er wird stellenweise auf Versager stoßen, eine bestimmte Regel wird in dem einen Horoskop zutreffen, in dem andern aber weniger oder gar nicht. Und das ist nur natürlich, denn allgemeingültige, allen Verhältnissen unbedingt entsprechende Vorschriften gibt es nicht.

Jeder Mensch ist ein Sonderwesen, ein Individuum für sich, und sein Horoskop drückt eben dieses Sonderwesen aus. Daher muss ein kritikloses Abschreiben dieser Regeln auch teilweise zu Fehlern und Irrtümern führen.

Und trotzdem sind diese Regeln ganz wertvoll zu verwenden für den, der die richtige Auswahl zu treffen versteht, der durch das Studium des 2. Bandes dieser Kollektion „Synthese“, die synthetische Grundlage der prognostischen Astrologie sich zu eigen gemacht hat.

Durch diese Lehren wird er imstande sein, die gesonderte Reagenzfähigkeit des Individuums zu erkennen und aufgrund dieser Erkenntnis eine streng individuelle Diagnose zu leisten.

Er weiß dann, dass eine bestimmte disharmonische Konstellation den einen Menschen zu unrechten Handlungen verleitet, den anderen aber in der gleichen Richtung derartiges erleiden lässt.

Er wird dann die für diese derartige Konstellation bestehenden Kegeln richtig zu werten und anzuwenden wissen, denn alle diese Regeln sind auch mehrdeutig. Das vorliegende Regelmaterial soll nur eine Stube für den Anfänger sein und nicht mehr. Der Gebildete, der über eine astrologische Erfahrung von vielen Jahren verfügt, bedarf ihrer nicht mehr.

Es kann nicht genug wiederholt werden: „Zur bloßen Wahrsagerei sollen und dürfen diese Regeln nicht verwendet werden." Jedes kritiklose Abschreiben kann nur zu Irrtümern führen. Erst das gründliche Studium der Analyse und Synthese der Astrologie führt zur sicheren Auswahl dieser Regeln.

Man muss dazu auch erst eine logische Kombinationsfähigkeit, eine psychische Einfühlungsgabe entwickelt haben und außerdem noch wichtige Faktoren, wie Heredität, Rasse, Erziehung, Milieu, usw., strengstens berücksichtigen.

Erschöpfend und alle Möglichkeiten umfassend können diese Regeln auch nicht sein. Es ist die Aufgabe dieses Buches, im Verein mit dem 2. Band dieser Kollektion „Synthese" nur als Vorbereitung zu dienen für den Band 6, der die eigentliche Interpretation eines Horoskops eingehend lehrt unter Berücksichtigung aller kosmischen Einflüsse und deren vielfachen Verbindungen.

Die in diesem Buche angeführten Aphorismen und Regeln sind nur Hinweise bzw. die Anfangsgründe, die das Studium der höheren Technik der Interpretation vorbereiten sollen.

Die Tierkreiszeichen und ihre Auswirkungsmöglichkeiten

Man kann die Tierkreiszeichen als polarisch abgestimmte Kraftfelder ansehen.

Zur Begründung dieser Anschauung muss ich den Leser auf die diesbezüglichen Ausführungen in Band 2 dieser Kollektion „Synthese" verweisen.

Immerhin sei es mir gestattet, aus pädagogischen Gründen einen Teil der Lehren des erwähnten Buches auszugsweise hier nochmals vorzuführen.

Man kann annehmen, dass der Raum von einer fortwährend tätigen Ursubstanz durchflutet wird.

Diese Ursubstanz trägt die Keime zur kosmischen Entwicklung schon in sich, die dann in der Folge die verdichtete Nebelmaterie und aus dieser, die Gestirne entstehen lässt, die dann ihrerseits wieder das Leben des Mikrokosmos hervorrufen.

Demnach ist der Mensch nicht nur von den Emanationen der Sterne umgeben, sondern auch von den Einflüssen der Energie des Raumes, die als die primäre Wirkung anzusehen ist. Daher sind die Tierkreiszeichen eigentlich polarisierte Kraftfelder.

Deshalb ist es ganz unangebracht, diese Tierkreiszeichen mit den gleichnamigen Sternbildern zu verwechseln, wie es manchmal von astrologisch nur wenig Orientierten geschieht.

Die Emanationen der so unendlich weit entfernten Fixsterne sind auf den Menschen von nur geringem und dabei überhaupt ganz anders gearteten Einfluss.

Die Bewegungsformen der Ursubstanz entsprechen den sogenannten vier Urqualitäten Warm, Kalt, Trocken und Feucht. Erst durch diese Urqualitäten vermag sich die Ursubstanz zu manifestieren. Diese Auffassung wurde schon in den Philosophien des Aristoteles, Plato, Empedokles und von den Hermetisten des 18. Jahrhunderts gelehrt. Aber auch die uralte indogermanische Weltanschauung mit den Prinzipien Akasha und Prana und den tattwischen Manifestationen derselben baut sich auf diesen vier Urqualitäten auf. Tattwa heißt ja an und für sich Bewegung, also der zentrale Impuls, der die Materie in Erscheinung treten lässt. Nach diesen Lehren hat man Warm und Kalt als die aktive und Feucht und Trocken als die passive Energie anzusehen.

Durch ihr Zusammenwirken führen diese vier Urqualitäten schon zu einer etwas stofflicheren Manifestation der Universalkraft, den sogenannten vier Urelementen bzw. Aggregatzuständen: Feuer, Luft, Wasser und Erde. Man wolle das nicht im modern wissenschaftlichen Sinne verstehen, denn diese Urelemente sind nicht Grundstoffe, sondern Zustandsformen bzw. Bewegungs- oder Schwingungsformen.

Das Urelement Feuer entspricht den Urqualitäten Warm und Trocken und der strahlenförmig sich ausbreitenden Bewegungsform. Es manifestiert sich als Energie, Leben, Kraft.

Das Urelement Luft entspricht den Urqualitäten Warm und Feucht und der gasförmigen Bewegungsform und entwickelt Teilbarkeit, Schmiegsamkeit und Anpassungsfähigkeit.

Das Urelement Wasser entwickelt sich aus den Urqualitäten Kalt und Feucht und entspricht der sich wellenartig ausbreitenden Bewegungsform. Es beeindruckt das Empfindungsleben, das Gemüt und das Gefühl.

Das Urelement Erde bildet sich aus den Urqualitäten Kalt und Trocken und entspricht einer zusammenziehenden Bewegungsform. Hier herrscht eine größere Bindung an das Materielle, führt daher zu dichteren und festeren Manifestationen.

Die Art und Weise nun, wie jene Kräfte, die in diesen Urelementen zur Auswirkung drängen, stellt sich durch die sogenannten Konstitutionen dar, die man mit kardinal, fix oder gewöhnlich (besser jedoch als labil) bezeichnet.

Die kardinale Konstitution entspricht jener Kraft, die energisch nach äußerer Betätigung drängt.

Die fixe Konstitution entspricht jener Kraft, die zu Festigkeit und Starrheit, zur Erhaltung eines bestimmten Zustandes tendiert.

Die labile Konstitution (oft auch mit gemeinschaftlich bezeichnet) entspricht einer gleichmäßig rhythmisch schwankenden, schmiegsamen

Kraft. Jedes der zwölf Tierkreiszeichen hat nun eine bestimmte Zugehörigkeit zu den Urqualitäten, Urelementen und Konstitutionen, wie folgt:

Dem Feuer-Element und den Urqualitäten Warm und Trocken gehören Widder, Löwe und Schütze an. Dabei ist Widder kardinal, Löwe fix und Schütze labil oder gemeinschaftlich.

Dem Erde-Element und den Urqualitäten Kalt und Trocken gehören Stier, Jungfrau und Steinbock an. Dabei ist Stier fix, Jungfrau labil und Steinbock kardinal.

Zum Luft-Element und den Urqualitäten Warm und Feucht gehören Zwillinge, Waage und Wassermann. Dabei ist Zwillinge labil, Waage kardinal und Wassermann fix.

Dem Wasser-Element und den Urqualitäten Kalt und Feucht gehören Krebs, Skorpion und Fische an. Dabei ist Krebs kardinal, Skorpion fix und Fische labil.

Die Urqualitäten in den einzelnen Zeichen treten nicht in gleicher Stärke auf, immer dominiert die eine Urqualität über die andere. Auch hat manches Zeichen einen Unterton durch eine dritte Urqualität. Darüber findet der Leser in Band 2 genügende Aufklärung. Alle Feuer- und Luftzeichen sind positiv und alle Erd- und Wasserzeichen negativ.

Man mag sich zu diesen Anschauungen der Alten stellen, wie man will, man wird aber immer auf die erstaunliche Tatsache stoßen, dass diese Prinzipien mit den durch die Empirik erkannten Einflüssen der Zeichen und Gestirne im vollen Einklang stehen.

Die Astrologie kann eben der metaphysischen Grundlage nicht ganz entbehren. Jeder absolut rationalistische Erklärungsversuch hat sich bisher als unzulänglich erwiesen. Da nun die Tierkreiszeichen als die ursprüngliche kosmische Kraftquelle anzusehen sind, ist ihr Einfluss auf den Menschen von besonderer Bedeutung.

Unter Berücksichtigung aller der hier angeführten Prinzipien erhält man die essenzielle Natur der Zeichen. Diese wird nur dann zur reinen Auswirkung gelangen, wenn der Regent des betreffenden Zeichens (der Herr desselben) nicht in einem Zeichen entgegengesetzter Natur steht und wenn es nicht von Planeten entgegengesetzter Natur besetzt ist.

Es muss aber beachtet werden, dass der Grundton der essenziellen Natur eines Zeichens immer dominiert, es ist daher der Einfluss des

Herrschers, der Aspekte usw. nur als sekundäre Unterströmung aufzufassen, also als aufhellende oder verdunkelnde Lasur.

Diese kosmischen Emanationen erstrecken sich natürlich auf die gesamte Erscheinungswelt, und zwar mit ihren drei Ebenen, der geistigen, seelischen und körperlichen. Es muss demnach ihr Einfluss auch im menschlichen Dasein auf alle drei Ebenen wirken.

Wenn in der Folge in diesem Lehrbuch stellenweise Ausdrücke gebraucht werden wie: ein Planet oder Zeichen „bringt“, „verursacht“ oder „macht“, so sind das nur traditionelle Fachbezeichnungen, die der leichteren Darstellung dienen. Sie dürfen aber keineswegs als absolut zwingende, fatalistisch aufzufassende Unabänderlichkeiten angesehen werden, denn die kosmischen Energien sind weder „gebende“ noch direkt „verursachende“ Faktoren, sondern nur Einflüsse, die erst durch die positive oder negative Reagenzfähigkeit des Menschen zu bestimmten Auswirkungen gelangen können, d. h. also von ihm selbst zur Wirkung gebracht werden.

Die Astrologie lehrt keinen Fatalismus und demnach auch keine absolute Schicksalsgebundenheit. Es sei an den alten Satz erinnert, dass die Sterne wohl geneigt machen, aber nicht zwingen, dass aber der Weise die Sterne regiert.

Der Aszendent

Unter Aszendent wird die Spitze des ersten Hauses verstanden, bzw. der im Augenblick der Geburt am Osthorizont aufsteigende Punkt der Ekliptik.

Das Zeichen, in welches diese Spitze fällt, ist das Geburtszeichen. Wenn z. B. die Spitzes eines 1. Hauses in 5° 27' O steht, so sagt man, dass der so Geborene in der Hauptsache unter dem Einfluss des Zeichens Stier steht, er ist also im Zeichen Stier geboren.

Die nachstehenden Ausführungen über die Einflüsse der einzelnen Tierkreiszeichen – wenn der Aszendent in dieselben fällt – sind nur bedingungsweise zu verstehen, d. h., sie werden korrigiert, verstärkt, abgeschwächt, teilweise auch aufgehoben durch die Einflüsse der Gestirne, ihrer Stellungen und Aspekte, sowie die Zeichen der anderen Häuser und die Zeichen und Stellungen der sensitiven Punkte.

Man wolle also bei der Beurteilung der körperlichen Anlagen, sowie der Gesundheits- und Krankheitsverhältnisse nicht nur das 1., sondern auch das 6. Haus beachten, sowie die Stellungen von Sonne und Mond und den Punkt für Krankheit und Tod; bei Charaktereigenschaften, intellektuellen und moralischen Eigenschaften außer dem Aszendenten die Sonne, das 3. und 9. Haus, nebst den Stellungen von Mond, Merkur und Uranus, bei finanziellen Angelegenheiten auch das 2. Haus, die Stellung des Punktes für Glück sowie des Mondes und der Sonne; bei allen Angelegenheiten des Vaters, der Heimat usw. auch das 4. Haus, den Punkt für Vater, die Sonne bzw. den Saturn; bei allen Angelegenheiten betreffend die Kinder auch das 5. Haus, den Punkt für Kinder und die dafür entsprechenden Himmelskörper; bei allen Ehe- und Liebesangelegenheiten auch das 7. und das 5. Haus, den Punkt für Ehe und die Stellungen von Sonne, Mond, Mars und Venus usw. je nach der Bedeutung des betreffenden Hauses.

Und jedes Mal wolle man auch den Herrn des Zeichens des betreffenden Hauses berücksichtigen. Nur wenn die dadurch gewonnenen Aussagen zum größeren Teil mit den Einflüssen des Zeichens vom Aszendenten übereinstimmen, kann man die nachstehenden Grundeinflüsse ohne besondere Korrektur annehmen.

Der Widder

♈

Allgemeinbeeinflussung

In diesem Zeichen hat der Mars als Geburtsgebieter den stärksten Einfluss. Es hängt daher viel von seiner kosmischen Stellung und der seines Dispositors ab.

Dieses Zeichen gehört der Feuer-Triplizität und dem Zusammenwirken der beiden Urqualitäten Warm und Trocken an, wobei Trocken dominiert. Dadurch wird die starke Kraftquelle zu tensional, rücksichtslos und leidenschaftlich.

Der durch dieses Zeichen Signifizierte sieht mehr oder weniger seinen Willen als das oberste Gesetz an und sucht ihn durchzusehen zugunsten seines eigenen Ichs, in vielen Fällen sogar mit Anwendung von Gewalt. Die große, treibende Energie kennt besonders beim minderentwickelten Typ keine Hemmung.

Der höher entwickelte Typ jedoch vermag durch besonnenere Ausnutzung dieser Kraftquellen Großes zu verrichten, wenn er sich als dienendes Glied einer Idee unterstellt.

Im Allgemeinen zeigen die unter dem Zeichen Widder geborenen Menschen eine gerade und offene Gemütsart, cholerisches Temperament, einen etwas herrschsüchtigen Charakter, festen Willen, lebhaften Geist, eine feurige, sehr energische, rastlose aber wirksame Natur.

Sie haben sehr viel Mut und Kühnheit, Unternehmungslust, sind meist ernst, ausführend und bestimmt, aber mehr in großen Zügen; allen Details sind sie abgeneigt und lieben keine Umschweife, daher sie meist rücksichtslos geradenwegs auf ihr Ziel losgehen.

Es beeinflusst dieses Zeichen zu großer Impulsivität, Enthusiasmus, Kühnheit, Unerschrockenheit, Unternehmungslust, Freiheits- und Unabhängigkeitsliebe, Großmut, stark ausgeprägtem Pflichtgefühl, Freigebigkeit, Freisinn und Wachsamkeit.

Die diesem Zeichen unterstellten Personen sind nur bis zu einem gewissen Grade selbstsüchtig, außer bei einer sehr disharmonischen fi Stellung, aber ungestüm, leicht verärgert, aufbrausend, jähzornig, heftig, launisch und kapriziös. Der Jähzorn und die Heftigkeit basieren auf zu starken Gefühlseindrücken, flackern rasch auf, sind aber ebenso schnell wieder beruhigt.

Widdergeborene können sich nur schwer als Untergebene behaupten, sie wollen stets an der Spitze stehen und halten sich befähigt, in leitenden Stellen zu wirken, selbst dann, wenn die Kräfte und Kenntnisse nicht vorhanden sind. Sie schrecken vor nichts zurück, wagen alles und gehen durch dick und dünn. Sie sind als Bahnbrecher, Führer, Pioniere veranlagt – bei sonst disharmonischen Konstellationen, besonders bei Verlegungen der Himmelslichter durch Neptun und Uranus, erweisen sie sich aber auch als Fantasten und Wirrköpfe.

Sie handeln sehr schnell, in großer Begeisterung, oft auch sehr unüberlegt, führen, regieren und herrschen gern, haben großes Vorwärtsstreben, sind für Ideen rasch begeistert, geizen nach Anerkennung, hohen Stellen und Ehren, gehen ungeachtet alles Widerstandes fest und mutig auf ihr Ziel los, haben meist einen guten Geschmack und eine gesunde Urteilskraft, sind aber zu impulsiv, sodass sie oft die eigene Arbeit durch Ungeduld, Ärger, rasches Temperament, Unüberlegtheit oder Eifersucht infrage stellen oder sogar zerstören.

Sie sind sehr lernbegierig und wissensdurstig, hauptsächlich, wenn Uranus und Merkur günstig stehen, geistreich, genial, witzig, mit Neigung zur Prahlsucht, unterhaltend und oft gute Gesellschafter, schwärmen für Ordnung, Schönheit, Harmonie und stimmungsvolle Umgebung. In allen Lagen des Lebens wissen sie sich zu helfen, denn sie haben meist ein sehr großes Vertrauen in ihre Fähigkeiten, Talente und Geschicklichkeiten.

Im Allgemeinen sind Widdergeborene wohltätig und freigebig, oft bis zur Verschwendung, doch haben sie selten Dank zu erwarten. Sie werden leicht hintergangen, da sie sehr oft an Unwürdige ihre Wohltaten verschwenden. Sie sind sehr bildungsfähig, emsig, sehr tätig, erfinderisch, in ihren Ansichten sehr frei, zeigen großes Interesse für Politik und öffentliche Angelegenheiten und haben die Kraft, ihrer Meinung und ihren Bestrebungen Achtung zu verschaffen und sie durchzusetzen.

Sie lieben Studium und Forschung und argumentieren gern. Die Freude an plötzlichen Veränderungen hat den öfteren Wechsel der Ansichten und Meinungen zur Folge, die aber immer die betreffende Persönlichkeit voll erfüllen und sie durchdringen.

Widdergeborene sind in der Regel große Naturfreunde, lieben den alpinen Sport besonders und verweilen gern auf hohen Orten. Sie erfreuen sich meist einer guten Intuition. Ihre leibliche Verwandtschaft schätzen sie nicht allzu hoch ein, dagegen sind sie für die Seelenverwandtschaft sehr empfänglich.

Die Fehler dieses Zeichens sind Mangel an Ruhe, Ungeduld, Rücksichtslosigkeit, Gereiztheit, Unüberlegtheit. Die betreffende Persönlichkeit muss lernen diese Fehler zu besiegen, sich zur Ruhe und Überlegung zu zwingen und Geduld und Freundlichkeit sowie Nachgiebigkeit zu üben.

Auch in der Rastlosigkeit und Überanstrengung bietet dieses Zeichen Gefahren und muss der ihm Unterstellte seinen Tätigkeitsdrang insofern beherrschen lernen, als er zu große Ansprüche an Körper und Geist vermeiden muss, er soll in jeder Beziehung ruhiger werden.

Die niedere Entwicklungsstufe der diesem Zeichen Unterstellten – bei sehr disharmonischer Mars Stellung, Verlegung der Himmelslichter Sonne und Mond und starker Domination von Saturn, Mars oder Uranus bei schwachen Stellungen von Jupiter und Venus oder deren Verlegung durch Saturn oder Mars – zeigt Grausamkeit, Rachsucht, aggressives Benehmen, Dogmatismus und Fanatismus, Wankelmütigkeit, Ausschweifung, Unbeständigkeit in den Anschauungen, die aber jedes Mal von stark intensiver Natur sind. Die Anschauungen und Ideen wechseln aber beim niederen Typus sehr oft. Bei entsprechenden Konstellationen ist Bigotterie, Blindgläubigkeit und religiöser Starrsinn vorhanden.

Die folgenden Dekanatseinflüsse sind keineswegs ausschlaggebend, sondern nur als Untertöne zu werten. (*Siehe mein Buch: „Die astrologische Synthese“*)

1. Dekanat 0° – 10° Widder

Hier ist Mars auch der Dekanatsherr. Das Temperament ist feuriger, die Willenskraft energischer, besonders wenn Mars in einem Feuerzeichen steht. Große Unternehmungslust, Strebsamkeit, Ideenreichtum, Ausdauer, Energie, aber auch oft eine Überschätzung der Kräfte, da meist mehr geplant wird, als auszuführen möglich ist. Stark ausgeprägte Neigung zur Beherrschung der Umgebung.

Bei günstiger Merkur, Mond und Uranus Stellung aufgeweckter, fruchtbarer Intellekt, der sich mit starker Tatkraft Geltung zu verschaffen weiß. Bei disharmonischer Mars Stellung treten in diesem Dekanat die ungünstigen Mars Einflüsse dominierender auf und geben dem Charakter viel Rücksichtslosigkeit, Unruhe, Unbeherrschtheit, Neigung zur gewaltsamen Bekämpfung von Widerständen, Brutalität, starke Triebhaftigkeit.

2. Dekanat 10° – 20° Widder

Dieses Dekanat wird von der Sonne beherrscht, wodurch sich der Unterton des fixen Zeichens Löwe bemerkbar macht, der mehr Geduld, Zähigkeit und Ausdauer verursacht. Das Wesen wird großzügiger, die Handlungen gewinnen an Festigkeit und Zielsicherheit. Bei sehr guten Konstellationen entwickeln sich Ritterlichkeit, Gesinnungsadel, wie überhaupt schöne Charaktereigenschaften. Die Liebe zu Sport, Waffen, militärischer Betätigung oder technischen Berufsarten ist stark ausgeprägt. Liebe zum anderen Geschlecht und starke Sinnlichkeit, aber ohne Verlegung von Moral und Sitte. Meist große Naturfreunde. Starke Begeisterungsfähigkeit, Führernatur, aber zu impulsiv. Disharmonische Stellungen zwischen Mars und Sonne verleiten zum Übermaß in allen Dingen, besonders was Tatkraft und Unternehmungslust betrifft.

3. Dekanat 20°– 30° Widder

Als Herr des Zeichens Schütze ist hier Jupiter der Dekanatsherr. Wenn dieser Planet günstig steht, besonders harmonisch mit dem Mars verbunden kann man wohl das 3. Dekanat als das beste des Zeichens Widder ansehen. Es macht geselliger, anpassungsfähiger und schmiegsamer. Viel Lebens- und Genussfreude, große Neigung zu sportlicher Betätigung jeder Art, aber auch zur Natur, zu Tieren, besonders Pferden und Hunden. Aufrichtigkeit, Gerechtigkeitsgefühl, Barmherzigkeit, Güte, intellektuelle Anlagen, wenn die dafür maßgebenden Signifikatoren nicht hinderlich sind. Neigung zu Reisen und Ortsveränderungen, Intuition und gutes Einfühlungsvermögen, guter Ausdruck in Schrift und Rede. Disharmonische Konstellationen zwischen Mars und Jupiter führen zu Übertreibungen, Maßlosigkeit im Genussleben und verursachen, wenn Jupiter sehr schlecht steht, eine Neigung zur Heuchelei.

Der Stier

♉

Allgemeinbeeinflussung

Im Zeichen Stier hat die Venus als Geburtsgebieterin den stärksten Einfluss. Das Zeichen Stier gehört der Erd-Triplizität an mit der Kombination der Urqualitäten Kalt und Trocken, bei Überwiegen von Kalt. Es ist ein negatives und fixes Zeichen.

Dem Zusammenwirken dieser beiden Urqualitäten entspricht ein starkes Beharrungsvermögen, eine passive Kraft, die die Fortdauer eines Zustandes erstrebt und gegen jede Umwandlung Widerstand leistet. Dieses Zeichen symbolisiert Beharrlichkeit, Zähigkeit und lässt durch das dominierende Kalt keine übermäßige Kraftausgabe zu. Alles konzentriert sich stark auf das eigene Wohlergehen, auf Bequemlichkeit und möglichst sorglosem Lebensgenuss.

Stiergeborene haben meist ein großes Selbstbewusstsein und sind sehr von sich eingenommen. Sie besitzen einen sehr festen Willen, Beharrlichkeit, Standhaftigkeit, Ausdauer und ruhige Überlegung sowie diplomatische Fähigkeiten. Dadurch sind sie geeignet, in einer einmal begonnenen Sache durchzudringen und sich durchzusetzen.

Sie haben einen im Allgemeinen mehr ruhigen Charakter mit großer Selbstbeherrschung, der aber trotzdem auch starker Leidenschaften fähig ist. Sie sind dogmatisch, konservativ, eigensinnig, den Ratschlägen anderer nur schwer zugänglich, dulden nur wenig Widerspruch und werden aufbrausend und jähzornig, jedem Argument abgeneigt, wenn sie sich einmal in etwas verrannt haben. Sie sind methodisch, exakt und kritisch, dabei aber in ihren Ansichten selbstsüchtig und rechthaberisch und mit den Leistungen anderer Menschen meist unzufrieden.

Die unter diesem Zeichen geborenen Menschen haben die Neigung zu herrschen, zu dominieren und verlangen nach dem Kampf nur um des Sieges willen. Durch ihr Streben zur Vorherrschaft ziehen sie sich oft starke Feindschaften und Unbeliebtheit zu. Ihr Selbstgefühl und ihre Standhaftigkeit arten oft in Einbildung, Pedanterie, Rechthaberei und Trotzigkeit aus, sie sind schwer versöhnlich, tragen lange nach und zeigen sich ihren Feinden gegenüber meist bitter und rachsüchtig, mitunter grausam, besonders bei disharmonischen Aspekten mit Mars und Saturn.

Wenn man ihnen recht gibt, so sind sie äußerst freundlich und liebenswürdig. Sie sind im Allgemeinen sehr gütig, hilfsbereit, freigebig und machen sich gern mit den Angelegenheiten und Sorgen anderer Menschen oft in der uneigennützigsten Weise zu schaffen. Zeitweise verfallen sie aber in Parteilichkeit, Eifersucht und Argwohn, obwohl ein starkes Gerechtigkeitsgefühl in ihnen wohnt. Sie lassen sich eben zu sehr von ihren Sympathien und Antipathien – die infolge einer stark sensitiven Veranlagung besonders auftreten – beherrschen und beeinflussen.

Die unter dem Zeichen Stier geborenen Menschen haben bei harmonischer Mond und Merkur Stellung meist ein gutes Gedächtnis, lernen leicht, besiegen viel Fantasie und Intuition, glühende Wunschkraft.

Trog aller Tendenz zur Ruhe und Bequemlichkeit neigen sie doch zu praktischen Betätigungen und zeigen sie sich sehr geschickt, besonders vorherrschend ist die Liebe zu Garten- und Landwirtschaft.

Die Bequemlichkeitsliebe artet bei niederen Entwicklungsstufen allerdings oft in Trägheit aus oder in Schwerfälligkeit des Geistes, die keineswegs angeboren ist, sondern dem allzu großen Bequemlichkeitsbedürfnis entspringt und bekämpft werden muss. Es sind dies die Hauptfehler des Stiergeborenen, desgleichen ihre große Herrschlust, Rechthaberei und allzu stark ausgesprochene Neigung für die Annehmlichkeiten des Lebens, die Genusssucht; Stiergeborene sind immer große Freunde von Tafelgenüssen, der Schönheit, der Liebe, der sie sehr ergeben sind, überhaupt aller Lebensfreuden. Sie neigen sehr zu Zärtlichkeiten.

Im Allgemeinen sind sie feingeistig, empfindsam, besiegen Liebe zur Natur, zu Wissenschaften und Künsten, zur Philosophie und gehen aus ihren Reihen viele gute Schriftsteller, Gelehrte, Künstler und Redner hervor, welch letzterer Beruf durch ein meist sehr wohlklingendes Organ unterstützt wird, das aber, besonders bei Besetzung dieses Zeichens durch den Saturn sehr leicht heiser wird. Sie eignen sich auch für alle Berufe, wo sie herrschen und dominieren können, daher ihnen die Möglichkeit zum Aufstieg in höhere soziale Stellungen und zu Würden und Ehren gegeben ist, obwohl sie es im Allgemeinen immer etwas schwerer haben, im Leben hochzu kommen.

Stiergeborene sind in ihren Gefühlen etwas reserviert und lassen nur ungern in ihr Inneres blicken, daher sind sie nicht allzu sehr mitteilsam, neigen viel eher zur Schweigsamkeit.

Sie sind anhänglich, in Freundschaft treu und fest, doch unpünktlich und nachlässig bezüglich ihrer Versprechungen, wodurch ihnen oft Schaden erwächst. Unter dem Zeichen Stier geborene Menschen sind meist sehr achtsam auf ihre irdischen Güter und in dieser Beziehung ziemlich materiell gesinnt, denn Stir ist ein fixes Erdzeichen. Es wird daher allen finanziellen Angelegenheiten, wie überhaupt dem irdischen Besitz ein größeres Interesse zugewendet und dieser mit Zähigkeit und Hartnäckigkeit festzuhalten gesucht.

1. Dekanat 0° – 10° Stier

Die Geburtsgebieterin Venus beherrscht auch das 1. Dekanat. Durch diesen doppelten Einfluss erhält die Stellung der Venus ein besonderes Gewicht. Der Hang zu den Freuden des Lebens ist gesteigert. Starke Leidenschaften und drängende Triebe. Guter Intellekt, wenn Merkur nicht zu sehr beschädigt ist, auch warmes Interesse für Künste und Wissenschaften, Begeisterungsfähigkeit. Bei entsprechender disharmonischer Winkelbildung treten die Fehler, die dieses Zeichen bedingt, stärker hervor, besonders bei einer disharmonischen Verbindung der Venus mit Mars und Saturn.

2. Dekanat 10° – 20° Stier

Der Dekanatsherr ist der Merkur, der das labile Erdzeichen Jungfrau beherrscht. Stark auf das praktische Leben gerichtete Veranlagung. Gute intellektuelle Fähigkeiten, gutes Urteil und Unterscheidungsvermögen. Trotzdem sehr dem Genussleben ergeben, oft sogar im Übermaß, Liebe zu Luxus, Glanz und Schönheit. Stärkere Anpassungsfähigkeit, größeres Mitteilungsverlangen. Es herrscht eine freiere Lebensauffassung und eine größere Beweglichkeit sowohl im Denken als auch im Fühlen vor, nicht so konservativ wie im 1. Dekanat, daher auch eine gewisse Neigung zu Wechsel und Veränderung.

3. Dekanat 20° – 30° Stier

Der Dekanatsherr ist hier der Saturn als Regent des Zeichens Steinbock. Wenn dieser Planet nicht harmonisch steht, so wirkt sich seine

Mitherrschaft im 3. Dekanat des Venus in vielen Beschränkungen, Hemmungen und Hindernissen aus. Der materielle Einschlag des Zeichens Stier kann dann bis zum Geiz ausarten. Die Tatkraft ist gesteigert, hat aber mit Fehlschlägen zu rechnen, trotzdem aber erlahmt die Persönlichkeit nicht so schnell, einer Ameise gleich baut sie immer wieder von vorne auf. Der Drang zum Genussleben wird durch vernunftgemäßes, zweckentsprechendes Denken in gedeihlichen Grenzen gehalten. Geringeres Mitteilungsbedürfnis.

Die Zwillinge

Allgemeinbeeinflussung

Den größten Einfluss in diesem Zeichen hat der Geburtsgebieter Merkur.

Das Zeichen Zwillinge gehört der Luft-Triplizität und den Urqualitäten Warm und Feucht an, mit einem leichten Einschlag von Trocken. Es ist ein positives labiles Zeichen. Das in ihm wirkende dynamisierende Warm mit dem plastischen, eigentlich formgebenden, verteilenden Feucht gibt der Auswirkung dieses Zeichens auf den Menschen eine größere Geistes- und Gefühlsbeweglichkeit, wobei das unterströmende Trocken eine gewisse Verdichtung des Spirituellen gestattet. Daher symbolisiert dieses Zeichen in der Hauptsache die intellektuellen Fähigkeiten, die Beweglichkeit, Veränderung und Anpassungsfähigkeit.

Die unter dem Zeichen Zwillinge geborenen Personen besietzen im Allgemeinen eine liebenswürdige, gütige, biegsame, willige Charakterveranlagung. Meist zeigen sie eine Doppelnatur, indem sie anders reden und anders handeln. In ihren Handlungen sind sie sehr unentschieden und unentschlossen. Sie sind wenig selbstsüchtig, aber freigebig, freundlich und zuvorkommend, etwas nervös, fahrig, in allen Bewegungen sehr unruhig, können selten ruhig sitzen oder stehen, haben raschen Gang, sind immer ruhelos, redselig, weitschweifig, schlau und oft unwahr.

Zwillingsgeborene sind im Allgemeinen sehr freundlich und hilfsbereit und beschäftigen sich gern mit den Sorgen anderer Menschen. In der Mehrzahl haben sie religiösen Sinn, hängen also an religiösen Dogmen mehr als andere Menschen, dabei aber sind sie nicht ohne Toleranz, menschenfreundlich, manchmal leicht gereizt und aufgebracht, aber ebenso schnell wieder beruhigt; wenn sie mitunter in heftigen Zorn kommen, bereuen sie sofort wieder und suchen ihr Unrecht gutzumachen.

Dieses Zeichen gibt im Allgemeinen einen erfinderischen scharfen Geist, gute Rednergabe und große Neigung zu den Wissenschaften oder Künsten, tiefe Leidenschaften und festen Willen. Die Neigung, Hindernisse zu besiegen, lässt manches, anscheinend als unerreichbar geltende Ziel erringen, um so mehr, da auch eine große Zähigkeit und Ausdauer vorhanden ist. Manchmal jedoch greift eine teilweise Unentschlossenheit ein, welche im Augenblick des Handelns lähmend wirkt, wenn aber diese Unentschlossenheit überwunden ist, tritt eine umso stärkere Energie und Tatkraft ein.

Die große Beweglichkeit, Anpassungsgabe, körperliche wie geistige Lebendigkeit, die diesem Zeichen eigen ist, macht den Zwillingsbeeinflussten sehr vielseitig, mit regem Interesse für alles Neue, jedoch mit der Gefahr der Oberflächlichkeit, ohne tiefere Konzentration.

Sie sind von Natur aus gütig und besonders gegen Freunde sehr aufopferungsfähig.

Unter dem Zeichen Zwillinge geborene Menschen sind im Allgemeinen sehr sensitiv. Ihre geistige Disposition neigt sehr zur Verfeinerung. Zeitweise bekommt die Vernunft die Oberhand über die Empfindungen und der Intellekt wird stärker als das Gefühl. Dann aber tritt wieder große Ruhelosigkeit ein und eine, durch die Übermacht des nervösen Temperamentes bedingte Reizbarkeit, sie fallen dann in Selbstquälerei, übergroße Angst und Sorge und in rätselhafte Beklemmungen.

Im Allgemeinen aber haben Zwillingsgeborene trog ihrer sehr anpassungsfähigen Natur einen festen, starken Willen, zeigen auch eine große Neigung zum Befehlen, ohne jedoch in Stolz oder Tyrannei zu verfallen. Jedoch neigen sie in allen Dingen zum Extrem.

Unter diesem Zeichen geborene Menschen sind sehr lern- und wissbegierig, Freunde aller Künste und warme Verehrer der Wissenschaften und sind fähig, Berühmtheiten durch Literatur, Kunst oder Wissenschaft zu werden. Sie sind sehr erfinderisch, originell in ihren Gedanken, – und begünstigt durch die ihnen angeborene Schlauheit – sehr geschickt in Rechtssachen, im Handel und Verkehr. Auch zeigen sie mühsamen Handarbeiten gegenüber viel Geschick und verwenden viel Sorgfalt und Geduld darauf. Helle Farben und Blumen sind ihnen sehr sympathisch und sie haben ein lebhaftes Interesse an allem Schönen in Kunst und Natur.

Die Aufgabe der unter diesem Zeichen Geborenen besteht darin, die Oberflächlichkeit und die Selbstsucht zu bekämpfen und durch Selbstbeherrschung und Pflichtgefühl die Ruhelosigkeit zu überwinden.

Sie müssen lernen, ihre nervösen Erregungen zu unterdrücken, dagegen aber durch geeignete Hingebung die Intuition zu beleben, wodurch sie sich den Aufstieg in höhere Entwicklungsphasen erleichtern.

1. Dekanat 0° – 10° Zwillinge

Dekanatsherr ist der Merkur. Von seiner harmonischen oder disharmonischen Stellung hängt sehr viel ab. Bei dessen guter Stellung, besonders wo auch der kräftig gestellte Mond einen günstigen Einfluss auf den Intellekt ausübt, besteht eine leichte Auffassung, ein gutes Unterscheidungsvermögen, Redefluss und praktische geschäftliche Fähigkeiten. Eine disharmonische Stellung des Jupiter zum Merkur verschlechtert den Charakter insofern, als eine Neigung zu List, Täuschung und Unwahrheit besteht. Das Leben wird ereignisreicher, wenn Merkur stark aspektiert wird. Im Allgemeinen viel Unruhe im Wesen, viel Schwankungen und Veränderungsliebe, besonders wenn Merkur mit einem disharmonisch gestellten Mond verbunden ist. Eine harmonische Aspektierung des Merkurs mit dem Saturn, sofern dieser kräftig gestellt ist, verleiht der Persönlichkeit mehr Ruhe und Überlegung.

2. Dekanat 10° – 20° Zwillinge

Die Venus als Regentin des Zeichens Waage beherrscht dieses Dekanat. Eine harmonische Stellung der Venus im Horoskop wird den Charakter des Zwillingsgeborenen sehr gut beeinflussen. Sorglosigkeit, Heiterkeit, Geselligkeit, Freude an Schönheit, Putz und Schmuck, Pracht und Glanz, gefälliges Benehmen, Liebenswürdigkeit machen das Wesen anziehend und sympathisch. Guter, empfänglicher Sinn für die Künste, auch für Tanz, Interesse für Literatur, guter Geschmack in kunstgewerblichen Angelegenheiten. Größere Ereignisse im Leben mit durch Liebe oder Freundschaft verbundenen Personen.

3. Dekanat 20° – 30° Zwillinge

Der Dekanatsherr Uranus beherrscht das Zeichen Wassermann. Es ist meist ein sehr stark ausgeprägter Intellekt vorhanden mit der Fähigkeit für Erfindungen, besonders in der Technik, Elektrizität, Aviatik, Filmwesen, überhaupt in Berufen, die dem Uranus Einfluss unterstehen. Das Wesen neigt sehr zu Extremen aller Art und ist sehr unabhängigkeitsliebend. Nur dürfen Uranus und Saturn nicht disharmonisch gestellt sein oder mit Merkur disharmonische Aspekte bilden, da in solchem Falle viele Enttäuschungen und Misserfolge sehr viel Unruhe in das Leben bringen.

Der Krebs

Allgemeinbeeinflussung

Den größten Einfluss in diesem Zeichen hat der Mond. Es sind daher alle unter dem Zeichen Krebs geborenen Menschen sehr stark den Wirkungen des Mondes ausgesetzt, da er ihr Geburtsgebieter ist.

Das Zeichen Krebs ist der Wasser-Triplizität und den Urqualitäten Feucht und Kalt, bei leichter Domination des Feucht, zugehörig, hat aber auch einen Unterton von Trocken. Es ist ein negatives, kardinales Zeichen. Die Vorherrschaft des Feucht löst allzu große Versteifungen und Starrheiten des Kalt. Dieser Gegenpartner Kalt aber sorgt dafür, dass das formengebende, plastische Feucht in gedeihlichen Grenzen bleibt. Diese Kombination erhält durch den leichten Unterton des Trocken eine mehr nach innen gerichtet.

Tendenz, wodurch der durch dieses Zeichen Signifizierte sehr von seinem Innenleben abhängig ist. Dieses Zeichen symbolisiert die Empfindungs- und Gefühlswelt, aber auch die Mütterlichkeit und Fürsorge.

Die unter dem Krebs geborenen Personen sind sehr ungeduldig und kapriziös, aber klug, bestimmt, intuitiv und wechseln oft ihre Ansichten. Manchmal, besonders bei starkem Mars Einfluss, zeigen sie sich befehlerisch, autokratisch, streng und hart. Sie besitzen eine sehr fruchtbare Fantasie, welche sich an eigenartigen Vorstellungen erfreut. Sie beurteilen ihre Leute meist nur nach dem Äußeren und legen wenig Wert darauf, wie der Betreffende ethisch entwickelt ist, wenn nur die äußere Erscheinung ihren Wünschen entspricht. Sie arbeiten nur ungern unter der Aufsicht oder Anleitung eines anderen Menschen, da sie sich nur schwer unterordnen können – was besonders bei einem dominierenden Uranus Einfluss hervortritt – und da sie ziemlich eigensinnig sind.

Im Allgemeinen sind Krebsgeborene sehr launenvoll, beweglich, unruhig, sehr reizbar, aber arbeitsliebend. Sie lieben Aufwand und Überfluss, neigen aber doch auch zu einem strengen Leben mit guten Sitten. Ihr Charakter ist dem Mondwechsel unterworfen, daher sie schwer zu beurteilen sind u. oft eine große Plage für ihre Umgebung bilden. Sie zeichnen sich durch ein rasches Auffassen und Verstehen aus und haben einen philosophisch veranlagten Geist mit Neigung zur Religiosität, die besonders bei Frauen stark auftritt.

Die Fähigkeit sich andern anzupassen, die Gedanken anderer Personen aufzugreifen und sie als die ihren wiederzugeben, ist sehr groß, es führt diese Fähigkeit oft zu starker Eitelkeit und Überhebung. Der sonst etwas schüchterne, zaghafte Charakter ist überempfindlich für alle Eindrücke von außen und für die Umgebung. Sie sind im Allgemeinen große Geldanbeter, aber Freunde des Schönen und der Künste und haben Nettigkeits- und Ordnungssinn. Sie besitzen meist dramatisches oder musikalisches Talent; obwohl einigermaßen originell, sind sie in der Mehrzahl doch nur Kopisten und verstehen es sehr gut, fremdes geistiges Material als eigenes zu bearbeiten und zu verwerten. Man findet unter diesem Zeichen sehr viel reproduzierende Künstler, Schauspieler, Sänger, Instrumental-Virtuosen, da sie hauptsächlich reproduktiv und nur seltener produktiv sind.

Krebsgeborene lieben ihr Heim und ihre Kinder sehr, sie bedürfen der Häuslichkeit und Sympathie, darüber hinaus aber fällt es ihnen schwer, ihre Sympathie lange ein- und derselben Person zuzuwenden – sie wechseln daher mit ihren Freundschaften und ziehen sich oft dadurch erbitterte Feindschaften zu. Unbeständigkeit ist ihr Hauptfehler und dadurch erschweren sie sich das Leben selbst. Standhaftigkeit zeigt der unter dem Zeichen Krebs geborene Mensch meist nur da, wo es seine Ideale gilt, welche er mit der größten Ausdauer verfolgt. Er hält fest, was er einmal hat. Krebsgeborene unterliegen fortwährend wechselnden Gemütserregungen, sie sind geeignet, alle Grade der Erregungen zu empfinden, die niedrigsten sowohl wie die höchsten. In Vertretung ihrer und ihrer Kinder Angelegenheiten sind sie sehr zäh, hartnäckig und verteidigen ihre diesbezüglichen Rechte in rücksichtslosester Weise.

Das weibliche Geschlecht unter diesem Zeichen ist noch unbeständiger als das männliche. Bisweilen sind Krebsgeborene, wenn disharmonische Aspekte von Mars und Saturn dominieren, und diese Planeten vielleicht auch das 1. Haus und den Mond verlegen, sogar grausam, hart und rücksichtslos, nur um ihre Neigungen befriedigen zu können. Auch die Sucht, über andere Personen ohne Prüfung und ohne Nachsicht rasch zu urteilen, ist an ihnen sehr zu tadeln. Dagegen bildet das Streben zu bemuttern und zu versorgen, besonders ihren Angehörigen gegenüber, einen Grundton ihres Charakters.

Die unter dem Zeichen Krebs Geborenen führen bei entsprechender Stellung der Reisesignifikatoren vielfach ein unstetes Wanderleben; auch werden sie von ihren Gemütsbewegungen und fantasievollen Vorstellungen, von denen sie sich ganz beherrschen lassen, sehr stark beeindruckt.

Deshalb unterliegt auch ihre Laune einem steten Wechsel. Im Allgemeinen sind sie sehr zu beeinflussen, sowohl durch Böses als auch durch Gutes, infolge ihres Mangels an Selbstständigkeit.

Sie verstehen aber ihre Geheimnisse zu hüten. Sie haben Liebe zum Beruf und starkes Verlangen nach Wohlstand und Ehren.

Die weiblichen Krebsbeeinflussten sind meist sehr arbeitsam, aber auch sehr anspruchsvoll, besitzen aber eine große Anziehungskraft infolge ihres ausgesprochen weiblichen Wesens; bei beiden Geschlechtern aber erzeugt dieses Zeichen einen beweglichen Geist.

Zu Zeiten sind sie misstrauisch und übermäßig vorsichtig, dann wieder macht sich plötzlich ein Umschlag geltend in ausgelassener Freude, Unbeständigkeit und eigenartigen Einfällen. Der Zorn lodert rasch auf, verraucht aber ebenso schnell.

Die Fehler dieses Zeichens sind Selbstsucht, Eifersucht, oft Trägheit, Unselbstständigkeit, zu großes Verlangen nach Besitz und Geld, äußerer Pracht, Mangel an Hoffnung und Vertrauen sowie die Neigung zur zügellosen Fantasie.

1. Dekanat 0° – 10° Krebs

Der Mond als Dekanatsherr hat hier einen entscheidenden Einfluss. Seine kosmische Kraft und lokale Position ist sehr zu berücksichtigen, desgleichen auch die Stellung seines Dispositors. Steht er kräftig, was freilich in keinem anderen Kardinalzeichen der Fall ist, so macht er das geistige Wesen sehr empfänglich, lebhaft und aufnahmefähig, gibt großes Verlangen zu Geselligkeit und Vergnügungen, zur schönen Ausgestaltung des eigenen Heims, starkes sensitives Empfindungsvermögen, Offenheit. Der Mond im Abnehmen macht die Persönlichkeit passiver, in der Zunahme aber energischer und tatkräftiger. Bei sehr schlechter Mond Stellung treten in diesem Dekanat die Fehler des Zeichens stärker hervor, besonders die Unbeständigkeit, Launenhaftigkeit und Selbstsucht.

2. Dekanat 10° – 20° Krebs

Der Dekanatsherr ist der Mars, von dessen Stellung viel abhängt. Der Mond Einfluss gewinnt an durchschlagender Kraft, besonders in Bezug auf die Leidenschaftlichkeit des Wesens. Die Launenhaftigkeit ist gereizter, das Wunschleben intensiver und ungestümer zur Realisierung drängend. Der Ehrgeiz tritt stärker hervor, ebenso das Geltungsbedürfnis. Lust zu Abenteuern aller Art, zu Veränderungen und Reisen. Größere Aktivität bei Durchsetzung der Pläne und Absichten.

3. Dekanat 20° – 30° Krebs

Das 3. Dekanat entspricht dem Zeichen Fisch. Daher sind Jupiter und Neptun die Dekanatsherren, von deren kräftiger Stellung viel abhängt. Sind beide Planeten, besonders Jupiter kosmisch stark, werden Berufsangelegenheiten dominierend hervortreten, bzw. die Persönlichkeit beeinflussen. Gute geistige Fähigkeiten mit Klugheit und Diplomatie. Bei schwacher Stellung der beiden Planeten aber ist meist Gleichgültigkeit und Interesselosigkeit, mangelhafte Entschlusskraft und Verträumtheit zu beobachten. Sind diese Planeten stark aber sehr schlecht aspektiert, dann ist die Persönlichkeit der Heuchelei leichter zugänglich, sie zeigt sich dann nach außen voll Biederkeit und Rechtschaffenheit, obwohl sie ihrer Fehler bewusst ist.

Der Löwe

♌

Allgemeinbeeinflussung

Der Haupteinfluss in diesem Zeichen wird durch die Geburtsgebieterin Sonne ausgeübt. Es unterstehen daher alle unter diesem Zeichen geborenen Menschen dem besonderen Einfluss der Sonne.

Das Zeichen Löwe gehört der Feuer-Triplizität und den Urqualitäten Warm und Trocken an, wobei das Warm dominiert. Das ist eine bessere Mischung als beim Zeichen Widder, denn die Vorherrschaft von Warm in seiner starken Ausdehnungsfähigkeit und lebenserhaltenden Tendenz hält das leidenschaftliche, zur Durchdringung und Unterdrückung tendierende Trocken einigermaßen zurück.

Die durch diese Mischung wirkende Energie wirkt ausgleichender und ohne Härte und Schroffheit. Daher verleiht dieses Zeichen dem ihm Unterstellten idealere Neigungen, Entschlossenheit und einen großen Hang zum Schaffen und Erzeugen, wie auch zum Festhalten einmal für gut und richtig angesehener Anschauungen. Der Löwe ist ein positives aber fixes Zeichen und symbolisiert Selbstbewusstsein, Mut, Ehrgeiz und Willensstärke.

Dieses Zeichen gibt, wenn es ohne disharmonische Aspekte ist, im Allgemeinen einen vornehmen, aufrichtigen Charakter, starken Willen und eine feine, edle Gesinnung. Es macht ehrgeizig, ausdauernd, standhaft, vertrauensvoll, großmütig und gerecht und bei halbwegs günstigen Konstellationen auch meist geistig hochbegabt, mit offenem, geradem Sinn und Freude an allem Erhabenen, Großen und Edlen.

Die Löwenbeeinflussten sind meist gutherzig und freigebig, sehr intuitiv, sprechen gerne viel und haben eine gute Ausdrucksweise. Die Frauen unter diesem Zeichen sind in der Mehrzahl gute Krankenpflegerinnen und Erzieherinnen, wenn sie mit den ihnen zugeteilten Kranken und Pfleglingen sympathisieren. Die diesem Zeichen angehörigen Menschen sind sowohl praktisch als auch philosophisch veranlagt, sie schmieden gern Pläne, gehen Erfindungen, besonders in Technik aber auch Wissenschaften und Künsten nach, beeinflussen gern andere Menschen, sind große Freunde von Waffen aller Art und zeigen sich in niederen Entwicklungsstufen herrschsüchtig und oft sogar tyrannisch. Im Allgemeinen sind sie aber, besonders wenn man ihnen ein wenig gefällig ist und sie nach ihrem Wert zu schalen weiß, gute, edle, entgegenkommende Freunde, die nur in niederen Entwicklungsstufen etwas an Einbildung und dummem Stolz leiden oder an ablehnender Unnahbarkeit.

Die besten Eigenschaften dieses Zeichens sind der persönliche Mut, der oft bis zur Tollkühnheit und Todesverachtung geht. Es ist eine starke Liebe zum Herrschen und Dominieren vorhanden und die starke Impulsivität verursacht, dass das Leben der unter diesem Zeichen geborenen Menschen großen Wandlungen ausgesetzt ist.

Es ist unter dem Einfluss dieses Zeichens eine sehr große Liebe zur Natur vorhanden und große Freude zum Lernen. Löwengeborene lieben die Freiheit und Unabhängigkeit und sind meist sehr ehr geizig, haben ein intensives Wunschleben, starkes Vertrauen zu ihren Kräften und Fähigkeiten und halten an ihren Anschauungen mit großer Zähigkeit fest, planen stets mehr als sie ausführen können und sind Freunde aller Details, obwohl sie sonst eine ziemlich ungeduldige Natur besitzen.

Der Intellekt ist, besonders bei harmonischer Merkur und Uranus Stellung sehr gut und fruchtbar, der Wissensdrang groß und das geistig Erworbene wird meist mit großer Zähigkeit festgehalten. Den Tieren sind sie sehr zugeneigt. Sie lieben den häuslichen Komfort und eine gut besetzte Tafel. Die Frauen dieses Zeichens sind in der Mehrzahl gute Köchinnen oder haben doch mindestens großes Interesse für die Kochkunst.

Löwengeborene haben ein hitziges Temperament, sind feurig und über Maßen impulsiv. Im Verkehr mit dem anderen Geschlecht sind sie allzu leicht erregbar und etwas unbeständig in der Liebe. Obwohl sie ehrlich und rechtschaffen sind und gerecht denken, so werden sie durch ihre Impulsivität doch mitunter auch ungerecht. Bei etwas schwächerer Willenskraft kommt es bei weiblichen Löwengeborenen oft vor, dass sie entgleisen und sich und ihren Angehörigen viel Kummer bereiten. Im Allgemeinen sind die unter diesem Zeichen geborenen Menschen sehr leidenschaftlich, aber leicht beeinflussbar.

Sonst aber übt dieses Zeichen einen sehr günstigen Einfluss aus und gibt dem Löwengeborenen bei halbwegs harmonischer Sonne Stellung, besonders bei einer guten Verbindung zwischen Sonne und Mars oder Saturn, einen unveränderlichen starken Willen, der ihn nicht so leicht vom Wege abkommen lässt und ihn in die Lage versetzt, sich selbst zu beherrschen. Das ist aber weniger der Fall, wenn die Sonne disharmonisch aspektiert in einem der negativen Wasserzeichen steht und am wenigsten im Zeichen Fisch.

Der vorhandene Jähzorn hält nicht lange an und macht schnell der Überlegung und Reue Plag. Vergnügungsliebe, Freude an Waffen, Sport und körperlichen Übungen vereinen sich mit männlichem Mut. Die Leidenschaften sind sehr tief und fest und werden in höheren Entwicklungszuständen durch den starken Willen meist in ihren zuträglichen Grenzen gehalten. Die einmal für gut befundenen Ansichten werden hartnäckig beibehalten und fest verteidigt.

Wenn Löwengeborene herausgefordert oder gereizt werden, so sind sie sehr aufgebracht und streitlustig, jedoch ohne Rachsucht und lange anhaltenden Zorn. Der unter diesem Zeichen Geborene arbeitet geduldig, ausdauernd und führt alles zu Ende. Die geistigen Fähigkeiten sind verschiedener Natur und werden durch die übrigen Konstellationen der Gestirne stark beeinflusst. Was der Löwengeborene auch immer tut, er versucht es stets auf die beste Weise zu tun und verfolgt gründlich die Erreichung seiner Ziele, sodass er oft zu Ehren gelangt. Seine Unternehmungen führt er peinlich zu Ende, selbst auf persönliche Gefahren hin.

Der Löwe wurde in der alten Astrologie das „fürstliche“ Zeichen genannt. Es ist bezeichnend, dass die unter diesem Zeichen geborenen Menschen oft in ihren Gebärden, Neigungen und ihrem Betragen edelmütige Gesinnung und feinere Formen zeigen. Der Löwe ist eines der stärksten Zeichen im ganzen Tierkreis und setzt die ihm unterstellten Personen in die Lage, allen misslichen Zuständen des Lebens zu widerstehen und ihre Freiheit und den unabhängigen Geist zu behaupten.

Die Fehler dieses Zeichens liegen in allzu großer Eitelkeit, Impulsivität, Freiheitsliebe, Tollkühnheit und Erregbarkeit.

1. Dekanat 0° – 10°Löwe

Hier ist hauptsächlich die Stellung der Sonne maßgebend, denn sie ist gleichzeitig auch die Dekanatsherrin. Wenn Jupiter und Venus die Sonne harmonisch bestrahlen, so erhalten Charakter und Persönlichkeit die gute Auswirkung dieses Zeichens, die auch die Lebensschicksale günstig beeinflusst. Das ganze Wesen wird sehr anziehend und sympathisch. Wenn aber die Sonne disharmonisch bestrahlt wird, besonders durch Saturn, Mars oder Uranus, so gerät die Energie des Löwengeborenen in zu große Spannung und Neigung zu Extremen. Auch der Einfluss auf die Geschicke des Lebens ist dann ungünstig, besonders in beruflicher Beziehung.

2. Dekanat 10° – 20° Löwe

In diesem Dekanat hat der Jupiter Einfluss und seine Stellung ist zu berücksichtigen. Wenn er sich in günstiger Anlage befindet, so beeinflusst er zu guten geistigen Fähigkeiten, besonders in harmonischen Aspekten zu Merkur, Mond oder Uranus. Er schafft viel Selbstvertrauen, Widerstandskraft, gesunden Optimismus, Strebsamkeit und Unternehmungslust und viel Lebensfreude. Ist aber der Jupiter sehr disharmonisch gestellt, so treten diese Eigenschaften in ungesundem Übermaß auf, hauptsächlich, wenn Jupiter auch mit der Sonne disharmonisch verbunden ist. Die Persönlichkeit ist dann zu sehr von sich eingenommen, verfällt in Hochmut und Eitelkeit, Prahlerei und Scheinheiligkeit. Auch die intellektuellen Fähigkeiten erleiden eine gewisse Einbuße.

3. Dekanat 20° – 30° Löwe

Der Herr dieses Dekanates ist der Mars. Dadurch entsteht in diesem Dekanat ein Zuwachs von Kraft und Energie, besonders bei harmonischer Verbindung zwischen Sonne und Mars. Ausdauer und unermüdliche Arbeitskraft lassen schwere Ziele erreichen. Fester Wille, Standhaftigkeit, Mut und Tatkraft. Bei disharmonischen Konstellationen aber tritt leicht Hartnäckigkeit, Eigensinn, Selbstüberschätzung auf. Das Wollen und Handeln wird ungestüm, impulsiv und die Überspannung der Kräfte führt zu Misserfolgen aller Art. Das ungestüme Wesen ist dann auch leicht körperlichen Unfällen ausgesetzt.

Die Jungfrau

♍

Allgemeinbeeinflussung

Den stärksten Einfluss in diesem Zeichen hat der Geburtsgebieter Merkur, es sind daher alle unter diesem Zeichen geborenen Menschen auch dem Einfluss dieses Planeten besonders unterworfen.

Das Zeichen Jungfrau ist der Erd-Triplizität und den Urqualitäten Trocken und Kalt zugehörig, wobei das Trocken etwas überwiegt. Es ist ein negatives, labiles Zeichen. Die Domination des Trocken erzeugt eine tensionale Wirkung als beim Zeichen Stier.

Diese Bewegungsform erstrebt Zusammenziehung, Verdichtung und Durchdringung. Daher sind die von diesem Zeichen Signifizierten stets bestrebt, durch Eindrücke von außen Erfahrungen zu sammeln, um so zu höheren Erkenntnissen zu gelangen, die dann durch den Einfluss von Kalt zu konzentrierterer Vertiefung verarbeitet werden. Es symbolisiert daher dieses Zeichen den kritischen, auf Nützlichkeit und Zweckmäßigkeit gerichteten Verstand.

Personen, unter dem Zeichen Jungfrau geboren, sind sehr methodisch, ordnungsliebend, freigebig und stets besorgt um die Angelegenheiten jener Menschen, die ihnen durch Liebe oder Freundschaft nahe stehen. Sie sind sehr klug, verschwiegen, und halten ihre und ihrer Freunde Geheimnisse streng verschlossen. Sie haben einen philosophischen Geist.

Dieses Zeichen beeinflusst den ihm unterstellten Menschen zu Ehrenhaftigkeit, Frömmigkeit und Gerechtigkeit, macht bescheiden, sanft, gut und vertrauensvoll, wohltätig und freundlich.

Der Wille ist ziemlich fest und hängen die im Zeichen Jungfrau Geborenen mit ganzer Seele an ihren Gefühlen. Sie sind schwer zu erregen und vergessen bald eine erlittene Kränkung.

Der Verstand ist sehr rege, aber doch nicht so ruhelos wie bei den unter dem Zeichen Zwillinge geborenen Menschen. Sie sind im Allgemeinen reserviert, ruhig, erfinderisch, von raschem Auffassungsvermögen, standhaft, vielfach zurückgezogen, meist sehr intelligent, auch oft genial, fühlen sich zum Erhabenen und Göttlichen angezogen, lieben die Einsamkeit, besitzen meist gutes Rednertalent, neigen zum Sammeln, sind Systematiker, aber auch oft sehr dogmatisch, lieben die Arbeit in Feld, Garten und Wald und sind in ihren Leidenschaften wahr und gemäßigt.

Dem Zeichen Jungfrau unterstellte Personen haben einen klaren, kühlen, oft nüchternen Verstand, großen Gerechtigkeitssinn, sind aber mitunter in der Behandlung anderer Menschen kalt und meist strenge Lehrer. Es ist auch in manchen Fällen ihr Geist nicht entsprechend ausgeglichen, der dann die Tendenz zeigt, zu große Wichtigkeit auf nebensächliche Dinge zu legen.

Die Gemütsart ist ehrlich und hoffnungsvoll und sind die unter dem Zeichen der Jungfrau Geborenen sehr sorgsam um alle Geschäfte des Lebens.

Der gütige, bescheidene Charakter liebt die Zurückgezogenheit, obwohl diese Personen in der Gesellschaft sehr gern gesehen werden. Die Feinheit ihres Wesens ist oft schwer zu erkennen, weil sie im Allgemeinen sehr verschwiegen sind und ihre Gefühle zurückzuhalten verstehen. Wo sie jedoch Zuneigung und Vertrauen besitzen, sind sie stets offen und ist ihr Wort zuverlässig. Der Wille ist stark und fest, obwohl auch beeinflussbar durch Überredung oder Stimmung. Sie sind im Allgemeinen hochbegabt, sehr intelligent und erfinderisch, besonders bei harmonischer Stellung des Uranus, und halten an ihren Meinungen mit großer Zähigkeit fest.

Dieses Zeichen erzeugt meist sehr gute Geschäftsleute, die sowohl infolge ihrer großen Arbeitskraft, als auch ihrer geistigen Fähigkeiten halber im Leben meist vorwärtskommen, obwohl ihre Unternehmungslust einen vorsichtigen, mehr passiven Charakter hat. Sie gelangen hauptsächlich durch ihr persönliches Verdienst und durch den richtigen Gebrauch ihrer angeborenen Fähigkeiten zu Erfolg, Stellungen und Ehren.

Dieses Zeichen gibt nicht nur Liebe zu Garten- und Ackerbau oder Blumenkultur, sondern auch Neigung zu den schönen Künsten, der Literatur, Musik usw. Wenn auch andere Stellungen des Horoskops darauf hinweisen, so lebt sich dieses Zeichen aber auch besonders gern in der Bemeisterung theoretischer oder praktischer Wissenschaften aus, mit der größeren Neigung zum Forschen als zum abstrakten Denken.

Die unter diesem Zeichen geborenen Menschen haben die Schwäche, sich gern in die Liebes- oder Freundschaftsverhältnisse, sowie in eheliche und andere Angelegenheiten ihrer Mitmenschen einzumischen, allerdings in der Absicht der Hilfe und des Beistandes. Ihrer Familie sind sie sehr ergeben und stets bereit, sich ihr zu opfern. Dafür wird ihnen meist viel Liebe entgegengebracht.

In den meisten Fällen hängen die unter dem Zeichen der Jungfrau Geborenen einer materialistischen oder dogmatisch-religiösen Weltanschauung an und einer entsprechenden Lebensführung. Sie haben ziemlich unter Sympathien und Antipathien zu leiden bzw. fühlen sie sich von ihnen sehr abhängig, sind sehr feinfühlig und empfindlich, ehrgeizig und stolz, analysieren und kritisieren gern und sind stets geneigt, alles vom intellektuellen Standpunkt aus zu betrachten. Sie sind große Nützlichkeitsmenschen und meist sehr erfinderisch veranlagt. Ihre Beredsamkeit gibt ihnen die Fähigkeit, andere Menschen zu überzeugen.

Dieses Zeichen verleiht im Allgemeinen ein scharfsinniges Unterscheidungsvermögen und eine philosophische Betrachtungsweise.

Unter dem Zeichen Jungfrau Geborene sind meist etwas selbstsüchtig. Nur gegen ihre Familie fehlt ihnen jeder Egoismus. In geringeren Entwicklungsstufen macht dieses Zeichen geschwätzig und in hohem Grade egoistisch.

Die Fehler dieses Zeichens sind die übertriebene Neigung zur Kritik und der Egoismus, welchen sich List und Schlauheit zugesellt.

1. Dekanat 0° – 10° Jungfrau

In diesem Dekanat, in dem der Geburtsgebieter Merkur zugleich der Dekanatsherr ist, prägt sich die Selbstsucht stärker aus. Das Wesen wird berechneter und alle Handlungen unterliegen großer Vorsicht und Überlegung. Die gute Stellung des Merkur ist hier entscheidend, besonders wenn der Aszendent harmonisch mit ihm, der Sonne und dem Saturn verbunden ist. Die Einstellung ist eine materiellere, dem Gelderwerb zugewendete. Immerhin auch starkes Interesse für die Künste, Industrie, Technik und Wissenschaften.

Bei schlechter Stellung des Merkurs besteht eine größere Neigung zur zersetzenden Kritik, zu Sarkasmus und Spott, besonders bei disharmonischer Winkelbildung durch Mars. Wenn Saturn mit Merkur disharmonisch verbunden ist, treten die egoistischen Motive stärker auf und können sogar in Geiz ausarten.

2. Dekanat 10° – 20° Jungfrau

Hier ist Saturn der Dekanatsherr. Das Wesen ist dem Ernst zugeneigter, tiefsinniger und leicht melancholisch. Bei einem guten Intellekt besteht ein konzentriertes Denken, ein gutes Unterscheidungsvermögen, schöpferische Kraft, starke Strebsamkeit und Unternehmungslust, besonders wenn Merkur mit Mars harmonisch verbunden ist. Praktische Fähigkeiten, Erfindungstalent, Ordnungsliebe, etwas Pedanterie, Systemgebundenheit.

Doch das alles nur, wenn Merkur nicht disharmonisch mit Saturn verbunden ist. Bei sehr disharmonischer Merkur und Saturn Stellung treten in diesem Dekanat die Fehler des Zeichens Jungfrau stärker auf.

3. Dekanat 20° – 30° Jungfrau

Hier ist der Einfluss der Venus als Dekanatsherrin zu berücksichtigen. Sie macht das Zeichen Jungfrau flüssiger, beweglicher und anpassungsfähiger. Liebe zur Geselligkeit, zu Vergnügungen, zu Putj und Luxus. Heiteres Wesen, größere Lebensfreudigkeit. Bei großer Strebsamkeit und Festigkeit ist doch die Unternehmungslust mehr passiver Natur. Bei harmonischen Verbindungen zwischen Merkur und Venus bestehen oft künstlerische Talente. Neigung und Interesse für eine Kunst ist aber immer vorhanden. Große Hinneigung zum anderen Geschlecht.

Die Waage

Allgemeinbeeinflussung

Die Venus als Geburtsgebieterin hat in diesem Zeichen ihre größte Kraft, es sind daher alle unter diesem Zeichen geborenen Menschen dem Einfluss der Venus unterstellt.

Das Zeichen Waage gehört der Luft-Triplizität und den Urqualitäten Feucht und Warm an, wobei Feucht dominiert. Es ist ein positives und kardinales Zeichen. Die dynamisierende Kraft des Warm erhält durch das Schmiegsame und Anpassungsfähige des plastischen Feucht eine zum rhythmischen Ausgleich zielende Tendenz. Die diesem Zeichen Unterstellten sind harmonischen Einflüssen offener als in anderen Zeichen und der Billigkeit und Gerechtigkeit sehr zugetan. Sie bestreben sich friedliebend zu wirken, und Gegensäge auszugleichen. Dieses Zeichen symbolisiert daher Harmonie, Liebe, Schönheit und den Frieden.

Das Zeichen Waage macht ehrgeizig, energisch und freigebig. Die diesem Zeichen angehörigen Personen gehen gern ihren eigenen Weg, sie sind sehr freiheitsliebend, selbstständig und verstehen es, ihre ihnen von der Natur verliehenen Gaben zu verwerten und auszunützen. Von ihren Erfolgen überzeugt, sind sie leicht enthusiasmiert und oft sehr unachtsam und unüberlegt. Sie sind sehr human und hilfsbereit, in Geldangelegenheiten sehr sorglos und Geldgeschäften im Allgemeinen ein wenig abgeneigt.

Dieses Zeichen übt auf den Menschen einen sehr vorteilhaften Einfluss aus, gibt einen treuen, offenen, geraden Charakter, macht barmherzig und sanftmütig, sehr ehrlich und gerecht, etwas zur Melancholie neigend, leicht erregbar, doch leicht wieder beruhigt, versöhnlich und sehr mitteilsam. Es gibt Neigung zur Mechanik, Konstruktion, den technischen Wissenschaften, den Künsten, besonders der Malerei, der Literatur und der Musik.

Die dem Zeichen Waage unterstellten Personen sind im Allgemeinen sehr sympathisch, immer zuvorkommend, hilfsbereit, jedoch oft ein wenig gleichgültig und manchmal etwas indolent. Eine ihnen eigene gewisse Bequemlichkeitsliebe sucht, um jeden Preis Unannehmlichkeiten zu vermeiden.

Obwohl der Wille im Allgemeinen kräftig genug ist, so lassen sich diese Personen zeitweise doch durch Umstände und äußere Einflüsse allzu leicht beherrschen, sind zu nachgiebig und werden dadurch sehr oft ausgebeutet. Sie lassen sich manchmal willenlos von ihren Gefühlen und Eindrücken, die stark ausgeprägt sind, leiten.

Dieses Zeichen macht mild und sanft, biegsam und feinfühlig, höflich, ehrlich und gibt einen stark ausgeprägten Gerechtigkeitssinn, der über alle Handlungen Kontrolle übt.

Die Seele ist ob ihrer Güte und ihres Mitleides tiefer Gefühle fähig.

Die Leidenschaften sind tiefer, ehrlicher Natur, die Anschauungen aber wandelbar, sodass die diesem Zeichen unterstellten Personen zu Zeiten sehr hoffnungsreich, dann wieder sehr niedergedrückt und sehr melancholisch sein können, wodurch sie in Launen und Gefühlen etwas zu Extremen neigen. Sie sind sehr sensitiv und feinfühlig, leiden oft unter einer psychischen Bedrückung und einer ihnen unerklärlichen Traurigkeit, in welcher sie sich für ihre Umgebung unangenehm zeigen und launenhaft erscheinen.

Waagebeeinflusste leiden auch unter einer gewissen Schwerfälligkeit des Entschlusses, sie warten gewöhnlich ab, wie andere handeln, bevor sie sich selbst entschließen. Bei einem sehr liebenswürdigen Benehmen sind sie meist allen Rohheiten, Grausamkeiten und gewalttätigen Handlungen sehr abgeneigt, dagegen dem Frieden und der Harmonie zugetan. Die Neigung zu Vergnügungen tritt bei ihnen sehr stark hervor, sie sind lebensfroh, genusssüchtig und eitel. Im allgemeinen sind sie nicht sonderlich ordnungsliebend und verlegen und vergessen alles leicht.

Es vermischen sich in diesem Zeichen Geist und Gefühl sehr oft zu einem harmonischen Einklang. Die diesem Zeichen unterstellten Menschen lernen sehr rasch, jedoch muss Merkur harmonisch stehen und das 3. und 9. Haus müssen durch die entsprechenden Signifikatoren besetzt sein. Sie besitzen eine gute Auffassung, beschäftigen sich mit einem Gegenstand intensiv und gehen gern auf die Details ein, haben aber ebenso die Neigung, schnell abzuspringen und die Ansicht zu verändern.

Sie haben ein gutes Vergleichungsvermögen und meist ein großes Talent für irgendeine Kunstgattung, das, wenn es die Gelegenheit zur Ausbildung erhält, meist zur vollen Entwicklung gelangt. Bei harmonischen, den höheren Intellekt beeinflussenden Sternenkonstellationen beeinflusst dieses Zeichen in geistiger Beziehung zu Wissenschaften und Künsten, bei anderen, die praktischen Fähigkeiten bezeichnenden Konstellationen aber zum Handelsstand, zur Mechanik, Kunstgewerbe.

Dieses Zeichen lässt das Leben der ihnen unterstellten Personen in der Hauptsache durch Unionen in beruflicher Beziehung, aber auch durch Liebes-, Ehe- oder familiäre Verbindungen – günstig oder ungünstig, entsprechend den dafür infrage kommenden Konstellationen – stark beeinflusst sein.

Die Fehler dieses Zeichens sind die Leidenschaftslosigkeit und Gleichgültigkeit, die Unordentlichkeit und die zu große Nachgiebigkeit.

1. Dekanat 0° – 10° Waage

Die Stellung der Venus als Geburtsgebieterin und zugleich Dekanatsherrin ist bezüglich des Zeichens, in dem sie sich befindet, und ihrer lokalen Position, wie auch der Aspekte und ihres Dispositors sehr zu beachten.

Die Luft- und Wasserzeichen sind ihr günstig, hier können die harmonischen Venus Einflüsse stärker wirksam sein. Dieser Einfluss macht im Allgemeinen beliebt, sympathisch, gutherzig, mit feiner organisiertem Empfindungsleben. Die Sinnlichkeit ist gemäßigt, wenn die Venus nicht durch disharmonische Aspekte von Saturn oder Mars getroffen wird.

2. Dekanat 10° – 20° Waage

Der hauptsächlichste Dekanatsherr ist hier der Uranus, man kann aber auch dem Saturn noch einen gewissen Einfluss einräumen. Jede ungünstige Verbindung dieser Planeten mit der Venus verschlechtert den Einfluss der Waage. Dagegen wirken harmonische Verbindungen sehr günstig auf die geistigen Fähigkeiten, führen zu einem konzentrierteren Denken, zu größerem Lebensernst und einem stark ausgesprochenen Gerechtigkeitssinn, besonders wenn auch Jupiter harmonisch dazu steht. Auch in intellektueller Beziehung beeinflusst dieses Dekanat günstig, da es viele Kenntnisse erwerben lässt und bei entsprechenden Konstellationen auch zu genialen Erfindungen führen kann.

3. Dekanat 20° – 30° Waage

Der Merkur als Dekanatsherr beeinflusst dieses Dekanat vorwiegend in intellektueller Beziehung, bewirkt leichtes und müheloses Lernen, schöne Ausdrucksweise in Wort und Schrift, gefällige Formen und gewandtes Auftreten. Viel Veränderung, Wechsel und Reisen, starke emsige Wissensbereicherung und große Lebenslust. Größere Beweglichkeit, Kunsttriebe, Anpassungsfähigkeit.

Der Skorpion

♏

Allgemeinbeeinflussung

In diesem Zeichen hat der Planet Mars als Geburtsgebieter die Vorherrschaft. Es scheint aber, als ob der neu entdeckte Planet Pluto in diesem Zeichen auch einen gewissen Einfluss hat. Es sind daher alle Personen, deren Aszendent im Zeichen Skorpion liegt, dem Einflüsse des Mars und in sekundärer Beziehung auch wahrscheinlich dem des Plutos unterworfen.

Das Zeichen Skorpion gehört der Wasser-Triplizität. In ihm wirken die Urqualitäten Kalt und Feucht, bei einiger Domination von Kalt. Es ist ein negatives, fixes Zeichen. Diese Mischung der beiden Urqualitäten hat die Tendenz infolge der Vorherrschaft des Feucht die Dynamik des Feucht einigermaßen zu hemmen und seiner flüssigen Bewegungsform einen gewissen Widerstand zu leisten. Daraus entwickeln sich Extreme, ein Kampf, der den durch dieses Zeichen Signifizierten zu innerlichen Widersprüchen führt. Der starke Wille hat sich mit ebenso starken Begierden auseinanderzusetzen, der kritische Verstand verliert sich leicht in Überhebungen und Selbstüberschätzung. Dieses Zeichen symbolisiert sowohl den Aufbau als auch die Zerstörung. Der Skorpioneinfluss ist sehr problematisch.

Unter diesem Zeichen geborene Menschen haben eine sehr starke Willenskraft und Positivität, einen etwas rauen und kühnen Charakter, der gern Gefahren sucht. Meist phlegmatisch und schweigsam haben sie einen festen eisernen Willen, einen beweglichen träumerischen Geist, große Arbeitsliebe und Neigung zum Landleben.

Der Verkehr mit Skorpionbeeinflussten ist ziemlich schwer, denn sie zeigen in ihren Anschauungen einen großen, unbesiegbaren Eigensinn und lassen sich oft, besonders bei einem starken Saturn, von einem starken Misstrauen beherrschen.

Skorpionbeeinflusste sind meist sehr bestimmt in ihrem Auftreten, herrschsüchtig, und suchen gern über ihre Umgebung zu dominieren. Sie sind sehr beredt und oft gute Redner, welche eine große Anziehungskraft ausüben, der sie sich wohl bewusst sind und die sie auch zu gebrauchen verstehen. Sie haben eine sehr reiche

Fantasie, guten Intellekt und eine gute Urteilskraft. Sie suchen sich stets hervorzutun und scheuen keine Mühe, ihr vorgestecktes Ziel zu erreichen. In Rede und Schrift sind sie sehr prägnant und lieben keine Umschweife. Wenn es ihnen dienlich erscheint, können sie sich sehr angenehm und liebenswürdig zeigen. Werden sie aber gereizt, können sie auch grausam und unbarmherzig sein. Sie sind daher als Feinde sehr zu fürchten, da sie, wenn sie auch scheinbar vergeben, dennoch nicht vergessen und sich zur gelegenen Zeit empfindlich rächen.

Stolz und Selbstachtung ist ihnen oft in übertriebenem Maße zu eigen. Im Allgemeinen neigen sie sehr zum Argumentieren, Kritisieren und Disputieren. Sie lieben Exzesse und gehen ins Extreme, und zwar sowohl bei Vergnügungen als auch bei der Arbeit, wodurch sie sich mitunter körperlich schädigen.

Das Zeichen Skorpion repräsentiert gewissermaßen die „Funktion der Zersetzung" in der Natur. Der diesem Zeichen Unterstellte ist stets geneigt, bestehende Theorien, Einrichtungen, Anschauungen, Glaubenssysteme usw. zu zerstören und zu bekämpfen, und zwar infolge seiner scharfen geistigen Eindringungsmöglichkeit, die mit Scharfblick dem unstillbaren Durst, in die tiefsten Geheimnisse der Natur einzudringen, gerecht zu werden sucht. Skorpionbeeinflusste sind keineswegs leicht zu beurteilen.

Hier muss ganz besonders da» Gesamtbild des Horoskops beachtet werden. Es gibt besonders in diesem Zeichen auch geistig hochstehende Typen, die sich bereits auf einer ihre Umgebung weit überragende Entwicklungsstufe befinden, sodass von den Fehlern dieses Zeichens nur wenig mehr zu finden ist. Die niederen Entwicklungsstufen aber vermögen sich von diesen Fehlern nur schwer zu trennen. Dieses Zeichen kann eben, wie kein anderes, die Wege zu Gott oder zum Teufel führen.

Skorpionbeeinflusste sind sehr leidenschaftlich, unermüdliche Sucher nach sinnlichem Genuss, besonders dem Lebensgenuss in seiner feineren, oft raffinierten Form, sehr zugetan und zeigen auch in jeder Beziehung einen verfeinerten Geschmack. Wenn aber disharmonische diesbezügliche Konstellationen vorhanden sind, werden sie oft zu Ungeheuern in allen Leidenschaften, besonders im Sexualleben.

Ihre Eifersucht ist sehr groß, oft bis zur Schädigung der eigenen Lebenskraft, sie sind unter dieser Leidenschaft geneigt, gewalttätig zu handeln. – Gewöhnlich haben sie sehr viel mit sich selbst zu tun, dessen ungeachtet besitzen sie eine eigene Art, die Geheimnisse anderer Menschen zu erforschen, um daraus Nutzen zu ziehen. Dabei sind sie selbst sehr misstrauisch. Wie sie aber mit Vorliebe und Leichtigkeit die Geheimnisse anderer zu erforschen trachten, so wissen sie mit großer Kraft ihre eigenen Geheimnisse gut zu wahren.

Die Skorpiongeborenen haben eine sehr fruchtbare Einbildungskraft und es stehen ihnen reiche Hilfsmittel zu Gebote. Ihre Sympathien und ihr Hass ist verzehrend. Sie folgen meist nur ihren eigenen Ansichten, sind sehr klug, vorsichtig und achtsam auf ihre Interessen. Auf ihre geistigen Qualitäten sind sie sehr stolz und eingebildet, und es ist ein Bedürfnis ihrer streitbaren Natur sich in heftigen Debatten und wortreichen Diskussionen auszuleben.

Die unter diesem Zeichen geborenen Personen sind sehr ehrgeizig. Sie zeigen große Liebe für Waffen als auch für jede Betätigung auf dem Wasser und eignen sich gut zur Führerschaft in kriegerischer, politischer, aber auch wissenschaftlicher Beziehung. Sie haben für Reisen, namentlich auf dem Meere große Vorliebe, wie sie überhaupt etwas rastloser, unsteter Natur sind.

Dieses Zeichen beherrscht viele Chemiker, Chirurgen, Mediziner, Naturwissenschaftler, induktive Philosophen, Forscher, große Künstler und Dichter und in minder intellektuellen Entwicklungsstufen Polizeiorgane, Schlächter, Handwerker, die mit Waffen, Eisen oder Feuer zu tun haben, usw.

Schmeichelei ist ihre schwache Seite, und mit Personen, die ihnen zu schmeicheln wissen, kommen sie stets gut aus. Sie können nur schwer die Herrschaft anderer über sich ertragen, ihr ganzes Bestreben ist nur darauf gerichtet, selbst zu herrschen.

Außerdem sind sie mit starkem Egoismus behaftet. Im Allgemeinen ist Mut, Energie und Ausdauer vorhanden und ein sehr bestimmter Charakter und sehr starke Gefühle, starke Liebe oder starke Abneigung.

Sie haben meist eine besondere Vorliebe für alles Okkulte und Mystische. Sie bestreben sich auffällig, eine gewisse Würde und Selbstachtung zur Schau zu tragen und sind in jeder Beziehung ganz eigenartige Charaktere. Die hauptsächlichsten Fehler dieses Zeichens sind Eifersucht, Zorn, Leidenschaft und Genusssucht. Die Bekämpfung dieser Fehler führt zu dem höheren Skorpion-Typus, der großen Idealismus, Selbstbeherrschung und Reinheit zeigt. Doch ist dieser Typus nur seltener anzutreffen.

1. Dekanat 0° – 10° Skorpion

Der Geburtsgebieter Mars als Dekanatsherr hat hier einen besonderen Einfluss. Es hängt hier viel von dem Zeichen ab, in dem ersieh befindet und seiner harmonischen Verbindung mit der Sonne, Venus oder Jupiter. Es bringen sich dann die guten Eigenschaften dieses Zeichens kräftiger zur Geltung. Die starke Energie wird dann aufbauenden Nützlichkeitszwecken zugewendet. Weniger Selbstsucht, Hingabe an andere. Mars in einem Erdzeichen, besonders im Stier und disharmonisch verbunden mit Saturn aber steigert die Selbstsucht, erzeugt viel Misstrauen, unschöne Neigungen und unedle Empfindungen. Wenn Mars mit Venus und Uranus disharmonisch aspektiert ist, erhält das Sexualleben oft eine gefährliche Note oder schafft in dieser Beziehung viel Unglück und Enttäuschungen im Leben.

2. Dekanat 10° – 20° Skorpion

Hier ist Neptun der Dekanatsherr und in sekundärer Beziehung kann auch noch der Jupiter in Betracht gezogen werden. Mars und Neptun sollen in harmonischer Verbindung sein oder auch Mars und Jupiter. Philosophische Einstellung, starke Einbildungs- und Vorstellungskraft und bei harmonischer Merkur Stellung auch leichte Auffassung, energische Wissensbereicherung, fruchtbare Gestaltungskraft. Das Wesen ist offener und freier und hat viel Sorglosigkeit und Vertrauensseligkeit, ist daher manchen bitteren Erfahrungen ausgesetzt. Gute, auf das Erhabene gerichtete Gesinnung, Geselligkeit, Gastfreundlichkeit, starke Neigung zum anderen Geschlecht.

3. Dekanat 20° – 30° Skorpion

Der Mond als Dekanatsherr soll sich in harmonischer Anlage befinden, besonders aber in harmonischer Verbindung mit dem Mars. Der Mond spendet in diesem Dekanat Neigung zu häuslichen und familiären Belangen. Frauen besitzen daher viel Mütterlichkeit und zärtliche Hingabe. Starker, fester Charakter mit Willenskraft, gute intellektuelle Fähigkeiten, besonders bei harmonischer Merkur Verbindung, Neigung zur Betätigung in der Öffentlichkeit. Das Gemütsleben ist ausschlaggebend, aber auch einigem Wechsel unterworfen. Starke Empfindungen.

Der Schütze

♐

Allgemeinbeeinflussung

Der Herr dieses Zeichens ist der Geburtsgebieter Jupiter, es unterliegen daher alle jene Personen, die unter dem Zeichen Schütze geboren sind, auch dem Einfluss dieses Planeten.

Das Zeichen Schütze ist der Feuertriplizität und den Urqualitäten Warm und Trocken, mit leichtem Unterton von Feucht zugehörig. Warm dominiert. Es ist ein positives, labiles Zeichen. Diese Kräftekombination ist eine sehr glückliche. Die Urqualität Feucht übt hier auf Warm und Trocken einen ausgleichenden Einfluss aus und führt zu einem harmonischen Zusammenwirken, das sich in dem diesem Zeichen Unterstellten auf günstige Weise manifestiert. Demnach verleiht das Zeichen Schütze wohl eine starke Willenskraft, aber auch die Fähigkeit, diesen Willen idealen Zwecken unterzuordnen. Es symbolisiert die Gerechtigkeit, Barmherzigkeit, Wahrheit und Treue.

Die unter diesem Zeichen geborenen Menschen sind sehr intuitiv und prophetisch veranlagt und gehen selten fehl, wenn sie ihrer Eingebung folgen.

Im Allgemeinen haben diese Personen einen sanften, friedliebenden und ehrlichen Charakter, gute geistige Fähigkeiten, ein gutes, wohlwollendes Herz, große Barmherzigkeit und Güte.

Die angeborene Heiterkeit wechselt oft mit einer plötzlichen Niedergeschlagenheit und Traurigkeit. Dabei besitzen sie ein leicht erregbares Temperament, sind rasch aufbrausend und zornmütig, aber ebenso schnell wieder beruhigt und versöhnt, ohne nachzutragen.

Ihr Wesen ist offen, unabhängig und freimütig. Sie sind rasch zufrieden und sehr hoffnungsvoll, fühlen sich aber schnell verlegt und beleidigt, missverstehen leicht und sind sehr impulsiv. Die Regungen des Herzens sind bei ihnen ausschlaggebend, der Verstand kommt erst hinterdrein. Es ist ein großer Freisinn und Liebe zur Unabhängigkeit vorhanden. Sie sind besonders der Eintracht und dem Frieden sehr ergeben, jedoch kann ihre Sanftmut und ihre Friedensliebe plötzlich in Rauheit, Mut und Streitbarkeit übergehen, wenn sie sich durch Feinde bedroht wissen.

Der Charakter der unter dem Zeichen Schütze geborenen Menschen ist frei und offenherzig, ehrlich und freigebig und sie legen einen größeren Wert auf die Handlungen selbst als auf deren Resultate. Sie trachten emsig, gute Taten, Wohltaten oder, irgendwelche altruistische Gedanken auszuführen oder anderen mitzuteilen und achten dabei nicht so sehr auf die Früchte dieser Handlungen, sondern folgen impulsiv ihrem Herzensdrange und ihrer überaus sympathischen Charakterveranlagung. Dieses Zeichen gibt auch eine große Beredsamkeit sowie eine hervorragende Neigung zu den Künsten, besonders der Musik, ferner infolge der philosophischen Veranlagung auch zu den Wissenschaften und zu gründlichem Studium.

Schützenbeeinflusste sind unternehmend, weit sehend, mutig, nett und ordentlich und sehr sorglich in Geldangelegenheiten, aber keineswegs hart oder geizig. Sie sind Tierfreunde, den Pferden besonders geneigt, zeigen große Liebe für alle Sportzweige und reisen sehr gern. Der Intuition und der Inspiration sind sie sehr offen.

Die unter diesem Zeichen geborenen Menschen zeigen allerdings oft zwei ganz verschiedene Charaktere, der äußere Mensch gleicht nicht immer dem inneren. Kühn, ja oft vermessen, ist er gleichzeitig sehr empfindsam, und während er seelischen Eindrücken ganz besonders zugänglich ist, zeigt er sich zur selben Zeit auch verschlossen und verschwiegen, woher die durch dieses Zeichen Beeinflussten stets schwer zu erkennen sind.

Sie sind heftig, trotzig, ja mutwillig, ertragen aber diese Eigenschaften an anderen nur schwer. Es zeigt sich in ihrem Charakter oft eine gewisse Reizbarkeit, die anscheinend grundlos ist, in Wirklichkeit aber aus einem inneren Zwist entsteht. Im Allgemeinen haben Schützgeborene eine besondere Natur, sie sind sehr gütig, verzeihen alles, aber können nicht vergessen. Sie sind imstande, alles zu opfern, um anderen nützen zu können. Von Eifersucht werden sie stark ergriffen. Sie lieben leidenschaftlich und fühlen sich seelisch und körperlich nur wohl in liebevoller Umgebung. In geistiger Beziehung sind sie gewöhnlich sehr erfinderisch, sehr gewandt und bemeistern oft mehrere Fächer.

Sie fassen sehr schnell auf und bevorstehende Gefahren und Schwierigkeiten erkennen sie mit klarem und scharfem Geist; sie assimilieren schnell neue Ideen und neue Lebensanschauungen.

Im Umgang sind sie sehr liebenswürdig, freundlich und zuvorkommend, nur wenn sie von Feinden gereizt werden, zeigen sie sich oft rau, ja grausam.

Stets hoffnungsvoll sind sie immer lebenslustig und immer frisch und jugendlich selbst im vorgeschrittenen Alter. Gewöhnlich zeigen sie sich äußerlich sehr ruhig, selbst wenn sie innerlich verstimmt sind.

Es ist bei den unter diesem Zeichen geborenen Menschen stets eine große Neigung zu allem Sport und allen Leibesübungen, besonders zu solchen, die im Freien ausgeübt werden können, vorhanden.

Sie sind sehr tätig, aber auch oft sehr rastlos. Meist besitzen sie einen gesunden Körper, sind sehr freiheits- und unabhängigkeitsliebend und haben einen hoffnungsvollen heiteren Geist.

Im Allgemeinen lieben sie eine einfache Lebensweise, bei gewissen Konstellationen tritt aber auch Liebe zum Luxus auf, besonders beim weiblichen Geschlecht.

Das Feurige in ihrer Natur vermögen die Schützbeeinflussten nicht immer genügend zu unterdrücken, daher sind sie ziemlich impulsiv und zu Übertreibungen, besonders in Sportsachen und Leibesübungen, sehr geneigt. Im Allgemeinen sind sie Freunde des Friedens und der Gerechtigkeit und lassen sich nicht so leicht in Zank und Streit verwickeln, es sei denn, dass es Grund und Zweck hat. Obwohl sie mitunter etwas schüchtern und zurückhaltend sind, so zeigen sie, wenn es darauf ankommt, auch außerordentlichen Mut und sogar Verwegenheit.

Die Leidenschaften sind beim Schützgeborenen oft zahlreich und glühender Natur, aber sie werden durch die Vernunft meist in Schranken gehalten. Es zeichnet sie eine große Liebe zur Beschäftigung und Arbeit aus, dabei bringen sie alle Arbeiten rasch zu Ende, weil sie immer den Drang haben, ihre Geschäfte ohne Aufschub zu erledigen.

In diesem Zeichen macht sich der Entwicklungsstand des betreffenden Individuums besonders sichtbar. Bei guter Entwicklung werden die vorher angeführten guten Eigenschaften viel reiner, die schlechten dagegen ganz abgeschwächt auftreten. Bei geringerer Entwicklung dagegen werden sich die günstigen Eigenschaften geschwächt zeigen, dagegen die Schwächen und Fehler zu starken, verzehrenden Leidenschaften anwachsen.

Die Fehler dieses Zeichens sind hauptsächlich Übertreibung, Heftigkeit, Ruhelosigkeit und allzugroße Unabhängigkeitsliebe, die oft bis zum Starrsinn steigt.

1. Dekanat 0° – 10° Schütze

Der Jupiter Einfluss als Geburtsgebieter und Dekanatsherr tritt hier stark hervor. In diesem Dekanat ist besonders eine harmonische Verbindung des Jupiter mit der Sonne wünschenswert, es können dann die guten Jupiter Einflüsse kräftiger hervortreten. Dagegen kann ein disharmonischer Aspekt des Merkurs zum Jupiter die Wesensart sehr ungünstig beeinflussen und die Aufrichtigkeit und das Gerechtigkeitsgefühl schwächen. Ein harmonischer Mars Aspekt zum Jupiter erhöht die Energie, Tatkraft und Begeisterungsfähigkeit. Im Allgemeinen ist der Charakter in diesem Dekanat sehr ausgesprochen.

2. Dekanat 10° – 20° Schütze

Dekanatsherr ist der Mars. Eine harmonische Stellung zwischen Jupiter und Mars macht freimütig, energisch, offen, während disharmonische Verbindungen zwischen beiden Planeten Heftigkeit, Aggressivität, Anmaßung und Unbesonnenheit erzeugen. Der Verstand ist in diesem Dekanat sehr beweglich, besonders bei harmonischen Aspekten des Merkurs und Uranus zu Jupiter oder Mars. Im allgemeinen Mut, Kühnheit, Tatenlust, auch Opferungsfähigkeit.

3. Dekanat 20° – 30° Schütze

Die Dekanatsherrin Sonne verlangt eine harmonische kräftige Stellung, wenn sich hier die guten Einflüsse des Zeichens Schütze erfüllen sollen. Dann entwickelt sich ein feines Empfinden, Wahrheitsliebe und Großherzigkeit. Disharmonische Sonne Stellungen schmälern die Offenheit, machen hartnäckig und widerspruchsvoll. Im Allgemeinen gibt dieses Dekanat einen scharfen Verstand, viel Mut, Freiheit und Unabhängigkeitsliebe und energische Tatkraft.

Der Steinbock

♑

Allgemeinbeeinflussung

In diesem Zeichen hat der Saturn als Geburtsgebieter die größte Kraftentfaltung, es sind daher die unter dem Zeichen Steinbock geborenen Menschen auch dem Einfluss des Saturns unterworfen.

Das Zeichen Steinbock gehört zur Erd-Triplizität. In ihm wirken die Urqualitäten Trocken und Kalt, mit Domination von Trocken. Es besteht aber auch ein Einschlag von Feucht. Steinbock ist ein negatives und kardinales Zeichen. Durch diese Mischung erhält die Zusammenwirkung von Trocken und Kalt, das sich im Menschen sehr egozentrisch und zusammenziehend äußert, eine mildere, höhere Formen erstrebende Richtung, die dem Einfluss der Urqualität Feucht zu verdanken ist.

Der diesem Zeichen unterstellte Mensch hat infolgedessen die Möglichkeit zur Entwicklung eines höheren Seelenlebens, verfällt aber allzu leicht in den Fehler, seine Erkenntnisse zu materiellen Zwecken zu verwenden. Dieses Zeichen symbolisiert das höhere, abstrakte Denken, die Verinnerlichung einerseits, die Vereinsamung, und andererseits aber auch den Egoismus, das Streben nach weltlichen Gütern.

Die unter diesem Zeichen geborenen Menschen lernen sehr leicht und dringen tief in den Lehrstoff ein. Sie sind meist tiefe Denker, gute Redner und Lehrer und haben in der Regel ein vorzügliches Gedächtnis.

Steinbockunterstellte mischen sich nur ungern in die Angelegenheiten anderer Menschen und wollen aber auch ihrerseits keine Einmischung in ihre Angelegenheiten dulden. Sie haben einen ehrgeizigen, ausharrenden Charakter, sind großer Anstrengungen fähig und trachten ihr Ziel durch Hartnäckigkeit und Ausdauer zu erreichen.

Sie sind oft maliziös, wenn Mars den Saturn disharmonisch bestrahlt, boshaft, sogar rachsüchtig, streitsüchtig und kriegerisch veranlagt. Sie haben sonst im Allgemeinen einen ungeheuer starken, ausdauernden Willen, viel Selbstbeherrschung, sind aber zeitweise melancholisch. Ihr sprachlicher Ausdruck ist manchmal sehr frei und offen, in manchen Fällen sogar verlegend; meist sind sie gute Redner, aber es zeigt sich mitunter in ihrer Sprache eine gewisse Eigentümlichkeit oder ein Hindernis.

Es ist im Allgemeinen ein guter Verstand vorhanden, und wenn auch das Denken oft etwas schwerfälliger ist, so werden doch durch tiefes Eindringen in eine Materie und Festhalten des Erlernten meist große Kenntnisse gesammelt. Oberflächlichkeit ist in diesem Zeichen sehr selten, dagegen zeichnet es sich durch Ernst und Bedächtigkeit aus. Unter diesem Zeichen geborene Menschen sind Sympathien und Antipathien nur langsam zugänglich, aber ihr Hass und ihre Freundschaft sind fest und andauernd.

Dessen ungeachtet sind sie sehr anpassungsfähig, lustig mit lustigen, traurig mit traurigen Menschen, sehr loyal und gütig. Ihr Geist ist sehr klug, scharf und philosophisch veranlagt. Sie haben eine große Arbeitslust, sind zu allen Geschäften geschickt und bringt dieses Zeichen viel hervorragende Männer und Frauen hervor, Gelehrte, Staatsmänner Künstler usw.

Steinbockbeeinflusste sind meist schwer zu erregen, werden selten sehr zornig, sind dann aber auch schwer zu beruhigen und tragen sehr lange nach. Etwas unbeständig in ihren Neigungen, ist ihr äußeres Wesen oft von rauer und abstoßender Art.

Zaghaft und langsam in ihrem Entschließen, brauchen sie zu ihren Unternehmungen stets längere Zeit.

Sie sind streng und beharrlich, manchmal sogar etwas gewaltsam, dabei auch argwöhnisch. Sie besitzen einen übergroßen Ehrgeiz und Mut, welche Eigenschaften sie zu Handlungen und Taten zwingen, wodurch sich oft ihr Leben unglücklich gestaltet, woran auch ein stark ausgeprägter Machtwille schuldtragend ist. Steinbockgeborene sind, obwohl äußerlich meist ruhig und zurückhaltend, besonders in Gegenwart von Fremden, unter Freunden sehr beredt und mitteilsam, oft in überwältigender, überredender Weise.

Steinbockbeeinflusste lieben die Unabhängigkeit, Schönheit und Harmonie, geben aber zu viel auf das Äußere. Sie sind oft etwas indiskret und sehr exzentrisch, haben einen hohen Geist, sind aber in ihren Gefühlen zeitweise schwankend, da sie heute alles hell und schön, schöner als es wirklich ist, sehen, dafür aber morgen schon, ohne jeden Grund, alles düster und schwarz empfinden.

Es ist selten, dass sie einmal die Dinge so sehen, wie sie wirklich sind. Im Allgemeinen ist der Wille allerdings stark, oft aber doch veränderlich, was meist durch unvorhergesehene Ereignisse verursacht wird. Steinbockgeborene vergeben, aber vergessen nicht, sie sind treue, hingebungsvolle Freunde, dagegen aber unversöhnliche und unbarmherzige Feinde.

Steinbockgeborene sind in der Regel sehr eingehend und lieben die Details. Meist ist eine diplomatische Veranlagung vorhanden. In allen ihren Absichten und Handlungen sind sie vorsichtig und klug. Ihr angeborenes Verlangen nach hohen Stellungen und Anerkennung, ihr starker Ehrgeiz, ihre Ausdauer und ihre diplomatische Anlage lassen sie die besten Wege und Mittel wählen und zweckmäßig von ihnen Gebrauch machen, wodurch sie, wenn auch langsam und oft nur nach harter Arbeit, ihr Ziel erreichen und ihr Vorhaben durchsehen, obwohl ihnen ihre schwermütige, sich abquälende Art und ihre zeitweise Unentschlossenheit manche Hindernisse zu bewältigen aufgibt.

Steinbockgeborene lehnen Schmeicheleien ab und sind Zärtlichkeiten wenig zugetan. Dabei lieben sie sehr tief, können es aber äußerlich nicht so zeigen. Ihre Zuneigungen sind aufrichtig und herzlich, jedoch manchem Wechsel unterworfen, weniger infolge der Veränderlichkeit der Gefühle als durch Schicksalsnotwendigkeiten.

Die diesem Zeichen unterstellten Menschen urteilen meist hart und streng und halten den Verstand und die Klugheit als das höchste Gut, sie wollen sozusagen alles durch mathematische Beweise erhärtet haben. Sie sind im Allgemeinen beharrlich, ausdauernd, fest, standhaft, ziemlich ernst und sehr zurückhaltend.

Ihr Glück im Leben werden sie sich meist nur selbst zu danken haben, besonders durch ihr organisatorisches Talent, ihr Verantwortlichkeitsgefühl, ihren Takt, wie auch ihre Mühe und Beharrlichkeit.

Ihr Unglück wird meist durch ihre schon oben erwähnte Schwarzseherei, von der sie oft ergriffen werden, verursacht. Sie sollten daher stets Gedanken der Zuversicht, des Selbstvertrauens und der Hoffnung hegen und die Einsamkeit vermeiden.

Die hauptsächlichsten Fehler dieses Zeichens sind Selbstsucht, Eigensinn, Selbstüberschätzung und Rachsucht. Gesundheitlich tritt meist eine Schädigung durch den Hang zur übermäßigen Arbeit ein, der eine Folge der Selbstüberschätzung der Kräfte ist.

1. Dekanat 0° – 10° Steinbock

Der Geburtsgebieter Saturn ist auch gleichzeitig der Dekanatsherr, es kommt daher sehr viel auf die Stellung des Saturn an. Er soll womöglich harmonisch mit der Sonne verbunden sein, was für die geistigen Kräfte sehr förderlich ist. Starke Ausdauer, Fleiß, Ernst und Strebsamkeit vereinen sich mit Ehrgeiz und praktischen Fähigkeiten. Dagegen besteht bei disharmonischer Sonne Verbindung mit dem Saturn etwas Raues und Abstoßendes im Wesen, dem sich Argwohn und Misstrauen paart. Ungünstig auf das Sexualleben wirkt ein disharmonischer Venus Aspekt auf den ti, der nicht nur Hemmungen oder eine gewisse Gefühlskälte oder verkehrte Empfindungen zeitigt, sondern auch meist große Enttäuschungen im Verkehr mit dem anderen Geschlecht bringt. Sehr günstig wirkt in diesem Dekanat eine harmonische Verbindung des Saturn mit dem Jupiter, die Hochgeistigkeit, Idealismus und starken Wissensdrang anzeigt.

2. Dekanat 10° – 20° Steinbock

Der Dekanatsherr ist die Venus. Dadurch wird das ernste, zurückhaltende Wesen gelockert und wird liebenswürdiger. Die Leidenschaften sind wärmer und verlangender, die Lebensfreude ist stärker. Größerer Hang zur Geselligkeit, viel Ausdauer und Arbeitsfreude, Heftigkeit und Zähigkeit, Liebe zur Kunst, Ehrgeiz. Dieses alles, besonders wenn die Venus zum Saturn einen harmonischen Aspekt aufweist. Ist sie aber disharmonisch mit dem Saturn verbunden, nehmen die Leidenschaften eine stürmische, gewaltsame Form an, die guten Eigenschaften treten vielfach zurück, die Geselligkeit artet leicht in Ausschweifungen aus und das ganze Wesen, besonders bei noch anderen schlechten Konstellationen, wird exzentrisch und unangenehm.

3. Dekanat 20° – 30° Steinbock

Merkur ist der Dekanatsherr. Seine gute Stellung, besonders in harmonischer Verbindung mit dem Saturn, wirkt vorzüglich auf den Intellekt, gibt großes Interesse für Wissenschaften, Künste, auch Industrie. Stärkere Vielseitigkeit bei tieferer Konzentration. Reineres Sexualleben, tieferes Empfinden. Bei disharmonischer Merkur Stellung, hauptsächlich bei dessen disharmonischer Verbindung mit Saturn, zeigt sich geringere Willenskraft, Misstrauen, Argwohn und Zweifelsucht, Neigung zum übergroßen, oft unberechtigten Kritisieren, im Allgemeinen ein schwächerer Charakter.

Der Wassermann

Allgemeinbeeinflussung

Dieses Zeichen wird von zwei Planeten beherrscht, dem Uranus und dem Saturn. Die stärkere Kraft entwickelt wohl der Uranus in diesem Zeichen, daher sind alle Personen, die im Zeichen Wassermann geboren wurden, auch dem Einfluß des Uranus als Geburtsgebieter in erster, und in zweiter Linie des Saturns unterworfen.

Das Zeichen Wassermann ist der Luft-Triplizität und den Urqualitäten Warm und Feucht, mit Überwiegen von Warm zugehörig. Es ist ein positives, fixes Zeichen. Der starke Dynamismus der Urqualität Warm verleiht dem Feucht eine durchschlagendere Beweglichkeit. Es entsteht dadurch eine mäßige Energie, die aufbauend wirkt.

Die diesem Zeichen Unterstellten besitzen eine starke Willenskraft, die sich aber anpassend und rücksichtsvoll äußert, aber trotzdem Unabhängigkeit bewahrt. Das Feucht nimmt der durch das Warm bedingten Tatkraft und Unternehmungslust alles Schroffe und alle Härten. Dieses Zeichen symbolisiert das höhere, intuitive Geistesleben, die Spiritualität.

Die unter diesem Zeichen geborenen Menschen sind etwas wankelmütig und unentschieden, aber von anständiger Gesinnung, ehrlich und gütig, haben eine große Beweglichkeit der Gefühle und Gedanken, besitzen ein sehr angenehmes Benehmen und haben große Inspirations- und Divinationsgabe. Sie besitzen sehr oft literarische und künstlerische Fähigkeiten, pflegen mit großer Liebe die schönen Künste und Wissenschaften und verteidigen sie aus innerer Überzeugung. Auch okkulten Studien und Forschungen sind sie sehr oft ergeben, sind meist gute Redner und heiße Anhänger ihrer Studien, ihres Berufes oder ihrer Wissenschaft. Was der Steinbock im streitbaren Sinne, das beeinflusst der Wassermann in mehr friedlichem Sinne, es steht dieses Zeichen allen friedfertigen und ruhigen Genies und Geistesmenschen vor. Es gibt dieses Zeichen eine ruhige, geduldige Natur, einen scharfen, durchdringenden, philosophischen Geist, der sich meist in idealistischer Richtung bewegt und sehr oft mit einem feinen Gefühl für die bildende Kunst und mit einer gewissen, überzeugenden Beredsamkeit gepaart ist. Der Intellekt ist ziemlich gut, oft sogar bei harmonischer Merkur Stellung ausgezeichnet, Imagination und Fantasie sind sehr lebhaft, die Auffassung leicht.

Wassermannbeeinflusste sind im Allgemeinen human und treu, ihr Wesen ist frei und offen, der Geist scharf und erfinderisch und der Charakter sehr wohlwollend. Sie haben ein sehr lebhaftes, starkes Temperament und eine liebenswürdige, gütige Gemütsveranlagung, können aber keine Bosheiten vertragen. Ruhig im Äußeren, besitzen sie aber trotzdem glühende, beständige Neigungen, feste Ansichten und mitunter hinreißende Leidenschaften. Im Allgemeinen neigen sie, obwohl keineswegs menschenscheu, mehr zur Einsamkeit und zum ernsten Studium. Ihr Wille ist sehr standhaft und fest und führen sie trog vieler Hindernisse alles zum gewollten Ziele. Dabei sind sie in ihrer Arbeit sehr geduldig und ausdauernd. Wenn sie auch ein wenig zornmütig sind, lassen sie sich doch sehr leicht wieder beruhigen.

Die diesem Zeichen unterstehenden Personen sind gewöhnlich sehr bestimmt, aber keineswegs eigensinnig, sie lassen sich leicht in ihrem Gemütsleben beeinflussen, selten aber in ihrer Lebensweise beschränken. Die Neigung zur Absonderung und Einsamkeit führt meist zur Beschäftigung mit Dingen, die vom Alltäglichen abweichen, besonders zu okkulten Studien, zum Studium des menschlichen Charakters und der großen Lebensfragen.

Ehren, Rang, Titel und Reichtum sind sie nicht abgeneigt, aber häufig mit irdischen Gütern nur wenig gesegnet. Starke Freiheit- und Unabhängigkeitsliebe sind stets vorhanden.

Im Allgemeinen sind es Menschen von großer Genialität, Erfindungsgabe, gesundem Urteil, fähig zum Organisieren und Befehlen, und geeignet, sich die öffentliche Achtung zu verschaffen. In den Wissenschaften neigen sie mehr zu den experimentellen Methoden, haben aber große Liebe zur Philosophie und Spekulation.

Es gehört dieses Zeichen mehr als jedes andere dem geistigen Element an, darum sucht der Wassermanngeborene seine Umgebung stets nach seinen Idealen zu gestalten, denn in einer Umgebung, die unter seiner Entwicklungsstufe steht, kann er nur schwer existieren. Die schöne Vereinigung von Verstand und Intuition, die liebevolle und geduldige Beharrlichkeit in den Studien und Arbeiten befähigen ihn zu einem tieferen Eindringen in die Natur und ihre Geheimnisse.

Audi in diesem Zeichen sind deutlich verschiedene Entwicklungsstufen erkennbar. Die tiefere Entwicklungsstufe zeigt mehr materialistische Denker, die mehr am Äußerlichen hängen, und sich wichtigen Angelegenheiten gegenüber oft sehr gleichgültig erweisen, ihre Erledigungen gern auf den nächsten Tag verschieben und selten pünktlich sind. Diese Personen halten sich mehr an den Verstand und lassen die Stimme des Herzens oft ungehört. Oder es zeigen sich in den tieferen Entwicklungsstufen zu viel sonderbare Schwärmerei und extreme Neigungen, die dann leicht in Krankhaftes, Abnormales ausarten.

Die Hauptfehler dieses Zeichens, die sich mehr oder weniger bei allen Entwicklungsstufen geltend machen, sind Unschlüssigkeit, Kaprize und die Neigung zum Extrem in allen Dingen.

1. Dekanat 0° – 10° Wassermann

Der Geburtsgebieter Uranus ist hier auch der Dekanatsherr, obwohl auch der Saturn in zweiter Linie berücksichtigt werden muss. Es sind daher die Stellungen von Saturn und Uranus maßgebend, ergänzend aber auch von Sonne und Merkur. Eine harmonische Verbindung von Saturn, Uranus und Sonne deutet auf höheres geistiges Verstehen, auf Ehrgeiz, Streben, Autorität, Verlangen nach tieferer Erkenntnis. Wenn dann noch Merkur harmonisch steht, gesellt sich ein leichtes Verstehen und eine schnelle Auffassung dazu. Im Allgemeinen viel Energie und Positivität. Bei disharmonischen Konstellationen meist krankhafter Ehrgeiz, Überempfindlichkeit, extremes Freiheits- und Unabhängigkeitsgefühl,, zeitweise Unschlüssigkeit, Verzagtheit, überhitzte Fantasie, exzentrisches unverständliches Wesen.

2. Dekanat 10° – 20° Wassermann

Der Merkur als Dekanatsherr ist sehr zu beachten. Seine harmonische Stellung schärft die intellektuellen Fähigkeiten, gibt Klugheit, Umsicht, leichtes, schnelles Erfassen, gute Urteilskraft und große geistige Beweglichkeit. Das Wesen ist freundlich, gesellig und anpassungsfähig. Sehr gute Beredsamkeit, wenn keine disharmonische Winkelbildung durch Saturn vorhanden ist. Neigung zu guter Sitte und Moral. Wenn aber zwischen Uranus, Saturn und Merkur disharmonische Verbindungen bestehen, leidet die Konzentrationsfähigkeit, der Geborene schädigt sich durch Übereilung, unkluges Handeln oder Unschlüssigkeit und Zaghaftigkeit. Der Charakter verliert an Entschlossenheit und Festigkeit.

3. Dekanat 20° – 30° Wassermann

Die Venus als Dekanatsherrin, wenn sie harmonisch steht oder in ebensolcher Verbindung mit Uranus und Saturn, macht gesellig und lebensfreudig, gibt Vorliebe für alle Künste, oft auch für Tanz und Mimik. Die Sensitivität ist gesteigert. Das Wesen ist einnehmend, freundlich und entgegenkommend und weiß sich zur Geltung zu bringen. Dem Studium der menschlichen Natur wird großes Interesse entgegengebracht. Bei disharmonischen Konstellationen aber besteht die Gefahr der Ausschweifung in der Lebensfreude, in der Neigung zu Extremen aller Art. Die Konzentrationsfähigkeit ist dann sehr geschwächt.

Die Fische

♓

Allgemeinbeeinflussung

Auch in diesem Zeichen erhalten zwei Planeten ihre größte Kraft, das ist in erster Linie der Neptun als Geburtsgebieter und in zweiter der Jupiter. Es sind daher alle unter diesem Zeichen geborenen Menschen auch dem Neptuneinfluss und in sekundärer Weise dem Jupitereinfluss unterworfen.

Das Zeichen Fische ist der Wasser-Triplizität und den Urqualitäten Feucht und Kalt zugehörig, wobei aber Feucht dominiert. Es ist ein negatives, labiles Zeichen. Diese Verbindung ist wenig günstig, denn das aktive Kalt hat eine mehr zusammenziehende, egozentrische Tendenz. Da aber die Urqualität Feucht überwiegt, so wird sie auch ihren Einfluss zur Geltung bringen, allerdings eingeschränkt und nicht in ihrer reinen Form. Die diesem Zeichen unterstellten Menschen streben nach Vergeistigung, nach Verbindung mit höheren Kräften und haben die Neigung zur Hingabe, zur Menschenliebe, zum Dienen. Aber das Kalt in dieser Kombination schafft in diesen Beziehungen manche Hemmungen und Hindernisse, wodurch das Seelenleben leidvolle Zustände erfährt. Dieses Zeichen symbolisiert das Empfindungs- und Gemütsleben, aber auch die irdischen Hemmungen und Hindernisse, die Entsagung.

Die unter dem Zeichen Fische geborenen Personen haben eine tief im Herzen wurzelnde Liebesnatur. Sie sorgen und leiden für alle, die in ihren Umkreis treten, sind gegen jedermann liebevoll und spenden Wohltaten ohne Unterlass. Sie haben einen aufrichtigen, gerechten und wohlwollenden Charakter mit liebenswürdigem und zuvorkommendem Wesen, kontemplativen, lernbegierigen und poetischen Geist. Sie lieben es stets, die gute Seite der Dinge zu nehmen, haben eine ausgesprochene Neigung sich an allem zu erfreuen, sind sehr edelmütig und vermeiden es ängstlich, dass durch ihre Vergnügungen jemand zu Schaden kommt.

Fischgeborene haben einen sehr klugen, poetischen und fantasievollen Geist, eine reiche, bewegliche Gedankenwelt, einen heiteren, ehrlichen, mitunter aber auch etwas abweisenden Charakter. Sie besitzen große Talente, mit denen sie sich oft in Wissenschaft und Kunst hervortun, und kann ihnen besonders die Schriftstellerei infolge ihrer Fantasie und durch die Reinheit des Stils im schriftlichen Gedankenausdruck, zu Berühmtheit und Ehren verhelfen.

Das Wesen der Fischgeborenen ist gut und sanft, sie wünschen stets zu dienen und zu helfen, sind sehr empfänglich für alles, was auf ihr Gemütsleben Eindruck zu machen versteht und werden dadurch oft zum Spielball äußerer Einflüsse und ihrer Gemütsbewegungen.

Ihr Wille, obwohl manchmal etwas veränderlich, ist sehr stark. Sie können Autorität üben, ohne streng und herrisch zu sein und haben die Gabe, bei scherzendem Ton und liebenswürdigem Wesen fest, entschieden und ausdauernd zu sein.

Die diesem Zeichen unterstellten Personen sind geistreich, klug und kritisch ohne Vorurteil. Sie entscheiden sich sehr langsam, wenn sie aber eine Arbeit begonnen haben, so führen sie dieselbe rasch ihrer Vollendung zu, da eine besondere geistige Unruhe und ihr allzu beweglicher Geist sie dazu treibt.

Sie haben meist eine schöpferische tätige Gedankenwelt, die fortwährend auf der Suche nach Neuem ist, dabei sind sie sehr eindrucksvoll, romantisch, einbildungsreich, feinfühlig veranlagt. Oft geht diese Feinfühligkeit freilich ins Extreme und sie quälen sich mit sonderbaren Fantasievorstellungen.

In ihrem Berufsleben sind sie sehr sorgfältig und fleißig, haben starke intensive Neigungen, drücken sich oft etwas sarkastisch aus, ohne indessen böswillig zu sein und sind keineswegs nachträgerisch, lassen sich aber, wenn sie einmal aufgebracht sind, nur schwer wieder beruhigen. Ihre Psyche ist im Allgemeinen schwer zu erkennen und die Gemütsstimmungen hängen sehr von der Umgebung ab.

Allem Schönen in der Kunst und in der Natur sind sie sehr zugeneigt, besonders aber lieben sie das Wasser; das Meer sowie das Firmament üben einen großen Eindruck auf sie aus.

Sie hängen sehr an ihren Freunden und Lieben und bemerken in ihrer Liebe deren Fehler nicht, doch haben sie unter Sympathien und Antipathien sehr zu leiden. Sie sind schwer in Zorn zu bringen, aber wenn es einmal der Fall ist, dann sind sie auch schwer zu beruhigen und zu versöhnen, obwohl sie sich mitunter mit einer großmütigen und vornehmen Vergeltung begnügen.

Wenn sie auch meist duldsam und sanft sind, können sie gereizt, nichtsdestoweniger sehr rau und widerspenstig werden und sind dann durch längere Zeit allen vernünftigen Gründen unzugänglich.

Oftmals haben sie Stunden des tiefsten Pessimismus und der schwersten melancholischen Bedrückung und leiden viele unter ihnen an nervösen Angstzuständen, die aber ganz grundlos sind. Sie gehören im Allgemeinen gerade nicht zu den glücklichsten Menschen, denn sie leben sozusagen unter einem verhängnisvollen Bann, der sie zwingt, oft im Hintergrund zu bleiben.

Auch werden sie wenig verstanden und nach ihrem wahren Wert geschätzt, und oft wird ihnen misstraut, obwohl man ihnen völlig trauen darf. Sie verlangen eben zu wenig für sich, sind immer zur Aufopferung und Hilfe bereit, mit warmem Gefühl gegen alle Schwäche und Hilflosigkeit, was von der Menge eben zu wenig verstanden wird. Sie sind überhaupt die aufopferungsfähigsten Menschen und begehren nichts für sich; ihre angeborene Güte macht sie sogar verschwenderisch.

Fischgeborene zeigen sich stets sehr geschäftig und unternehmen viele Dinge, in welchen sie aber auch meist Erfolg haben. Nur sind sie etwas kopflos und haben eine innere fahrige Unruhe, wodurch sie oft unordentlich sind, unachtsam und wenig nett mit ihren Sachen. Sie haben meist eine große Beredsamkeit, literarisches Talent; ihr Geist ist sehr weitsichtig und besitzt die Fähigkeit, sich in viele Dinge zu vertiefen, dabei nur das als Eigentum annehmend, das seinem kritischen Urteile entspricht. Diese Personen sind also durchaus nicht dogmatisch. Oft freilich, wenn sie von ihrer nervösen Unruhe ergriffen werden, sind sie unlogisch im Sprechen und Denken und stellen immer Fragen, kaum die Antwort abwartend.

Die unter diesem Zeichen geborenen Menschen sind im Allgemeinen ziemlich empfänglich, oft mediumistisch veranlagt, sensitiv und ziemlich inspirationsfähig. Sie haben starke, heftige, doch manchmal wechselnde Leidenschaften. Ihr Wesen ist im Allgemeinen herzlich und in angenehmer Gesellschaft zeigen sie sich sehr fröhlich und heiter, haben gutes Talent zur Nachahmung, sind sehr gastfrei und gesellig. Ihre Natur ist im Allgemeinen harmonisch.

Die Fehler dieses Zeichens sind allzu große, vernunftlose Hingabe, Verträumtheit, Unentschlossenheit, Widerstandslosigkeit.

1. Dekanat 0° – 10° Fisch

Obwohl in diesem Dekanat der Geburtsgebieter Neptun als gleichzeitiger Dekanatsherr in erster Linie berücksichtigt werden muss, soll auch dem Jupiter als Unterton Rechnung getragen werden. Wenn die beiden Planeten in harmonischer Anlage sind, dürfte in diesem Dekanat wohl der reine und ungeschwächte Fisch Einfluss zur Geltung gelangen. Je nach den anderen Konstellationen wird die freiere oder gedrücktere Seite dieses Zeichens zur Auswirkung gelangen. Im Allgemeinen zeigt sich starker Ehrgeiz, Tüchtigkeit und Unternehmungslust. Bei disharmonischen Konstellationen zeigt sich viel Zwiespältiges im Wesen, Unentschiedenheit, psychische Bedrückung und ungünstige Gemütszustände.

2. Dekanat 10° – 20° Fisch

Dieses Dekanat wird vom Mond beherrscht und ist dessen Stellung sehr zu beachten. Der Einfluss ist im Allgemeinen wenig günstig, da der Mond Einfluss die Sensitivität des Zeichens Fisch steigert und oft ins Krankhafte treibt. Das Gemütsleben gibt zu stark den Ausschlag, das Wesen ist wankelhaft, unentschieden, zu passiv und verträumt. Wenig Tatkraft, aber Vergnügungslust. Nur bei sehr starken harmonischen Konstellationen treten obige Fehler abgeschwächt auf.

3. Dekanat 20° – 30° Fisch

Dekanatsherr ist der Mars. Seine harmonische Stellung, besonders zu Neptun und Jupiter bringt mehr die positive Seite dieses Zeichens zur Geltung. Die Leidenschaften sind stärker, die Tatkraft größer, die Energie und das Selbstbewusstsein wirksamer. Viel Arbeitslust und Unternehmungsfreude. Sicheres Auftreten, mehr Selbstbeherrschung als in den anderen Dekanaten. Bei disharmonischer Mars Stellung und sonstigen disharmonischen Konstellationen leidet das Wesen viel unter Gereiztheit, psychischen Erregungen und ist geneigt, in allem zu übertreiben. Auch Pluto mag in diesem Dekanat eine gewisse Wirkung ausüben und soll beachtet werden.

Die Sonderbeurteilung der Tierkreiszeichen in den Haupthäusern

Der Einfluss der Tierkreiszeichen auf die Haupthäuser des Geburtshoroskops ist von großer Bedeutung auf Körperbildung, Anlagen, Beruf usw. Immerhin wäre es aber sehr gefehlt, diesen Aussagen ein ausschlaggebendes Gewicht zu erteilen. Das sind nur Nebeneinflüsse, die Untermalung eines Bildes. Ein brauchbares Ganzes wird erst erreicht durch die feine Modellierung, durch die verschiedenen Lasuren, die uns durch die Konstellationen der Himmelskörper, ihre Stellung in den verschiedenen Häusern usw. gegeben werden und wodurch allein erst der zu einer individuellen Beurteilung nötige Gesamtton zu ersehen ist. Die nachfolgenden Aussagen sollen also nur in diesem Sinne aufgefasst werden und bedürfen stets erst der Korrektur durch die mitunter viel kräftigeren Einflüsse anderer wichtigen Punkte des Horoskops. Dadurch werden die Aussagen der Haupthäuser abgeschwächt, oft teilweise oder vollständig aufgehoben, oft aber auch ergänzt und verstärkt.

Trotzdem, oder eben deshalb müssen wir diesem wichtigen Unterbau eine gewisse Beachtung schenken.

1. Widder

Im Allgemeinen tendiert das Zeichen Widder an der Spitze des 10. Hauses zu einem starken Verlangen nach Tätigkeit in führender, oft bahnbrechender Stellung. Es ist starkes Selbstbewusstsein und der Drang zum Vorwärtsstreben vorhanden, der sich aber mitunter in Unbeständigkeit äußert.

An der Spitze des 4. Hauses bringt dieses Zeichen Mut und Selbstvertrauen, die sich aber oft in Tollkühnheit und große Ungeduld umwandeln. Oft ererbte Anlagen, wenn die Signifikatoren für die Eltern darauf deuten.

An der Spitze des 7. Hauses verursacht das Zeichen Widder große geistige Unruhe und allzu impulsives Denken, Mangel an Ausdauer und Unbeständigkeit der Anschauungen. Der Native drückt seiner Umwelt meist seine eigenen Neigungen und Anschauungen auf, oftmals sogar mit

Rücksichtslosigkeit und Zwang, wenn dieses Haus durch Mars schlecht aspektiert wird.

2. Stier

Dieses Zeichen an der Spitze des 10. Hauses verleiht im Allgemeinen gefestigte Anschauungen, Friedensliebe und das Bedürfnis zum ruhigen Genießen des Errungenen, was freilich oft materiell ausartet. Kunstbegeisterung.

An der Spitze des 4. Hauses deutet dieses Zeichen auf einen beharrlichen und standhaften, meist aber auch etwas starrköpfigen Charakter.

An der Spitze des 7. Hauses übt dieses Zeichen auf den Charakter ebenfalls einen befestigenden Einfluss aus, indem es ihn standhaft und unveränderlich macht, was sich oft bis zur Unnachgiebigkeit und Starrköpfigkeit steigert.

3. Zwillinge

Das Zeichen Zwillinge an der Spitze des 10. Hauses drängt im Allgemeinen zu künstlerischem oder überhaupt intellektuellem Wirken und gibt geistige Frische und Originalität, freie Lebensanschauung und klugen Verstand. Es bringt gediegenes Wissen, allerdings nur bei harmonischer Aspektierung und guter Position der für den Intellekt maßgebenden Signifikatoren.

An der Spitze des 4. Hauses bringt es manche Erfolge in schriftlichen Angelegenheiten durch die frische Impulsivität, die dem Geiste in dieser Konstellation eigen ist.

An der Spitze des 7. Hauses beeinflusst dieses Zeichen zu großer Flüchtigkeit, Mangel an Verantwortungsgefühl gegenüber der engeren Umwelt und mitunter allzu großer Fruchtbarkeit der Gedankenwelt.

4. Krebs

Das Zeichen Krebs an der Spitze des 10. Hauses verursacht im Allgemeinen ein sehr stark ausgeprägtes Gefühls- und Empfindungsleben, das die Verstandestätigkeit stark beeinflusst. Es besteht auch die Neigung von einem voreingenommenen Standpunkte aus, auf das Gefühl und die Einbildung der Mitmenschen einzuwirken.

An der Spitze des 4. Hauses gibt dieses Zeichen viel Wankelmütigkeit, Rastlosigkeit, Neigung zum Okkultismus und übersinnlichen Dingen, aber auch ein großes Anpassungsvermögen.

An der Spitze des 7. Hauses deutet dieses Zeichen auf einen etwas fantastischen Geist voll Einbildungskraft, sinnend und alles zäh festhaltend. Die eigene Unbeständigkeit schafft oft Disharmonien im Liebes- oder Eheleben.

5. Löwe

Das Zeichen Löwe an der Spitze des 10. Hauses bringt viel Lebensfreude, Neigung zu Ruhm und Ehre, aber auch das Verlangen gelobt und anerkannt zu werden. Die Tendenz, das geistig Errungene und Erkannte anderen mitzuteilen, ist sehr stark ausgeprägt.

Dieses Zeichen an der Spitze des 4. Hauses gibt einen liebevollen und vertrauenden Charakter, der aber oft in allzu große, bequeme und schwache Duldsamkeit überschlägt.

Das Zeichen Löwe an der Spitze des 7. Haus deutet auf einen umfassenden und empfänglichen Geist, dem aber einigermaßen Klarheit im Erkennen von Einzelheiten fehlt.

6. Jungfrau

Das Zeichen Jungfrau an der Spitze des 10. Hauses beeinflusst bei einer harmonischen Merkur Stellung und ohne disharmonische Besetzung und Aspektierung im Allgemeinen zur kritischen Unterscheidung zwischen rein und unrein, gut und schlecht.

Es drängt zur Anpassung an die universellen Gesetze und zum Streben nach Reinheit und Entwicklung, zum Einfluss auf die öffentliche Sittlichkeit und allgemeine Gesundheit.

Wenn aber der Merkur durch Mars oder Saturn disharmonisch aspektiert ist und dieses Haus disharmonisch aspektiert wird, dann artet der Kritizismus meist in eine rechthaberische Nörgelei und in eine übertriebene Pedanterie aus.

An der Spitze des 4. Hauses verursacht dieses Zeichen ein starkes ästhetisches Empfinden, großen Ordnungssinn und ein ausgeprägtes Reinlichkeitsgefühl.

Das Zeichen Jungfrau an der Spitze des 7. Hauses weist auf einen sehr praktischen, klaren und zielbewussten Charakter mit geringer Einbildungskraft.

7. Waage

Das Zeichen Waage an der Spitze des 10. Hauses drängt nach öffentlicher Anerkennung, Beliebtheit und Popularität und gibt ein starkes Verlangen nach Schönheit und Harmonie im Leben, wenn die Venus kräftig und harmonisch steht.

Bei einer disharmonischen Verbindung der Venus mit dem Mars kann oft auf ein übertriebenes Sexualleben geschlossen werden.

An der Spitze des 4. Hauses prägt sich im Charakter besonders eine große Gewissenhaftigkeit in Angelegenheiten der Ehre und der Liebe aus, und das Bestreben für Rhythmus, Verhältnis und Ausgleich.

An der Spitze des 7. Hauses verursacht dieses Zeichen einen weitherzigen unparteiischen Geist aber zuweilen Unentschlossenheit und schwankende Gefühle.

8. Skorpion

Das Zeichen Skorpion an der Spitze des 10. Hauses weist im Allgemeinen auf eine starke Willenskraft, die stets bestrebt ist, Macht und Herrschaft über andere Menschen zu erlangen und diese dem eigenen Willen zu unterwerfen.

Wachsamkeit und Sorgfältigkeit ist vorhanden, zeitweise aber auch Pessimismus. Bei disharmonischer Besetzung oder Aspektierung dieses Hauses erhält der Charakter viel Willkür, Rücksichtslosigkeit, mitunter sogar Brutalität.

An der Spitze des 4. Hauses bringt dieses Zeichen sehr große Willenskraft, aber auch bisweilen Unbarmherzigkeit.

Das Zeichen Skorpion an der Spitze des 7. Haus 8 verursacht oft ein zu starkes Gefühlsleben. Sonst ist ein richtig schließender und urteilender Geist vorhanden, der seine Folgerungen hauptsächlich auf instinktive und intuitive Erkenntnis aufbaut.

9. Schütze

Das Zeichen Schütze an der Spitze des 10. Hauses verursacht im Allgemeinen einen großen Drang nach höherer Erkenntnis. Damit verbunden ist die Neigung dieser Erkenntnis entsprechend zu leben und sie anderen mitzuteilen bzw. andere damit zu beeinflussen. Es gibt den Typus des praktischen Philosophen. Hier ist die Stellung des Jupiter maßgebend. Auch muss das 10. Haus frei von disharmonischer Besetzung sein. Ein kosmisch disharmonisch gestellter und in disharmonischen Aspekten stehender Jupiter macht dünkelhaft und zur Heuchelei geneigt.

An der Spitze des 4. Hauses weist dieses Zeichen auf sehr viel Unabhängigkeitsliebe und viel Stolz, der bisweilen zur Unhöflichkeit verleitet.

An der Spitze des 7. Hauses verursacht dieses Zeichen meist ein starkes Streben nach Vertiefung und Erkenntnis. Wenn Jupiter mit Venus harmonisch steht, sind idealistische Neigungen vorhanden.

10. Steinbock

Im Allgemeinen formt das Zeichen Steinbock an der Spitze des 10. Hauses einen etwas beweglichen Charakter, der sich in der starken, oft bis zum Strebertum ausartenden Neigung kennzeichnet, sich über seine Umgebung zu erheben. Dabei verhält sich bei disharmonischer Saturn Stellung der Betreffende meist seinen Vorgesetzten gegenüber übereinstimmend und zuvorkommend, den Untergebenen gegenüber aber geringschätzig und liebt es, sie von oben herab zu behandeln.

Am schlechtesten wirkt hier die Besetzung dieses Hauses durch einen Saturn, der mit Mars oder Uranus disharmonisch verbunden ist.

An der Spitze des 4. Hauses beeinflusst dieses Zeichen zu geistigem Wachstum, Erhebung und Erkenntnis mit der starken Neigung zu Verborgenem, Okkultem.

An der Spitze des 7. Hauses deutet dieses Zeichen bei harmonischer Saturn Stellung auf einen klaren, tiefen und durchdringenden

Geist. Der Charakter ist etwas eigenartig, bei disharmonischer Verbindung des Saturn mit Jupiter oft auch scheinheilig.

11. Wassermann

Im Allgemeinen deutet das Zeichen Wassermann an der Spitze des 10. Hauses bei einer kosmisch guten Uranus Stellung und einer harmonischen Position des Saturn auf Personen, die vorurteilslos und mit klarem, offenem Blick die Wahrheit suchen und mit einer weitherzigen Auffassung das Bestreben haben, an der Menschheitsentwicklung mitzuwirken.

An der Spitze des 4. Hauses bewirkt es eine große Menschenliebe, die aus tieferer Erkenntnis entspringt, wenn Uranus und Saturn mit Sonne und Mond harmonisch verbunden sind.

An der Spitze des 7. Hauses deutet dieses Zeichen auf einen offenen vorurteilslosen Geist, der aber zuweilen bezüglich seiner Schlussfolgerungen sich in Unsicherheit befindet.

12. Fische

Im Allgemeinen verursacht das Zeichen Fische an der Spitze des 10. Hauses bei harmonischer Neptun und Jupiter Stellung und dieses Haus frei von disharmonischer Besetzung einen klaren, vorurteilslosen und von Selbsttäuschung freien Geist, der den Kern aller Dinge zu erfassen bestrebt ist. Wenn die beiden Planeten sich aber in disharmonischer Anlage befinden, besonders in solchen Aspekten mit Saturn entsteht ungesunde Träumerei und eine dem Realen zu wenig zugewendete Gedankenwelt, der Geist verliert sich leicht in extreme, unklare Vorstellungen.

An der Spitze des 4. Hauses beeinflusst dieses Zeichen zu geringerem Tätigkeitsdrang und Unternehmungslust, macht aber aufopfernd und gutherzig. Neptun und Mond sind zu berücksichtigen, besonders wenn Neptun mit der Venus oder dem Herrn des 2. Hauses harmonisch verbunden ist.

An der Spitze des 7. Hauses macht dieses Zeichen sensitiv und mediumistisch und schafft einen für psychische Eindrücke sehr empfänglichen Geist.

Sonne, Mond und die Planeten

Einem alten Gebrauch folgend und der Einfachheit halber werden Sonne und Mond unter der Sammelbezeichnung Planeten angeführt. Diese Auffassung entspricht allerdings der alten „Ptolemäischen Weltanschauung", die an dem Irrtum festhielt, die Erde als Mittelpunkt im Kosmos anzusehen. Da aber die Astrologie geozentrisch orientiert sein muss, weil ja alle kosmischen Kräfte auf die Erde wirken, macht es nichts aus, Sonne und Mond nicht als gesonderte Gestirne, sondern in der Reihe der Planeten zu behandeln.

Die verschiedenartigen Emanationen der Planeten entsprechen nun, gleich den Tierkreiszeichen, dem Zusammenwirken der ihnen zugehörigen Urqualitäten, wodurch sich die essenzielle Natur der Planeten zeigt.

Schon das traditionelle Wissen des Altertums hat diese Zugehörigkeit und die Übereinstimmung derselben mit den Auswirkungsarten der Planeten erkannt und spätere Zeiten haben sie durch die Erfahrung bestätigt erhalten. Es ist dem berühmten mittelalterlichen Astrologen „Morin de Villefranche", dem erfolgreichen astrologischen Berater Richelieus gelungen, diese Zugehörigkeit der Planeten zu den Urqualitäten durch Intuition und Logik zu systematisieren und in ein proportionales, in Einheiten ausgedrücktes Verhältnis zu bringen.

Wenn auch vom rationalen Standpunkt aus dieser Morinschen Auffassung einiges Bedenken entgegengebracht wird, so zeigt sich aber doch wieder durch die lange Erfahrung, dass die Kräfte der Planeten, soweit sie ihre essenzielle Natur betreffen, so ziemlich diesem proportionalen Verhältnis der ihnen zugeteilten Urqualitäten entsprechen.

Diese essenzielle Natur der Planeten hat als Grundton zu gelten, der ihr innerstes, ureigenes Wesen darstellt.

Aber dieser Grundton wird bezüglich der Art seiner Wirkung durch den jeweiligen kosmischen Zustand des Planeten modifiziert.

In erster Linie wird darunter sein zeitlicher Zustand verstanden, also seine Wirkungsart unter dem Einfluss des Zeichens, in dem er sich befindet, mit dem er sich also mehr oder weniger verbindet. Dieses Zeichen mit seinem primären Einfluss wird aber die Grundnatur des Planeten keinesfalls vollständig verändern oder aufheben können, wohl aber eine Förderung oder Kräftigung seiner Eigennatur oder eine Abschwächung zugunsten des Zeichens, schließlich aber auch eine gewisse Pervertierung derselben bewirken, je nachdem der Planet sich in einem Zeichen seiner eigenen, verwandten oder entgegengesetzten Natur befindet.

Über diese Verhältnisse wurde der Leser schon in Band 2 „Synthese“ unterrichtet, sodass ich mich, des engen Rahmens dieses Buches halber, weiterer diesbezüglicher Ausführungen enthalten kann.

Im Allgemeinen sei nur erwähnt, dass die Pervertierung der essenziellen Natur eines Planeten nie groß sein wird, wenn er sich als positiver Planet in einem positiven und als negativer Planet in einem negativen Zeichen befindet, oder wenn wenigstens eine, dem Planeten zugehörige Urqualität auch in dem Zeichen vorhanden ist, in dem er sich befindet.

Der Ausdruck „Pervertierung“ darf überhaupt nicht als „Umformung“ oder ähnlich aufgefasst werden, sondern z. B. nur als eine, das Grundbild verdunkelnde oder aufhellende Färbung.

Nun hängt der kosmische Zustand des Planeten bezüglich der Art und Weise seiner Auswirkung aber auch von seinem Dispositor, das ist jener Planet, der das Zeichen beherrscht, in dem er sich befindet, teilweise ab. So hat z. B. der Saturn im Zeichen Löwe die Sonne als Dispositor. Er wird daher einigermaßen zur Zusammenwirkung mit der Sonne gezwungen.

Die nächste Phase des kosmischen Zustandes eines Planeten wird durch seine Winkelverbindungen mit den anderen Planeten angezeigt. Es gibt harmonische und disharmonische Winkelverbindungen, die auch Aspekte genannt werden. Zu den harmonischen Winkelverbindungen gehören Sextil und Trigon, und zu den disharmonischen das Quadrat und die Opposition. Bei der Konjunktion entscheidet meist die Natur des stärkeren Planeten. Die beiden disharmonischen Halbaspekte, wie Halbquadrat und Sesquiquadrat sind von schwächerer Wirkung, obwohl ich gefunden habe, dass man dem Sesquiquadrat mehr Beachtung schenken müsse. Von schwacher Wirkung sind auch Halbsextil und Quincunx. Halbsextil gilt als harmonisch, während beim Quincunx bez. der harmonischen oder disharmonischen Wirkung die Meinungen sehr auseinandergehen. Ich berücksichtige beide Aspekte fast gar nicht.

Es darf schließlich nicht unerwähnt bleiben, dass nicht alle disharmonischen Winkelverbindungen von ungünstiger Auswirkung sind, wie auch nicht alle harmonischen von absolut günstiger. Es hängt auch hier viel von den Qualitäten der essenziellen Naturen der Aspektbildner ab. Alle diese Verhältnisse findet der Leserin größter Ausführlichkeit und mit Beispielen versehen in dem schon erwähnten Band 2 dieser Kollektion.

Die Auswirkungsmöglichkeiten der Kräfte der Planeten sind aber erst aus ihrer lokalen Position zu erkennen. Die Empirik hat gelehrt, dass ein Planet in seiner harmonischen oder disharmonischen Wirkung sich hauptsächlich in der Richtung seiner lokalen Position, also in jener Richtung äußern wird, die den Auswirkungsmöglichkeiten jenes Hauses entspricht, in dem er sich befindet.

Ich bekenne mich als Anhänger und Vertreter der Determinationslehre. Meine vielen und langjährigen Erfahrungen haben mir gezeigt, dass diese Lehre die sichersten Schlüsse zulässt; denn sie führt nicht nur zur Erkenntnis des Urgrundes aller Dinge, so weit es eben dem menschlichen Begreifen möglich ist, sondern sie zeigt auch in logischer Konsequenz die kosmischen Antriebe, die zu allem irdischen Geschehen führen, sei es in psychischer oder physischer Beziehung.

Es muss betont werden, dass alle kosmischen Kräfte, mithin auch die Energien der Planeten, auf allen drei Ebenen wirksam sind, also auf der geistigen, mentalen und physischen, worauf man bei allen astrologischen Untersuchungen stets Rücksicht zu nehmen hat.

Was nun die physische Ebene anbelangt, so zeigt sich nur in wenigen Fällen eine unbedingte Auswirkung, und zwar nur dort, wo der Wille des Menschen keinen Einfluss mehr hat. In allen anderen Fällen aber hat man es nur mit mehr oder weniger starken Tendenzen und Dispositionen zu tun, also Einflüssen, deren irdische Auswirkung von der Reagenzfähigkeit und den moralischen Kräften des Menschen abhängig ist.

Nach der traditionellen Analogie hat jeder Planet besondere Einflüsse auf bestimmte Dinge oder Angelegenheiten des Lebens. So heißt es z. B. beim Mond, dass er die Empfindungen, das Gefühlsleben, die Leidenschaften vertritt, ferner die Mutter, aber auch ältere Schwestern, die

Ehefrau, Gesandte, Boten, das Volk im Allgemeinen, weibliche Respektpersonen und schließlich Veränderungen und Übersiedlungen bedeutet. Nun kann aber der Mond in einem Horoskop nicht gleichzeitig alles das bedeuten, nicht gleichzeitig die Mutter, die Ehefrau oder die ältere Schwester, nicht gleichzeitig die seelischen Empfindungen und Übersiedlungen und Reisen.

Hier gibt die Determinationslehre, wie sie in mein Buch „Die astrologische Synthese" vertreten ist, die nötige Klarheit. Wenn der Mond entsprechend auf das 7. Haus determiniert ist, wird er wohl mehr die Ehefrau bedeuten, determiniert auf das 10. Haus mehr die Mutter und auf das 3. Haus mehr die Schwester usw.

Bezüglich der Winkelverbindungen wäre ebenfalls zu sagen, dass ihre physischen Auswirkungen nicht als unbedingte Notwendigkeiten aufzufassen sind, sondern nur als Tendenzen, als kosmische Einflüsse, deren tatsächliche Verwirklichung auf dem physischen Plane in vielen Fällen mehr oder weniger von der psychischen Einstellung des Individuums abhängig ist.

Disharmonische Winkelbildungen können auch, je nach dem Gesamtbild des Horoskops und der Reagenzfähigkeit der Persönlichkeit zur Höherentwicklung treibende Spannungszustände herbeiführen und in diesem Sinne auch harmonisch wirken.

Zum Aufsuchen der Aspekteinflüsse bediene man sich des folgenden Schemas:

Eine Winkelverbindung zwischen Uranus und Venus suche man nicht unter Venus, sondern unter Uranus; eine Winkelverbindung zwischen Saturn und Sonne nicht unter Sonne, sondern unter Saturn, usw. Die physischen Auswirkungen der Winkelverbindungen hängen auch ab von der Determination eines der Aspektbildner zu den Auswirkungsmöglichkeiten jenes Hauses, das den Aussagen des betreffenden Aspektes entspricht. Die kosmische Kraft der Planeten in den Tierkreiszeichen beeinflusst in der Hauptsache nur die psychischen und mentalen Anlagen des Nativen. Das ist besonders der Fall bei Planeten hart am Aufgang, im 1., 3. oder 9. Haus und in den Eckhäusern. Am stärksten in dieser Beziehung wirkt wohl der Geburtsgebieter, also jener Planet, der das Zeichen am Aszendenten beherrscht. Dessen kräftigste Stellung ist in Eckhäusern, minder kräftig in nachfolgenden und schwächer in fallenden Häusern.

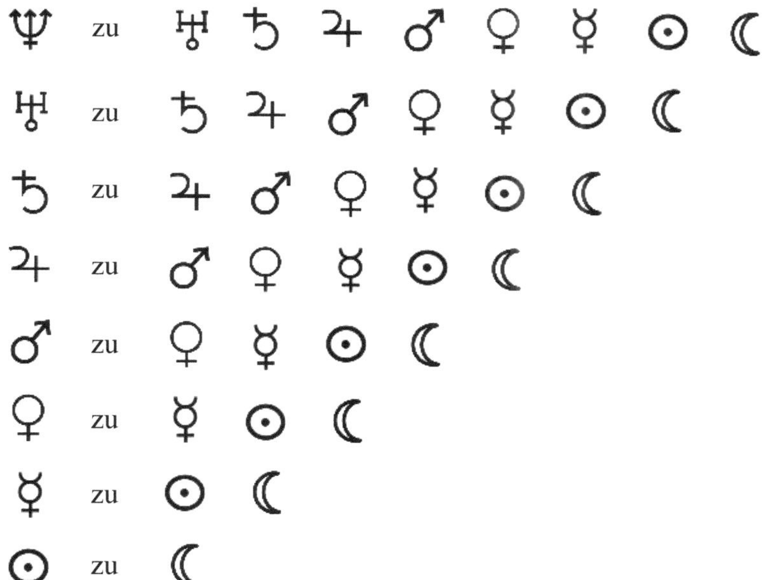
♆ zu ♅ ♄ ♃ ♂ ♀ ☿ ☉ ☾
♅ zu ♄ ♃ ♂ ♀ ☿ ☉ ☾
♄ zu ♃ ♂ ♀ ☿ ☉ ☾
♃ zu ♂ ♀ ☿ ☉ ☾
♂ zu ♀ ☿ ☉ ☾
♀ zu ☿ ☉ ☾
☿ zu ☉ ☾
☉ zu ☾

Der Pluto

Absolut sichere Erfahrungen liegen zurzeit über den neu entdeckten Planeten noch nicht vor.

Es ist aber wahrscheinlich, dass dieser Planet mit dem Unterbewusstsein in Verbindung steht, mit außergewöhnlichen Seelenzuständen. Nach dem berühmten englischen Astrologen Charles E. O. Carter wäre Pluto der Planet der Wendepunkte, der Krisen und Umwälzungen.

Nach ihm soll er auch mit dem Kapitalismus in Beziehung zu bringen sein, wonach seine günstige Stellung die finanziellen Belange gut und fördernd, bei disharmonischer Stellung aber in sehr ungünstiger Weise beeinflussen soll. Er kann also, je nach seiner Stellung und seiner Verbindung mit anderen Planeten sowohl zu Reichtum als auch Armut oder gänzlichen Ruin tendieren.

Mir selbst stehen zur Zeit der Drucklegung dieses Buches über diesen Planeten noch wenig Erfahrungen zu Gebote.

Der bekannte Nürnberger Astrologe Fritz Brunhübner hat speziell über diesen Planeten in anerkennenswerter Emsigkeit und tiefgründiger Sachlichkeit an Hand von Horoskopen von Persönlichkeiten besonders der Vergangenheit, deren Geschicke allgemein bekannt sind, zahlreiche Forschungen unternommen und es gelang ihm rein empirisch die Wirkung dieses Planeten, so ziemlich festzustellen. Nach ihm beherrscht Pluto als anscheinend höhere Oktave des Mars das Zeichen Skorpion.

In meinem zweiten Band „Synthese" vertrete ich die gleiche Ansicht.

Im Allgemeinen kommt Brunhübner durch seine Untersuchungen zu folgenden Schlüssen: Pluto wirkt auf der materiellen Ebene als zerstörendes Prinzip, das zersetzend wirkt, Kampf und Gewalt verursacht und zu einer größeren Sinnlichkeit treibt. Auf der geistigen Ebene aber verursacht er Neugestaltung, Regeneration, Verwandlung, mit dem Prinzip als schöpferische, neu belebende Kraft zu wirken.

Er ist der Planet der Mystik, der Verborgenes und Unerforschtes aufdeckt und dem menschlichen Bewusstsein zuführt. Nach Brunhübner soll Pluto, wenn er in Eckhäusern steht, immer lebensumwälzend wirken und meist tief in das Leben einschneidende Geschicke oder Ereignisse herbeiführen.

Pluto soll besonders für medial veranlagte Personen von starker Wirkung sein, denn er wird als der Planet des Übersinnlichen, der Dämonie, Magie, Nekromantie, Parapsychologie und dergl. Angesehen. Als Entdecker und Enthüller soll er Verborgenes an das Licht bringen, und zwar meist mit langer Vorbereitung, nicht plötzlich, wie beim Uranus, sondern erst nach einem gewissen Gärungsprozess.

Die sämtlichen Angaben über Pluto sind allerdings noch sorgfältiger Nachprüfung zu empfehlen. Erst eine spätere Zeit wird darin Sicherheit schaffen können. Vorläufig sind sie nur als Hinweise aufzufassen.

Pluto in den Tierkreiszeichen

Widder. Stark revolutionäre Tendenz, Impulsivität. Begeisterung, Tatkraft, Überwältigung von Hindernissen. Pioniere.

Stier. Hartnäckigkeit, Starrsinn, aber viel Ausdauer und Zähigkeit. Gesteigerte Erotik, starke Genusssucht, Kunstliebe.

Zwillinge. Rasche Auffassung, schnelle, scharfe Urteilskraft, Schlagfertigkeit, Hastigkeit, Übereilung, Kritizismus, List und Schlauheit.

Krebs. Fantasie, Schwärmerei, Hingabe, Liebe zur Veränderung und Neugestaltung, die mit Beharrlichkeit und Zähigkeit verbunden ist. Mediale Fähigkeiten. Bei schlechten Aspekten auch Egoismus, Herrschsucht, Unzuverlässigkeit.

In den anderen Zeichen ist Pluto noch nicht erforscht.

Pluto in den 12 Häusern

1. Haus. Starke Persönlichkeit mit Selbstbewusstsein und großem Tatendrang. Viel Umwälzungen im Leben, viel Versuchungen und Prüfungen. Bei disharmonischen Aspekten starke Rücksichtslosigkeit, Zerstörungssinn, Brutalität. Sehr Ungünstige, oft bis zum Verbrechen neigende Anlagen.

2. Haus. Bei guten Aspekten vermag diese Konstellation zu Reichtum zu führen, besonders durch gelungene Spekulationen oder durch eine nicht alltägliche Erwerbsart. Bei disharmonischen Aspekten aber schwere Vermögensverluste, die oft bis zum Ruin führen können.

3. Haus. Große Vielseitigkeit, aber auch Kräftezersplitterung. Im Allgemeinen Talent zu Erfindungen, aber auch die Gefahr, sich in unrealisierbare Projekte zu verlieren. Gute intellektuelle Fähigkeiten, reiseliebend. Bei disharmonischer Aspektierung viel Unruhe im Wesen, Neigung zu List und Täuschung.

4. Haus. Freiheitsdrang und Unabhängigkeitsliebe. Neigung zu Unerforschtem, Geheimnisvollem. Sensitivität und Mediumnität. Keine Sesshaftigkeit, daher viel Wechsel des Domizils. Ungünstige Beziehungen zum Elternhause. Bei disharmonischen Bestrahlungen bestehen Unfallgefahren durch Einsturz, Überschwemmungen und dergleichen.

5. Haus. Starke Sinnlichkeit, leidenschaftliche Erotik, viel Liebesabenteuer mit Neigung zum Wechsel des Objekts. Starker Hang zu Vergnügungen, Spekulationen und Abenteuern. Ein stark disharmonisch gestellter Pluto im 5. Haus bedeutet auch eine große Gefahr für die Kinder und im weiblichen Horoskop für schwere Geburten.

6. Haus. Mediale Begabung, Heilinstinkt und Heilbegabung, magnetische Heilkraft. Ausdauernde Arbeiter mit ausgesprochenem Pflichtgefühl. Neigung zur Ernährungshygiene. Wenn Pluto in disharmonischer Anlage ist, treibt er hier in diesen Dingen leicht zum Übermaß und führt zum Fanatismus. Die Krankheitsinklinationen sind meist Infektionen, Blutzersetzungen, Wassersucht.

7. Haus. Bei sehr harmonischer Bestrahlung deutet Pluto auf eine harmonische und glückliche Ehe mit gegenseitigem geistigen Verstehen. Sonst aber, wenn disharmonische Aspekte vorhanden sind, ist das Eheleben stark mit Disharmonien durchsetzt. Untreue und Eifersucht erschüttern die Ehe.

8. Haus. Neigung zum Übersinnlichen. Bei disharmonischer Bestrahlung bestehen öftere Lebensgefahren. Der Tod wird dann von ihm ungünstig beeinflusst.

9. Haus. Harmonisch bestrahlt wirkt er hier sehr günstig. Starker Wissensdrang, oft Genialität. Idealismus, Streben nach höherer Erkenntnis, innere Religiosität, intuitives Erfassen. Große Reiselust, Wahrträume.

Disharmonisch aspektiert führt er hier zur Abenteuerlust, Atheismus, Überspanntheit, fanatischen Materialismus, Scheinheiligkeit und Heuchelei.

10. Haus. einschneidende Umänderungen im Berufsleben, Krisen und Wendepunkte. Starke Unternehmungslust, Strebertum und Geltungsbedürfnis, Selbstbehauptung. In disharmonischen Aspekten wirkt hier der Pluto sehr ungünstig und verursacht im Berufsleben viel Kämpfe, Zersplitterung, Unzufriedenheit, schwere Verluste und oft Skandale und Unehre. Neigung zu Willkür und Herrschsucht.

11. Haus. Günstige Einwirkung auf den Charakter, verursacht Opferfreude und hingebende Nächstenliebe, Idealismus und Menschenliebe, aufrichtige und treue Freundschaft. Bei disharmonischer Aspektierung bringt er Falschheit und Hinterlist durch befreundete Personen oder Verlust von Freunden durch den Tod.

12. Haus. Im Allgemeinen eine sehr ungünstige Stellung für diesen Planeten. Wenn er nicht sehr harmonisch aspektiert wird, hat er eine sehr schlechte Einwirkung auf den Charakter und führt oft zu gesetzwidrigen Handlungen, die Bestrafung, Gefangenschaft oder Verbannung zur Folge haben. Auch eigenartige Unglücksfälle, räuberische Angriffe, heimtückische oder unheilbare körperliche Leiden werden von ihm verursacht.

Pluto in den Aspekten

In Konjunktion mit Neptun

Starke Fantasie, Neigung zu Abenteuern, Irreführung, Chaos, ungewöhnliche Gedankenwelt. Wenn die Konjunktion schlecht aspektiert wird, so werden viel irrtümliche Handlungen vollzogen, die Unglück bringen, je nach den Auswirkungsmöglichkeiten des Hauses, in dem sich die Konjunktion befindet.

In harmonischen Aspekten mit Uranus

Geistige Lebhaftigkeit, erfinderische Talente, Selbstbewusstsein, Widerstandskraft, Entschlossenheit. Starke Lebenskraft. Explosive Handlungen, rücksichtslose oder gewaltsame Durchdringung und Bekämpfung aller Schwierigkeiten und Hindernisse.

In disharmonischen Aspekten mit Uranus

Eigensinn, Zügellosigkeit, Neigung zu Zerstörung, Gewalttätigkeit, schwere Nervenerkrankungen, Unfälle, Handlungen des Hasses, Zornestaten.

In harmonischen Aspekten mit Saturn

Starker Ehrgeiz, Zähigkeit und Ausdauer. Unternehmungslust mit großer Überlegung. Oft auch Neigung zur Zurückgezogenheit und Einsamkeit. Philosophische Gedankenrichtung. Erfolge durch Ruhe und methodisches Vorgehen.

In disharmonischen Aspekten mit Saturn

Starke Selbstsucht und Gefühlskälte, böse Instinkte, Brutalität, Gewalttätigkeit, Unmoral. Unter Mitwirkung anderer disharmonischer Konstellationen oft auch verbrecherische Anlagen. Neigung zu schweren gesundheitlichen Schädigungen.

In harmonischen Aspekten mit Jupiter

Erhöhte Lebensfreude, geistiges Streben verbunden mit großem Ehrgeiz, Sportsliebe, Enthusiasmus. Aufstieg, Erfolge, Ehrungen, gute Lebensgestaltung. Aufstrebender Geist, vielseitige Interessen.

In disharmonischen Aspekten mit Jupiter

Starke Genusssucht, die bis zur Ausschweifung geht, Übermaß in allem. Neigung zu Abenteuer, Unzufriedenheit, Aufruhrgelüste. Durch Unklugheit oder Unehrlichkeit große Misserfolge.

In harmonischen Aspekten mit Mars

Körperliche Widerstandsfähigkeit, starke Lebenskraft. Energie und durchschlagender Wille. Die Leidenschaften sind sehr kräftig und oft hemmungslos. Starke Impulsivität, Unüberlegtheit, rücksichtsloser Mut. Erfolge durch Draufgängertum oder Gewalt.

In disharmonischen Aspekten mit Mars

Der Mut wird zur Tollkühnheit. Gefährliche Instinkte. Rohheit, Rücksichtslosigkeit, Gewalt leiten oft die Handlungen und schaffen Unglück. Der Zorn ist ungestüm. Meist auch Verschwendungssucht und dadurch schwere finanzielle Schädigungen, übertriebene Erotik.

In harmonischen Aspekten mit Venus

Große Kunstliebe, Schönheitsanbetung. Verfeinertes Sexualempfinden, aber trotzdem starke Leidenschaften. Heiteres Gemüt, starkes Wunschleben, Güte und ideale Bestrebungen.

In disharmonischen Aspekten mit Venus

Überempfindlichkeit, übertriebene Erotik mit niederen Neigungen, oft bis zu Exzessen gesteigert. Unmoralische Lebensweise mit Hang zum Gemeinen.

Ausschweifung und Genusssucht schwächen den Organismus. Unangenehme Ereignisse im Liebes- und Eheleben durch Brutalität oder Treulosigkeit.

In harmonischen Aspekten mit Merkur

Intellektuelle Fähigkeiten, rasche Auffassung, schnelles Urteil. Ruhelosigkeit und Emsigkeit.

Diplomatische Veranlagung mit Witz, Schlauheit und Überredungskunst.

In disharmonischen Aspekten mit Merkur

Starker Eigensinn, Rastlosigkeit und Ungeduld, Reizbarkeit, Widerspruchsgeist, List und Verschlagenheit. Neigung zu Täuschung und Betrug und dementsprechende Handlungen und Geschicke. Ungünstig für die Nerven.

In harmonischen Aspekten mit dem Mond

Sentimentales Wesen mit starken Gemüts- und Empfindungsaffekten.

Starke Fantasie und Einbildungskraft, Raschheit und Unüberlegtheit, Neigung zu extremen Handlungen und zu vielen Reisen oder Ortswechsel.

In disharmonischen Aspekten mit dem Mond

Selbstüberschätzung, Unduldsamkeit und Gereiztheit. Schwankende Naturen voll Wankelmut und Unentschlossenheit. Genusssucht auf niederer Ebene, oft zügellos. Entgleisungen aller Art. Erkrankungsneigung des Flüssigkeitssystems des Körpers.

In harmonischen Aspekten mit der Sonne

Sehr viel Selbstbewusstsein, Energie, Tatkraft und Entschlossenheit. Starker, kräftiger Geist mit idealistischen Neigungen. Glückliche Konstellation infolge dieser Anlagen.

In disharmonischen Aspekten mit der Sonne

Herrschsucht, Übertreibung, Überstürzung, Tollkühnheit, Zorn, Anmaßung. Es wird gern Raubbau mit den eigenen Kräften getrieben. Unfallneigung, Neigung zu Herzerkrankungen, Vergeudung der Lebenskraft.

Der Neptun

Es will mir scheinen, als ob in diesem Planeten die Urqualitäten Kalt und Feucht, bei starker Domination von Feucht, wirksam sind. Allerdings bedarf diese Annahme noch einer Nachprüfung.

Aber schon die dem Neptun zugeschriebene Tendenz, die Urtriebe aufzureizen, die Sentimentalität zu steigern und das Wachbewusstsein mit nebelhaften, unklaren und unverständlichen Vorstellungen zu beeinflussen und die reale Umwelt damit zu vermengen, deutet auf das Zusammenwirken der beiden Urqualitäten in dem angegebenen Verhältnis.

Der Planet Neptun repräsentiert das höhere Seelenleben im Menschen, gibt die feineren Seelenstimmungen und beeinflusst das Gefühlsleben und das unbewusste oder unterbewusste Wollen, die innere Grundlage des Denkens.

Er bringt die starke Neigung zu allem Mystischen, Transzendenten, ist der Verursacher aller übersinnlichen Fähigkeiten und Kräfte und verbindet dieselben sehr stark mit dem Gefühlsleben. Besonders werden Hellsehen, Psychometrie und Telepathie durch ihn beeinflusst.

Der Neptun ist auch von großem Einfluss auf das unterbewusste künstlerische Erleben, daher unterstehen ihm die schönen Künste, besonders das Violinspiel bzw. alle Musik auf Saiteninstrumenten, ferner die Malerei, Dichtung, Schauspiel usw.

Er liefert den Stoff sowohl zur produzierenden als auch reproduzierenden Künstlerschaft, aber keinesfalls die Technik zur Auswirkung. In der schöpferischen Kunst, Malerei, Dichtkunst, Komposition gibt er die Stimmung zur Nachahmung der noch nicht vermenschlichten Natur, in der reproduzierenden Kunst dagegen die Stimmung zur Nachahmung eines bereits von einem menschlichen Gehirn gedachten Kunstwerkes.

Neptun ist der Planet der Intuition, weniger aber beeinflusst er zu einem exakt wissenschaftlichen Denken, er lässt stark aus Gemütsstimmungen heraus urteilen. Bei harmonischen Aspekten sind diese Fiktionen aber oft sehr genial und geben mitunter wertvolle Erkenntnisse oder wissenschaftliche Hypothesen, während er bei disharmonischen Aspekten oft zu irrigen Meinungen und Vorstellungen führt. In starker Stellung treibt er zur Vertiefung, zur Philosophie, zum Streben nach tieferer Welterkenntnis.

Der Umstand aber, dass infolge der Höhe seiner Schwingungen nur wenige Menschen normal darauf zu reagieren imstande sind, stempelt den Neptun so recht zu einem Planeten des Chaos. Das Unklare, Nebelhafte äußert sich bei seiner Einwirkung mehr im Fühlen als im Denken, daher wirkt sein Einfluss besonders dahin, in gewisser Beziehung zu Extremen, zu nur Geahntem, Empfundenem oder Unverstandenem zu führen.

Alles, was nebelhaft, unklar und unbestimmt ist, kommt von seinem Einfluss, daher wird er oft als „ungünstig" betrachtet.

Die Ursache liegt aber nur darin, dass die wenigsten Menschen in ihrem dermaligen Entwicklungszustand seinem Einfluss entsprechen können.

Besonders die Künstler verfallen sehr oft seiner pervertierenden Wirkung, und zwar dadurch, dass sie sich äußerlich auffallend kleiden und betragen. Sie empfinden nebelhaft und unbestimmt und charakterisieren ihre Kunstleistungen in dieser Weise. Dass Außerordentliche, das Unbegreifliche zieht sie an und außerordentlich, unbegreiflich sind oft ihre Werke.

Bei harmonischer Bestrahlung, besonders mit Venus, verursacht der Neptun dem Wesen der Menschen einen ganz eigenartigen Zauber.

Ist er aber durch Saturn oder Mars disharmonisch bestrahlt, so deutet er auf einen verworrenen und unklaren Charakter und Geist, mit Anlage zur Heuchelei und Verstellung, auch in bewusster oder unbewusster Weise zu Täuschung und Betrug, zu Fälschungen und geistigem Diebstahl, besonders wenn er auch eine disharmonische Bestrahlung durch Merkur erhält. Dann zeigt er auch die Tendenz, alle Dinge in einem falschen Licht zu sehen und führt zu verdrehten Meinungen und zur Freude an Intrigen.

In sehr disharmonischer Stellung tendiert er oft zu nervöser Reizbarkeit und Nervenschwäche, Epilepsie, Geistesstörungen usw.

In harmonischer Anlage kann er sehr vorteilhaft wirken. Er verursacht dann Erfindungsgabe, Originalität, Talent und Genie und eine große

Menschenliebe. Der Neptun wird als die höhere Schwingungsform der Venus betrachtet. Am stärksten ist er in dem Zeichen Fische.

Neptun in den 12 Zeichen

Widder. Feiner, scharfsinniger, zur Poesie geneigter Geist, starke, oft unbeherrschte Einbildungskraft, Reichtum an Ideen, Liebe zu Wechsel und Veränderung, Ruhelosigkeit. Große Neigung zum Pläne machen, die sich aber oft nicht realisieren.

Stier. Verfeinerter Geschmack, geistige Sinnlichkeit. Das Gemüt ist sehr eindrucksfähig. Liebe zur Natur. Künstlerische Veranlagung, hauptsächlich für Malerei, Musik, Schauspiel; meist große Genialität in diesen Kunstzweigen.

Zwillinge. Ein erfinderischer Geist mit Liebe zu Poesie und Literatur. Schnelle Auffassung, aber oft launisch und verstimmt. Große Ruhelosigkeit. Tendenz zur Überreizung der Nerven.

Krebs. Wechselt viel in den Gemütsstimmungen; eigensinnig, mürrisch, schwer zu erkennen. Im harmonischen Aspekt mit Merkur und Mond ist ein gutes Gedächtnis vorhanden, sonst aber nicht. Zu starke Sensitivität und Neigung zur Schwermut.

Löwe. Romantisch veranlagte Natur, die aber unternehmungslustig ist. Neigung zu idealistischer Liebe, aber auch zu Spiel und Spekulationen.

Jungfrau. Künstlerische Veranlagung, Neigung zum Mysteriösen. Eine sehr sensitive, zurückgezogene Natur. Immerhin aber ein etwas praktischer Einschlag.

Waage. Sinnliche Veranlagung, zu Visionen und Erscheinungen geneigt. Liebenswürdige Natur mit verfeinertem Geschmack und Talent und Vorliebe zu Literatur und Poesie.

Skorpion. Ein stolzer, schlauer, schwer zugänglicher, verschwiegener Charakter.

Schütze. Sympathisches Wesen. Ein sehr fantastischer Geist mit großer Einbildungskraft und Inspirationen begabt. Sehr rege Fantasie mit ungewöhnlichen Vorstellungen.

Steinbock. Große Selbstsucht, dabei schlau und listig.

Wassermann. Große Menschenfreundlichkeit, Mitgefühl, tiefe Einfühlungsfälligkeit in die menschliche Natur. Im Allgemeinen ein tiefer angelegter Geist.

Fisch. Sehr sympathisches Wesen, aber oft sehr exzentrisch und zu Absonderlichkeiten neigend.

Neptun in den 12 Häusern

1. Haus. Im Aszendenten tendiert der Neptun zu Intuition, seherischen Fähigkeiten, Mediumnität, seelischen Feinfühligkeit, großer Neigung zur Mystik, Künstlertum, Genialität. Wenn der Neptun aber disharmonisch bestrahlt wird, so macht er schwache, veränderliche Charaktere, bringt seelische Depressionen und Gemütsstörungen aller Art, oft Trunksucht, Morphinisten oder Menschen mit naturwidrigen Gewohnheiten. Er verursacht dann Unbeständigkeit, trügerische Mediummität, irreführende transzendentale Fähigkeiten.

2. Haus. Bei harmonischer Bestrahlung bringt der Neptun in diesem Haus finanzielle Vorteile durch großzügige, oft auch ganz eigenartige Unternehmungen als Folge einer intuitiven, inneren Einstellung. Im harmonischen Aspekt mit der Sonne gibt er dadurch die Voraussetzung für ein größeres Vermögen, aber immer die Furcht vor Verlusten, mit der Tendenz zu übermäßiger Sparsamkeit.

In disharmonischer Bestrahlung bringt er meist Verluste durch Betrug, Bankfallisements. Im Allgemeinen bewirkt er große Verwickelungen in Geldangelegenheiten, verursacht durch Selbsttäuschung oder falsche Vorstellungen. In sehr disharmonischer Stellung macht er aber auch oft geneigt zum Erwerb von Geld auf eigenartige Weise, die nicht immer gesetzlich ist, oft sogar durch Betrug.

3. Haus. Hier hat dieser Planet einen sehr starken Einfluss auf das geistige Leben. Wenn er gute Aspekte erhält, entwickelt er eine reiche Fantasie, Erfindungsgabe, fruchtbare Ideen, ein starkes intuitives Empfindungsvermögen, Neigung zu Spiritismus, philosophische Fähigkeiten, Wahrträume. Er gibt auch Talent zur Dichtkunst, Malerei usw. und befruchtet den Intellekt durch das Gefühl.

Ist der Neptun in sehr disharmonischer Bestrahlung, dann wirkt er auf den Geist ziemlich ungünstig, eine schwächere Verstandeskraft, unlogisch, in Selbsttäuschungen befangen, voll ungesunder Fantasien, wodurch die Auswirkungsmöglichkeiten dieses Hauses ungünstig beeinflusst werden.

4. Haus. Hier zeigt der Neptun meist ein eigenartiges Schicksal für die legte Zeit des Lebens an. Entweder durch pekuniäre Verhältnisse gezwungen oder durch eigenartige Seelenzustände bewirkt er für das Lebensende meist Zurückgezogenheit, oft auch in einem Asyl oder Krankenhaus. Er deutet in diesem Haus auch auf ererbte Anlagen und Fähigkeiten.

Ist der Neptun durch disharmonische Aspekte sehr verdorben, so kann man auf ungünstige Einflüsse aus dem Elternhause schließen, die sich durch Vererbung oder anderen dem Elternhause entspringenden disharmonischen Beziehungen ungünstig auf den Geborenen übertragen.

5. Haus. In diesem Haus wirkt der Neptun stark auf das sexuelle Leben und ist das für beide Geschlechter eine ungünstige Stellung. Er gibt eigenartige Anschauungen über die sexuelle Moral und macht überhaupt sehr sinnliche Naturen mit anlockenden Liebesneigungen und einem großen Hang zu Vergnügungen sinnlicher Art.

Wenn nicht harmonische Aspekte und andere Anzeichen diesen Einfluss abschwächen, so ist auch eine Disposition zu chaotischen, unnatürlichen Handlungen vorhanden, mindestens aber ein in dieser Beziehung verdorbener Geschmack. Er führt zu Sorgen und Misshelligkeiten in Bezug auf das Liebesleben, verursacht verderbliche Wünsche, Abenteuergelüste und Neigung zur Verführung, Ausschweifung.

Es hängt hier sehr viel von den Aspekten ab.

Durch einen sehr harmonisch bestrahlten Neptun in diesem Haus, und wenn das ganze Horoskop eine höhere ethische Entwicklung anzeigt, ist die ungünstige Wirkung des Neptun bedeutend gemildert, kann sogar insoweit aufgehoben sein, als der Geborene die Kraft hat, diesen Leidenschaften nicht nachzugeben.

Bei guter Bestrahlung ist diese Stellung auch für die Nachkommenschaft nicht ungünstig.

Liegt aber keine harmonische Bestrahlung vor oder es sind starke disharmonische Aspekte vorhanden, so entstehen sehr große Sorgen und Misshelligkeiten, auch Gefahren, die diesen Neigungen entspringen.

In einem weiblichen Horoskop ist das eine besonders gefährliche Stellung, die oft in krankhafte Liebestollheit u. ä. ausartet.

Auch zeigt diese Stellung eine Verhinderung der Nachkommenschaft an, oder aber nur eine geringe Kinderzahl.

6. Haus. Ein sehr disharmonisch gestellter Neptun im 6. Haus und besonders in disharmonischen Winkelbildungen mit Saturn oder Mars hat eine ungünstige Wirkung auf die Gesundheitsverhältnisse. Die Krankheitsursachen sind dann oft in einer unrichtigen Lebensweise, in Extremen aller Art oder einer falschen psychischen Einstellung zu suchen. Ein so ungünstig gestellter Neptun erschwert auch den Verkehr mit Untergebenen, freilich oft durch das asoziale Vorgehen des durch diese Konstellation beeinflussten Menschen. Es gibt diese Konstellation aber auch eine Anlage zur Mediumnität und ist sie fördernd zur Hervorbringung psychischer Phänomene. Doch ist damit bei dieser Konstellation in den meisten Fällen eine schwere Gesundheitsschädigung verbunden.

7. Haus. Die Stellung eines sehr disharmonisch stehenden Neptun deutet hier auf Verzögerungen beim Eheschluss, oder auch auf Ehelosigkeit, im Allgemeinen auf eine unglückliche Ehe. Sie beeinflusst zu eigenartigen, nicht alltäglichen Verbindungen. Der Neptun in solcher Anlage macht zum Ehebruch geneigt, und zu Unglück in der Ehe durch Vernachlässigung der Pflichten, durch Eifersucht und Skandale, Oft ist auch eine perverse sexuelle Neigung zum gleichen Geschlecht vorhanden. Auch schlimme Krankheiten, die sich auf das Sexualleben beziehen, werden durch diese Stellung verursacht, wenn disharmonische Verbindungen mit den Sexualsignifikatoren oder eine ungünstige Determination zum 6. Haus bestehen. Er tendiert ferner zu Auflösungen von Verlobungen, zu Scheidungen usw. Bei sehr harmonischer Neptunstellung in diesem Haus werden diese Einflüsse sehr modifiziert auftreten, oft gar nicht vorhanden sein. Immer aber wird es im Liebes- und Eheleben eigenartige Verhältnisse geben und eine besondere erotische Einstellung.

8. Haus. Hier vermag ein starker, aber disharmonisch gestellter Neptun die Art des Todes in oft recht eigentümlicher Weise zu beeinflussen, besonders wenn disharmonische Verbindungen mit dem Geburtsgebieter, auch mit Saturn oder Mars bestehen. Dagegen verspricht ein sehr harmonisch gestellter Neptun in diesem Haus ein friedliches Ende. In solcher Stellung kann er auch in günstiger Weise die finanziellen Verhältnisse durch Erbschaften und dergl. beeinflussen, wenn er irgendwie auf das 2. Haus determiniert ist. Das Traumleben ist reger und erhält eine eigene Note.

9. Haus. In diesem Haus deutet der Neptun auf hellseherische und psychische Fähigkeiten, starke Sensitivität, Mediumismus, Wahrträume. Der Geist und das Gefühlsleben sind von Theorien und Phänomenen in Anspruch genommen, die nicht alltäglich sind, und ist das ganze Denken auf Übersinnliches gerichtet und nur wenig auf das Praktische. Höchst eindrucksfähige, sinnende, leicht beeinflussbare Naturen. Bei disharmonischer Bestrahlung besteht die Gefahr einer chaotischen, falschen Vorstellungswelt, voll von fantastischen Vorstellungen, die geeignet sind, den Sinn für reale Wirklichkeiten zu trüben. Daraus können dann ungünstige Reisen, kritische Perioden, Schwierigkeiten in Beziehungen zum Auslande entstehen.

10. Haus. Der harmonisch gestellte Neptun im 10. Haus beeinflusst das Berufsleben und verursacht oft eine ganz eigenartige Karriere und eine sehr ereignisreiche Laufbahn. Bei guten Konstellationen bringt er Inspirationen, Ehre und Ruhm in irgendeiner künstlerischen Betätigung oder auch durch eine Heldentat. Sehr begeisterte Natur, die unter allen Umständen, in welchen sie sich auch befinden mag, aus jeder Sache Nutzen zu ziehen weiß und sich Vermögensvorteile verschafft.

Bei disharmonischer Stellung bringt er viele Sorgen, Misskredit, Ehrenschädigung und oft einen unverdienten Skandal.

11. Haus. Der Neptun im 11. Haus deutet auf seltsame Beziehungen und Verbindungen, falsche, ungetreue Freunde oder aber auf ungünstige Anknüpfungen, die selten eine dauernde oder befriedigende Freundschaft bilden. Bei disharmonischen Aspekten bringt er Sorgen und Gefahren, auch Betrug durch Freundschaften und Bekanntschaften, unzuverlässige, falsche Ratgeber und Verluste durch dieselben, da man in der Auswahl der Freunde nicht instinktsicher genug ist. In vielen Fällen verursacht er auch Liebe zu Betäubungsmitteln.

12. Haus. In sehr harmonischer Bestrahlung ist der Neptun in diesem Haus günstig. Er bringt dann Gewinn durch eigenartige Geschäfte, die geheim gehalten werden müssen, oder durch Dinge, denen selbst die Freunde des Geborenen nicht trauen. Bei disharmonischer Bestrahlung weist er auf böse geheime Feinde und Schädigung durch dieselben durch unredliches Handeln, Verrat, Täuschungen, Schriftverfälschungen. Die vielen Feinde schmieden beständig Intrigen und boshafte Pläne gegen den Geborenen. Er schwebt oft in Gefahren und lebt selbst in unbestimmter Furcht vor unbekannten Gefahren. Bei sehr disharmonischer Stellung verursacht der Neptun in diesem Haus auch mitunter eine unfreiwillige Abgeschlossenheit.

Neptun in den Aspekten

In Aspekten mit Uranus

Über die Zusammenwirkung dieser beiden Planeten liegt noch zu wenig Erfahrung vor. Disharmonische Aspekte wirken jedenfalls in jeder Beziehung ungünstig, während gute Aspekte, wie Sextil und Trigon einen großen Einfluss auf das Studium aller vom Konventionellen und Gewöhnlichen abweichenden Dinge bringen und außergewöhnliche, seltsame Menschen erzeugen.

Harmonische Aspekte mit Saturn

Eine kühle, ausdauernde Persönlichkeit mit großer Selbstbeherrschung und gutem Konzentrationsvermögen. Intuition, gute Moral.

Disharmonische Aspekte mit Saturn

Bringt viel Sorgen und Qualen durch geheime Feindschaften und schädigt Ehre, Beruf und öffentliches Ansehen. Dieser Aspekt macht nämlich selbstsüchtig, kalt, misstrauisch, unmoralisch, rachsüchtig. Unnatürliche Begierden, daher Unglück durch Liebesangelegenheiten.

In Konjunktion oder Parallelschein mit Jupiter

Ein günstiger Aspekt, der aber nur auf wenig Menschen eindringlich wirken wird. Er verursacht große Menschenliebe, Genialität, feines Kunstgefühl und sehr tiefes religiöses Empfinden, Neigung zur Magie und Mystik und wirkt dieser Aspekt in dieser Richtung besonders glücklich.

Harmonische Aspekte mit Jupiter

Edelmütig, freundlich, großzügig, genial und menschenfreundlich, opfermütig, gerecht und treu. Neigung und glückliche Betätigung in Mystik und Magie, wie oben, auch Gunst durch Frauen, infolge einer großen Anziehungskraft.

Disharmonische Aspekte mit Jupiter

Dieser Aspekt tendiert zu denselben Neigungen wie bei harmonischen Aspekten, nur verursachen sie Enttäuschungen, sonderbare und schmerzliche Erfahrungen und Irreführungen in dieser Beziehung. Enttäuschungen in der Liebe.

In Konjunktion oder Parallelschein mit Mars.

Ungünstiger Aspekt, der starke seelische Erregungen, Unklarheiten, verworrene Gesichte und falsche Vorstellungen hervorruft. Er verursacht Selbstsucht, Neigung zu Betrug und Täuschung oder Schwindeleien. Starke Sinnlichkeit.

Disharmonische Aspekte mit Mars

Reizbare, aufrührerische, unzufriedene Personen voll unbeständiger Laune. Häßliche Begierden, daher auch Unglück in der Liebe. Im übrigen Einflüsse wie bei der Konjunktion.

Harmonische Aspekte mit Mars

Starkes Gefühlsleben und Gemütsbewegungen. Heftige Abneigung gegen Konventionelles und Gewöhnliches. Der Charakter hat eine eigentümliche Anziehungskraft.

Harmonische Aspekte mit Venus

Starke sinnliche Erregung bei tiefer stehenden Personen; bei höher entwickelten üben diese Aspekte einen sehr günstigen verfeinernden Einfluss auf das Gemüts- und Empfindungsleben aus.

Im Allgemeinen ist viel Menschenliebe vorhanden. Ideale Sinnlichkeit.

Disharmonische Aspekte mit Venus

Ungünstige, sonderbare, vom Alltäglichen abweichende Gefühle und Empfindungen, besonders in sexueller Beziehung. Starke Sinnlichkeit, sonderbare Sympathien; oft auch starke Neigung und Anlagen zu den Künsten.

Harmonische Aspekte zu Merkur

Günstiger Einfluss. Verfeinert das geistige Empfinden, vermehrt die Imagination, gibt Mediumnität und Intuition und macht sehr idealistisch, poetisch und romantisch.

Disharmonische Aspekte mit Merkur

Oft eigentümliche krankhafte Neigungen, wie Kleptomanie, Sucht zu Täuschung und Lüge u. ä. Im Allgemeinen starke Sinnlichkeit, träumerisch, unpraktisch und unzuverlässig.

In Konjunktion oder Parallelschein mit Merkur

Neigung zur Mystik, oft Künstlertum und Genialität, träumerisches Wesen, sonst aber, wenn auch abgeschwächter, die Neigungen wie oben.

Harmonische Aspekte mit Mond

Im Allgemeinen ein sehr eindrucksfähiger Geist mit einer starken Einbildungskraft und Imagination. Meist sind künstlerische Talente oder gutes Kunstverständnis vorhanden.

Anziehende, sensitive, träumersche Personen, die sich besonders stark zum Meer hingezogen fühlen.

In Konjunktion oder Parallelschein mit Mond

Sehr sensitive Personen, künstlerisch, oft genial veranlagt, träumerisch, mit Wahrträumen und Hellgesichten, psychisch ziemlich geöffnet, sodass sie für Eindrücke höherer Regionen empfänglich sind. Dieser Aspekt macht jedoch unbeständig.

Disharmonische Aspekte mit Mond

Diese Aspekte beeinflussen ungünstig in der oben geschilderten Richtung. Sie verursachen eine Neigung zu betäubenden Mitteln, oft auch Trunksucht, machen unzuverlässig, träumerisch, seltsam, allzu passiv und bringen Verleumdungen. In männlichen Horoskopen sind solche Aspekte ein ungünstiges Zeichen für die Ehe, doch nur, wenn einer der Aspektbildner irgendwie auf das 7. Haus determiniert ist.

Harmonische Aspekte mit Sonne

Diese Aspekte verfeinern und veredeln alle Empfindungen und Gefühle. Sie geben starkes Künstlertum und Liebe zu mystischen Studien, einen guten, reinen Geschmack, weiten Blick, tiefes Erfassen und Originalität.

In Konjunktion oder Parallelschein mit Sonne

Es bildet diese Konstellation meist einen ganz unverstandenen, sonderbaren Charakter, der oft in Extremen steht. Im Allgemeinen macht dieser Aspekt eine starke Neigung zur Mystik, psychometrisch veranlagt, hellhörend, hellsehend, aber oft voll chaotischer Eindrücke in dieser Beziehung.

Disharmonische Aspekte mit Sonne

Der Einfluss ist ähnlich wie oben bei der Konjunktion. Nur verursachen diese Aspekte auch noch sehr unangenehme, aufregende Träume, ungünstige mediale Zustände und geben falsche Empfindungen, Unverstandensein und somit im Leben große Enttäuschungen.

Der Uranus

♅

Hier mögen wohl die Urqualitäten Warm und Feucht wirksam sein, mit Domination von Warm. Diese Zusammenwirkung deutet auf eine Energie, die sich nicht gleichmäßig ausdehnt, sondern ruckweise und stoßweise wirkt, daher plötzlich und unerwartet einsetzt, impulsiv und oft explosionsartig. Uranus kann daher wie ein reinigendes Gewitter wirken, er kann zerstören, um mit derselben Energie wieder aufzubauen. Er schafft Ruinen, um aus ihnen Neues zu bilden.

Der Uranus gilt im Allgemeinen als der Auslöser plötzlicher Ereignisse.

Uranus beherrscht sehr stark das Denken wie das Fühlen, das Wollen wie auch das Handeln. Es ist von ihm ausgehend besonders das schöpferische Denken und hat er die Tendenz, sich so wenig als möglich an schon Gedachtes anzulehnen; er beeinflusst somit zur Originalität.

Der Uranus bildet einen originellen Geist und einen Charakter, der nur wenig zu beeinflussen ist und alle Pläne zu Ende führt. Er verleiht Energie, ähnlich wie der Mars, eine intellektuelle Kraft wie Merkur und einen starken Willen gleich dem Saturn. Die von Uranus beeinflussten Personen handeln stark impulsiv und sind sehr enthusiastisch und begeisterungsfähig.

Das Unverstandene der hohen Uranusschwingungen verursacht bei den meisten Menschen, die seinem Einfluss stark unterstellt sind, eine starke Neigung zur Unabhängigkeit, Impulsivität und zu seltsamen, bisweilen törichten Gewohnheiten und Manieren. Der Uranus erzeugt Sonderlinge, die vielfach nicht verstanden werden, ja sich oft selbst nicht verstehen, und welche unter Impulsen handeln, deren Ursprung ihnen selbst unbekannt ist. Unter der Künstlerschaft zeigen sich die solchen Einflüssen Unterstellten als Futuristen, Kubisten usw., also als Anhänger einer exzentrischen Kunstrichtung.

Im Allgemeinen wirkt er eigenartig und originell. Originelle Gedanken werden originell formuliert und stammen viele große schöpferische Gedanken in Technik, Physik und Chemie usw. von ihm. Er ist auch bedeutsam bei allen Wissenschaften, die mit Mathematik zusammenhängen. Auch bei der Astrologie ist sein Einfluss erkennbar. Hervorragende

Astrologen haben meist einen stark gestellten Uranus mit einem kräftigen Aspekt zu Neptun, Saturn, Sonne, Jupiter oder Merkur oder in sonst entsprechender Anlage.

Bei entwickelten Personen äußert sich der Einfluss des Uranus in Seltsamkeiten, in Liebe zu Außerordentlichem, zur Mystik, Astrologie, Altertümer und sehr stark auch zur Luftschifffahrt. Er gibt angeborene Intuition, Inspiration, Hellsehen, Freude zur Natur und Vertiefung in dieselbe, ferner ein großes Erfindertalent.

Er verursacht im Allgemeinen romantische Anknüpfungen, die oft mit den herrschenden Moralanschauungen nicht im Einklang stehen. Eheliche Untreuen und meist viele Ehescheidungen stehen unter Uranus Einfluss.

Ein disharmonisch bestrahlter Uranus verursacht eine große Exzentrizität des Geistes, übertriebenes, überspanntes Wesen, falsche Ansichten, Vernachlässigung der Gesetze und den Drang nach neuen Wegen, die aber unrichtig sind und zu Irrtümern und Verderben führen. Es wird die bahnbrechende Originalität, die alle Gesetze nur vernachlässigt, um neue zu finden, hier durch Nichtbeachtung der herkömmlichen Anschauungen und Sitten eben zur Gesetzlosigkeit. Man bezeichnet deshalb den Uranus als ungünstig wirkend und in seinen disharmonischen Aspekten ist er es auch. Uranus ist aber auch in harmonischen Stellungen der Pionier und Reformator und wird in diesem Sinne auf jeden höher Entwickelten erweckend, also günstig wirken.

Die stark unter dem Einfluss des Uranus gestellten Personen haben meist einen großen Bekanntenkreis, dabei aber nur wenig intimere Freunde. Das kommt wohl daher, weil man sich ihnen sehr leicht anschließt, aber wegen ihrem eigenartigen Charakter nur schwer auf die Dauer mit ihnen auskommt.

Der Uranus verursacht den Drang zur öffentlichen Betätigung als Politiker, Künstler, Staatsmann, Gelehrter oder sonst einem mit der Öffentlichkeil in Verbindung stehenden Beruf. Unter dem Uranuseinfluss stehende Personen üben meist eine starke, suggestive Wirkung auf die Menge aus und fühlen sich infolge ihrer produktiven Kraft und ihres starken Willens nur in unabhängigen Stellungen wohl; in Abhängigkeit geraten sie in Zwistigkeiten und Konflikte. Sie taugen für Stellungen von Verantwortung und Autorität oder zur Verwirklichung kühner Pläne, einer

Pionierarbeit auf einem neuen oder vernachlässigten Gebiet und arbeiten an ihrer Aufgabe mit Ehrgeiz, Stolz und Enthusiasmus. Der Uranusbeeinflusste hat bei aller Energie, Ausdauer und Willensstärke doch die Neigung ziellos zu handeln und seine eigenen Wege zu gehen und diese dann wieder plötzlich zu ändern, wodurch sein Verhalten Widersprüche aufweist, was aber dennoch Erfolge zeitigen kann, da die intensive und konzentrierte Energie viel auszuführen imstande ist.

Der Uranus, der die Aura des Menschen regiert, bildet so eigentlich den Übergang zur astralen Welt, zu einer Verbindung mit Neuem, Verborgenem, daher auch seine Tendenz, die ihm stark unterstellten Personen neue Wege gehen zu lassen.

Uranus in den 12 Zeichen

Widder. Sehr starke geistige Kraft, Energie, starker, fester Charakter. Erfindungsgabe, große Impulsivität, die dazu verleitet, oft im Wesen und Sprechen etwas unhöflich, ja grob zu sein. Der Geborene wird öfters beleidigend, jedoch ohne es zu wollen, es fehlt ihm Takt und Zurückhaltung und huldigt er der Tendenz, frei von der Leber weg zu reden. Seine große Unabhängigkeits- und Freiheitsliebe führt öfter zu Zwistigkeiten und Entfremdungen.

Stier. Starke Durchsetzungskraft. Die Ansichten sind hartnäckig, die Leidenschaften stark. Originelles Kunstempfinden. In diesem Zeichen ist der Uranus, außer er wäre sehr harmonisch bestrahlt, nicht günstig für alle finanziellen Angelegenheiten; denn er verursacht in dieser Beziehung ein beständiges Fluktuieren des Besitzstandes und bringt Geschäftskrisen und plötzliche Verluste. Ist er harmonisch bestrahlt, so verheißt er Hilfe aus diesen Widerwärtigkeiten durch eigene Kraft und Fähigkeit oder durch sonstige Hilfsmittel.

Zwillinge. Große geistige Kraft, viel Tätigkeit, Tiefe der Gedanken, wissenschaftliches Interesse, Neigung zu Literatur und Metaphysik, Erfindungsgabe, Originalität und Intuition. Diese Stellung muss aber durch andere Gestirnstellungen günstig unterstützt werden. Uranus in diesem Zeichen verursacht oft eine Beschäftigung mit Dingen, die nicht alltäglich sind, und gibt die Fähigkeit und die Energie, dieselben zu verteidigen. Er bringt auch Vorliebe für Reisen.

Krebs. Ein sensitives, leicht gerührtes Gemüt, ein gutes Herz. Im Allgemeinen verursacht er lebhafte sonderbare Träume, Reiselust, Mediumnität.

Löwe. Große Freiheits- und Unabhängigkeitsliebe, mit Neigung zur Kritik. Widerstand gegen alles Konventionelle, oft etwas Zügellosigkeit, die Zwistigkeiten und Meinungsverschiedenheiten hervorruft. Leidenschaftliche Erotik.

Jungfrau. Ein feiner, scharfsinniger, dabei unabhängiger, durchdringender und origineller Geist. Auch unbefriedigter Ehrgeiz. Bei sehr harmonischen Aspekten deutet der Uranus einen geistig sehr hochstehenden Menschen an. Er bringt dann Glück und Erfolg in Wissenschaft oder den Künsten, durch Autoritäten oder in Staatsdiensten stehende Personen, besonders in guter Determination zum 10. Haus. Bei disharmonischer Bestrahlung bringt er Feindschaften mit diesen Personen und eine ungünstige öffentliche Kritik.

Waage. Starke Einbildungskraft, ästhetisches Gefühl und bei harmonischen Aspekten Intuition und schöpferische geistige Kraft. Im Allgemeinen verursacht der Uranus hier durch die Eigenart des Geborenen Rivalität, Opposition, Kritik, Zerstörung der Freundschaften, Entfremdung mit den Geschäftsteilhabern oder der Ehehälfte, besonders infolge der allzu großen Impulsivität oder Hartköpfigkeit. Sonst ist diese Stellung günstig für Literatur und Kunst, und wenn die Ehe oder Geschäftsteilhaberschaft mit solchen Interessen Hand in Hand gehen, sind die obigen ungünstigen Einflüsse abgeschwächt.

Skorpion. Magnetische Kraft, Charakterfestigkeit, Konzentrationskraft und große Willensstärke, geistige Feinheiten. Oft aber auch eine rebellische, aggressive Natur, Hartnäckigkeit, die von einmal gefassten Plänen nicht mehr abgeht, ein Mensch, der sich anders fühlt als die anderen, oder mit ihnen in steter Fehde lebt.

Schütze. Starke Neigung zu ethischer Höherentwicklung, große Einbildungskraft, Erfindungstalent. Religiöse Gefühle oder Neigung zu religiösem Mystizismus, Ritualismus u. ä., jedoch bei höher entwickelten Personen undogmatische religiöse Anschauungen. Hellsehende Träume, Visionen, Reiselust. In disharmonischer Bestrahlung des Uranus entstehen Schwierigkeiten in diesen Angelegenheiten.

Steinbock. Ernst, zurückhaltend, ausdauernd, standhaft, ehrgeizig, tiefe Gedanken. Drang in die Öffentlichkeit, zum Staatsdienst, in Stellungen mit Verantwortung und Autorität, sowie in Berufen, die mit Elektrizität zusammenhängen. Bei disharmonischer Bestrahlung und determiniert auf das 10. Haus verursacht der Uranus in diesem Zeichen plötzliche Berufsänderungen, die ungünstig sind, Opposition von Vorgesetzten oder ungünstige öffentliche Kritik, auch berufliche Schwierigkeiten aller Art mit öfterem Wechsel des Aufenthaltsortes. Auch Differenzen mit den Eltern sind möglich.

Wassernann. Unabhängig in Geist, Charakter und Wesen. Erfindungsgabe, Originalität, leichte Auffassung, gutes Gedächtnis, große geistige Fähigkeiten, Genialität. Glück in gemeinschaftlicher Arbeit mit Gleichgesinnten befähigt zu Leitungen großer Unternehmungen, öffentlicher Ämter usw. Neigung zu Wissenschaften, aber auch zu nicht alltäglichen Dingen.

Fische. Starkes Traumleben, Beschäftigung mit transzendentalen Wissenschaften, Verkehr mit gleich gesinnten, diese Interessen teilenden Menschen, überhaupt starke Neigung zur mystischen Richtung. Bei disharmonischer Bestrahlung des Uranus bringt er Entfremdung von Freunden infolge der Eigenart des Betreffenden oder wegen Mangel an gesellschaftlichem Sinn, ferner viel Widerwärtigkeiten und plötzlichen, unvorhergesehenen Wechsel in allen Dingen. Schwächere Moral mit geringerer Widerstandskraft.

Uranus in den 12 Häusern

1. Haus. Er verursacht im 1. Haus im Allgemeinen ganz absonderliche Neigungen, ein scharfes, heftiges, seltsames Auftreten und macht schwer zu verstehende Charaktere. Der Geist ist immer originell und manchmal exzentrisch, in vielen Fällen auf Philosophie, Mystik und Metaphysik gerichtet.

Bei harmonischer Bestrahlung gibt Uranus viel geistige Kraft und Genialität und macht befähigt, in allen geistigen Dingen weiter als alle anderen Menschen zu blicken. Bei disharmonischer Stellung macht er sehr eigensinnig und hartköpfig; er schafft dann Menschen, mit welchen nur schwer auszukommen ist.

Oft treten Uranusbeeinflusste als Pioniere in irgendeiner Reform auf, die sie bei harmonischer Bestrahlung erfolgreich vertreten, bei disharmonischer Bestrahlung aber in gefährliche Extreme treiben, besonders durch ihr, der disharmonischen Bestrahlung entsprechendes eigensinniges Benehmen, ihre Widersprüche, ihr vernunftloses Handeln, ihre Veränderlichkeit im Fühlen und Denken, ihre Streitsucht und Voreiligkeit.

Sie sind im Allgemeinen Gefahren durch Fall oder Verlegungen durch Maschinen an jenem Körperteil ausgesetzt, der durch das Zeichen, in welchem der Uranus steht, angedeutet ist.

Im feurigen Zeichen macht der Uranus rasch, starrköpfig, heftig und ehrgeizig, rastlos, Freunde von Sonderlichkeiten. Er gibt Veranlagung zum Studium und Freude und Liebe zu allen großen erhabenen Dingen, originelle Talente und große Neigung zum Disputieren und Beweisführen.

Im irdischen Zeichen wirkt er mehr auf die materielle Basis. Er macht eigensinnig, hartköpfig, rechthaberisch, auf den eigenen Vorteil bedacht, gibt aber eine große Konzentrationskraft. Bei disharmonischer Bestrahlung lässt er, mit starken Leidenschaften behaftet, hochmütig und eingebildet sein.

Im wässrigen Zeichen gibt der Uranus besonders bei disharmonischer Bestrahlung oft Neigung zum Trunk und zu niedrigen Lebensgewohnheiten; er macht listig, ausschweifend, oberflächlich, eigensinnig, mit wenig Takt und Feingefühl. Bei harmonischen Aspekten sind diese Fehler abgeschwächt und im Skorpion kommen alle günstigen Uranuseinflüsse zur Geltung.

In einem luftigen Zeichen wirkt der Uranus am günstigsten. Er macht sehr klug, scharfsinnig, mit originellen Gedanken, doch auch stark selbstbewusst und stolz.

Im *2. Haus* deutet Uranus auf Schwankungen in Geldangelegenheiten. Im Allgemeinen bringt er in harmonischer Stellung Gewinn durch Altertümer, durch alte und eigenartige Objekte, durch Beschäftigung mit rein geistigem Charakter wie Schriftstellerei mit starker Einbildungskraft, geniale Musik und Komposition, Ingenieurwesen und Erfindungen usw. Er verursacht aber, sehr disharmonisch aspektiert, ungewisse und unsichere Geldverhältnisse. Gut bestrahlt verheißt er jedoch plötzliche und unerwartete Gelderfolge.

Im *3. Haus* tendiert er zu Reisen und vielem Ortswechsel, besonders wenn er durch den Mond bestrahlt ist. In diesem Haus beeinflusst der Uranus sehr das Gemüt und den Verstand, und wenn er durch den Merkur bestrahlt wird, wirkt er sehr günstig und gibt gute Geistesqualitäten. Dieser Planet hat einen besonderen Einfluss in allen Dingen, welche dieses Haus betreffen, also Briefe, Schriftstücke, Nachbarn und Verwandtschaft.

Er erzeugt in diesem Haus einen originellen, erfinderischen, genialen Geist mit Liebe zu verwickelten, geistigen Dingen, die ein tiefes Studium erfordern; geistige Unabhängigkeit von bestehenden Ansichten. In harmonischer Stellung vermehrt er die geistigen Qualitäten, bringt Neigung zu altruistischen Ideen, zu sozialen und geistigen Reformen, und wenn er vom Merkur harmonisch bestrahlt ist, gibt er gute Redner, mit Venus gute Musiker. Bei disharmonischen Aspekten verursacht er verworrene Pläne, die schwierig auszuführen sind, neue Gedankenrichtungen, welche, wenn veröffentlicht, nur harte Kritik hervorrufen und ungünstig, oftmals sogar entgegengesetzt wirken; einen veränderlichen Sinn, Verdruss durch Schriftstücke, Briefe, überspannte, ungewöhnliche Reisepläne, Leichtsinn.

Im Allgemeinen hat er in diesem Haus die Tendenz zu eigenartigen Beziehungen mit oder durch Verwandte, oft Entfernung oder Entfremdung mit ihnen und plötzliche, unerwartete Reisen auf denen sich Ungewöhnliches oder Unerwartetes zuträgt. Das alles tritt stärker auf, wenn Uranus im Neptunaspekt, besonders im disharmonischen, steht.

4. Haus. Der Uranus im 4. Haus gibt selten einen festen Wohnsitz und bringt meist sehr viel Umzüge. Er zeigt plötzliche, tragische oder eigenartige Ereignisse am Lebensende an. Deutet das Horoskop im Allgemeinen darauf, so wird in der besten Zeit des Lebens Vereinsamung eintreten, aber auch Verinnerlichung und Auswirkung in höheren geistigen Interessen. Diese Stellung verkündet ein eigenartiges wechselreiches Leben, macht etwas überspannt, tendiert zu Unglück am Geburtsort, Sorgen im Vaterhause, Entfremdung von den Eltern und Kummer in der Familie. Meist besteht irgendeine Quelle von Disharmonie in den Bedingungen, die aus dem Elternhause herauswachsen und sich durch das ganze Leben hinziehen. Es kommt auch oft vor, dass durch diese Verhältnisse der Beruf verfehlt wird. Die disharmonische Bestrahlung durch Merkur bringt geistige Störungen oder Störungen des Nervensystems. Im Allgemeinen ist die Stellung des Uranus im 4. Haus selten günstig.

5. Haus. Der Uranus disharmonisch bestrahlt deutet hier auf Kinderlosigkeit oder auf viel Kummer und Leid durch Kinder, auch auf Verluste durch unüberlegte Spekulationen. Bestrahlt durch Venus oder Mond macht er vergnügungssüchtig, besonders wenn Venus im Aspekt zum Mars steht. Der disharmonische Uranus im 5. Haus ist meist ein bedenkliches Zeichen für die Moral der betreffenden Personen, besonders wenn er durch Venus betrübt ist. Bei Frauen zeigt er eine besonders starke Sinnlichkeit und Neigung zur Hysterie an. Im Allgemeinen verursacht er in diesem Haus romantische Liebesangelegenheiten, ungewöhnliche Ansichten über das Sexuelle, macht zur freien Liebe geneigt, und zur Unabhängigkeit in dieser Beziehung. In harmonischen Aspekten mit Sonne und Mond verursacht er heimliche Liebesaffären, aber meist mit idealem Charakter.

6. Haus. Hier verursacht er bei disharmonischer Bestrahlung Kummer und Leid durch Untergebene und Diener, auch wechselnde Gesundheit, eigene, ungewöhnliche Krankheiten, die mit dem Nervensystem und Stoffwechsel zusammenhängen. Unglückliche Stellung für abhängige Berufe, Tendenz zu Neuem, Ungewöhnlichem, Extreme.

7. Haus. Eine schlechte Konstellation für öffentliche Unternehmungen, wenn der Uranus disharmonisch bestrahlt ist. Meist beeinflusst er zu romantischen, übereilten und impulsiven Liebesanknüpfungen. Oft wird eine Heirat mit einer Person, die sehr genial veranlagt oder von nicht alltäglichem Charakter ist, geschlossen, oft mit Personen, bei welchen man am allerwenigsten an eine Heirat denkt. Die romantische Liebe ist bei dieser Uranusstellung Lebensprinzip. Sie bringt im Allgemeinen plötzliche Verbindungen, überstürzte Heiraten, welchen häufig Entfremdungen, Trennungen und Ehescheidungen, oft auch der Tod des anderen Eheteils folgen. Bei sehr harmonischen Aspekten sind diese Aussagen gemildert, der Geborene besitzt dann meist in der anderen Ehehälfte einen treuen Freund, der bestrebt ist, durch originelle, eigenartige Methoden das Heim und das Leben des Geborenen angenehm zu gestalten. Sonst ist der Uranus in diesem Haus wenig günstig in Verbindung mit geschäftlichen Teilhabern, er bringt auch viel Sorgen durch Opponenten und Konkurrenten, viele öffentliche Feinde, Streit, Parteikämpfe, verursacht durch die

Halsstarrigkeit und den harten Widerstand des Geborenen, der aber, wenn er in seinem Beruf eigener Herr ist und in der Öffentlichkeit steht, durch seine schöpferischen und reformatorischen Ideen geeignet ist, stark auf die Umgebung zu wirken.

8. Haus. Seine disharmonische Stellung in diesem Haus beeinflusst zu plötzlich auftretenden Gesundheitsstörungen, die oft mit großer Lebensgefahr verbunden sind, auch besteht die Neigung zu körperlichen Unglücksfällen. Finanzielle Angelegenheiten durch die Ehe oder durch Erbschaften können durch eine solche Uranus Stellung gleichfalls ungünstig beeinflusst werden, wenn dieser Planet für solche Angelegenheiten determiniert ist. Der Uranus im 8. Haus bringt Interesse für okkulte Studien und lässt den Geborenen von Problemen in Anspruch genommen sein, die das innerste Wesen der Natur betreffen. Im Allgemeinen aber eine ungünstige Stellung, die auch sonderbare, chaotische Träume verursacht.

9. Haus. Hier hat Uranus einen bedeutenden Einfluss auf Verstand und Gemüt, und wenn er harmonisch bestrahlt ist durch Merkur, macht er lernbegierig und leicht lernend und gibt einen originellen, fortschrittlich gesinnten Intellekt. Wenn Uranus durch Sonne oder Mond harmonisch bestrahlt wird, verursacht er günstigen Ortswechsel und Reisen. Wenn er jedoch disharmonisch bestrahlt ist, bringt er Kummer und Schaden durch Dinge, welche dieses Haus betreffen. Auch weist er in einer disharmonischen Bestrahlung mit Sonne oder Mond und in einem Erdzeichen auf eine sehr materialistische Lebensauffassung. Im Allgemeinen und bei nicht besonders harmonischer Bestrahlung bringt er Missgeschicke im Ausland, Schwierigkeiten in Rechtsangelegenheiten, aber immer eine prophetische Veranlagung.

10. Haus. Hier deutet er auf schwankenden Kredit, aber wenn Uranus harmonisch aspektiert ist, auf Ehren und Wertschätzung. In disharmonischen Aspekten bringt er auch Uneinigkeiten mit Prinzipalen und Höhergestellten sowie Wechsel im Beruf und der Arbeit. Im Allgemeinen ein im Glück und Unglück sehr bewegtes wechselreiches Leben. In harmonischen Aspekten verursacht er einen originellen Geist und Charakter, Erfindungstalent. Disharmonisch bestrahlt bringt er oft ein verfehltes Leben oder lässt den Geborenen einem außergewöhnlichen Beruf folgen und in der Täuschung einer höheren Eingebung anderen Wegen, Gesetzen und Einrichtungen nachgehen als allgemein gebräuchlich ist. In Konjunktion mit Merkur macht er Erfinder oder Menschen, die mit Erfindungen geschäftlich zu tun haben.

Wenn Uranus im Sextil oder Trigon mit Merkur steht, macht er äußerst produktive Wissenschaftler, Chemiker, Metaphysiker, Forscher, Erfinder, Reformatoren u. ä. Aber im Quadrat oder Opposition mit Merkur verhindert er die Schöpfungskraft und erzeugt Personen, die nur reproduktiv wirken können.

Er verursacht eine stark ausgeprägte Originalität und gibt Liebe zu außergewöhnlichen Sammlungen. Wenn er im Zeichen Fisch, Schütze oder Zwillinge steht, bringt er oft gleichzeitig zwei Berufe.

11. Haus. Wankelmütige, überspannte, oft unzuverlässige Freunde wenn Uranus disharmonisch steht. Ist er aber sehr harmonisch bestrahlt, so bringt er Hilfe von Freunden. Sonst aber plötzliche, eigenartige Anknüpfungen, vorschnelle Verbindungen, die meist unerwartete Entfremdungen bringen und oft in Streit und Hass enden. Der Geborene wird oft dazu gedrängt, sich in eine romantische Liebesaffäre zu verwickeln.

Im *12. Haus* weist er auf heimliche Feinde. Wenn 3 disharmonisch steht, sind dieselben große Unruhestifter und Ränkemacher. Wenn der Uranus in diesem Haus durch den Mars aus einem disharmonischen Aspekt getroffen wird, so weist diese Konstellation auf Personen, die den Geborenen schädigen werden.

Er ist aber durch seine Eigenart meist selbst an den Feindschaften schuldtragend. Im Allgemeinen ungünstige Stellung. Er verursacht oft untergeordnete Berufe in Hospitälern, öffentlichen Anstalten, bringt aber auch mitunter die Gefahr irgendeiner Freiheit- beraubung.

Uranus in den Aspekten

Harmonische Aspekte mit Saturn

Diese Aspekte wirken besonders auf den Charakter. Sie machen selbstlos, intuitiv, aufrichtig, von großzügiger Auffassung und verleihen eine starke Konzentrationskraft. Sie stärken und vertiefen Geist und Charakter und vermehren die Willenskraft und die Selbstzucht, was aus dem Gefühlsleben entspringt, wenn Uranus oder Saturn in feurigen oder wässrigen Zeichen steht, und von der Vernunft herrührt, wenn sie sich in

Luft- oder Erdzeichen befinden. Diese Aspekte konservieren die Lebenskraft, besonders wenn sie sich zu Sonne, Mond oder Aszendent in harmonischen Positionen befinden.

In Konjunktion oder Parallelschein mit Saturn

Große Konzentrationskraft, Entschlossenheit, Tatkraft, Ehrgeiz, Ausdauer, Fleiß, Methodik, Talent für Erfindungen, hohe Intelligenz, Einbildungskraft, kraftvoll und zurückhaltend, Neigung zur Betrachtung und Erforschung der inneren Natur. Jedoch schlecht für die Gesundheit.

Disharmonische Aspekte mit Saturn

Solche Aspekte wirken sehr schädlich auf die Gesundheit. Die Krankheiten sind gewöhnlich chronisch, lang anhaltend, mit vielen Komplikationen verbunden. Auch die disharmonischen Aspekte zwischen Uranus und Saturn geben einen starken Willen und die Fähigkeiten der guten Aspekte, aber sie werden schlecht angewendet und falsch, oder die aus ihnen resultierenden Handlungen erzeugen Unglück und Missgeschicke.

Bei Vorhandensein anderer disharmonischer Aspekte werden diese Kräfte oft zu schlechten, verderblichen und gesetzwidrigen Zwecken verwendet. Die Willensstärke wird dann oft zu Selbstsucht, Hartköpfigkeit oder Gefühllosigkeit und Unnahbarkeit.

Auch verursachen diese Aspekte Mangel an günstigen Gelegenheiten im Leben vorwärtszukommen, oder Mangel an Kraft diese Gelegenheiten auszunützen. Sie machen viel schlechte Laune, exzentrisch, eigenartig, außergewöhnlich und seltsam und verursachen plötzliche Änderungen und Gemütsstörungen eigener Art.

Harmonische Aspekte mit Jupiter

Diese Konstellationen sind gewöhnlich sehr glücklich und bringen Erbschaften, besonders wenn der Aspekt aus dem 2., 4. oder 8. Haus kommt. Wenn er vom 7. oder 9. Haus kommt, gibt er Erfolg und Gutes durch religiöse Angelegenheiten und in Künsten oder Wissenschaften, auch im Eheleben. Wenn er aus dem 2. oder 10. Haus kommt, verleiht er Hilfe durch mächtige, einflussreiche Freunde.

Kommen noch andere Bestrahlungen dazu, wie Sonne im Trigon Jupiter, Mond im Sextil Sonne oder ähnliche, so ist der Erfolg viel ausgesprochener. Diese Aspekte setzen meist die höhere Seite des Geistes in Tätigkeit, geben große Originalität der Gedanken, Neigung zu ernstem Studium.

Das religiöse Leben ist meist poetischer oder mystischer Natur. Besonders die Konjunktion erzeugt einen originellen Geist, voll großer Einbildungskraft, eigenartigen, religiösen Anschauungen, musikalischen Fähigkeiten, Überredungskraft, feines Kunstgefühl.

Sextil und Trigon geben dieselben Fähigkeiten, auch dramatisches Talent, Inspirationskraft, starken Magnetismus, die Fähigkeit, eigenartige und originelle Hilfsmittel zur Erreichung der vorgesteckten Zwecke zu erfinden.

Diese Konstellationen machen freundlich und edel, bringen bemerkenswerte Liebesabenteuer, großzügige Auffassungen und Gefühle betreffend Menschenliebe, geniale Veranlagung, Aufwärtsstreben auf religiösen, sozialen oder politischen Gebieten.

Disharmonische Aspekte mit Jupiter

Diese Konstellationen bedeuten das Gegenteil des Oben gesagten. Sie bringen Hindernisse, Sorgen und Unannehmlichkeiten in allen bei den guten Aspekten geschilderten Wirkungen, mangelndes Verständnis und Gefühl für das soziale Leben, übermäßigen Enthusiasmus, hartnäckigen Dogmatismus, unangenehme Berührungen mit Behörden und Gericht und oft ein ganz fremdartiges, mit sonderbaren Neigungen erfülltes Gemütsleben und manchmal, wenn noch eine Verbindung mit Saturn besteht, einen großen Hang zur Einsamkeit und Menschenscheu.

Harmonische Aspekte mit Mars

Diese Aspekte geben im Allgemeinen Fleiß, Energie, Tatkraft und viel Impulsivität, einen schnellen lebhaften Geist und kräftig nachwirkenden Willen auf alle Unternehmungen, und stärken die Aktivität des Geistes und die Selbstständigkeit des Charakters. Sie machen sehr unternehmungslustig, praktisch, originell und ehrgeizig, der Geborene geht seine eigenen Wege.

Geistreicher Witz, Sarkasmus, Ironie und destruktive Kritik ist meist vorhanden. Sonst ist der Charakter etwas unwirsch und mürrisch, gereizt und heftig und dem cholerischen Temperament zugehörig. Neigung zur kritischen Erforschung des Okkultismus. Intuition und Originalität, Erfindungstalent, Liebe für Altertümer und für Reisen sind vorhanden. Diese Aspekte wirken schwächer in nachfolgenden und fallenden Häusern, sehr stark aber in den Eckhäusern.

Disharmonische Aspekte mit Mars

Durch diese Aspekte wird dieselbe Willenskraft und Energie entwickelt wie bei den harmonischen, doch wird der Betreffende verleitet, falsch und irrtümlich zu handeln und unklug vorzugehen. Diese Aspekte machen reizbar und streitsüchtig, erzeugen Ruhelosigkeit, Wunderlichkeit und Widerspruchslust, geben Mangel an geistigem Gleichgewicht, an Objektivität und Nüchternheit des Urteils, Intoleranz gegenüber jeder anderen Meinung und Opposition gegen jede Einschränkung.

Sie machen fanatisch, unlenksam, ränkevoll, trotzig und maßlos in den Unternehmungen. Wenn Uranus oder Mars im Eckhause stehen, machen sie zu Körperverlegungen geneigt. Sie bringen unglückliche Ereignisse plötzlicher Natur mit der Tendenz der Zerstörung oder Verhinderung. Die Konjunktion zwischen Uranus und Mars ist weniger gefährlich, sie gibt viel Energie, aber falsche Anwendung derselben, sodass sie in ihren Äußerungen oft sehr schädigend und vernichtend wird.

Harmonische Aspekte mit der Sonne

Das sind gute Konstellationen für öffentliche Ämter, überhaupt für alles, was sich auf Staat, Politik und Öffentlichkeit bezieht, aber auch für Gesellschaften, Assoziationen u. ä. Es sind lebensverlängernde Aspekte, die besonders günstig im hohen Alter wirken. Bei Erkrankungen bringen sie Heilung durch die neueren Heilmethoden, wie Radium-, Röntgenbestrahlung, Höhensonne, Hypnose, Magnetismus usw.

Diese Konstellationen kräftigen das Selbstbewusstsein, das Selbstvertrauen und die Unabhängigkeit des Charakters. Stehen Uranus und Sonne in den intellektuellen Zeichen Zwillinge, Jungfrau, Waage oder Wassermann, so bringen sie große Fruchtbarkeit und Originalität des Geistes, künstlerische Fähigkeiten. Im Allgemeinen machen diese Aspekte eine anziehende, faszinierende Persönlichkeit, die imstande ist, stark auf die Menge zu wirken.

Es ist auch Intuition, Unternehmungslust, große Unabhängigkeitsliebe, auch Genialität vorhanden, Liebe zu Reisen, zu Altertümern, starke Neigung zum öffentlichen Leben und zum mystischen Studium.

Uranus in Konjunktion, Parallelschein oder irgendeinem disharmonischen Aspektmit der Sonne.

Sonne in Konjunktion mit Uranus deutet auf einen stark unabhängigen Charakter mit revolutionären Neigungen, Intuition und geistiger Originalität, ein sehr kräftiger Charakter, der aber sehr viel Opposition erfährt. In weiblichen Horoskopen ist diese Konstellation sehr ungünstig, denn sie erzeugt krankhafte magnetische oder psychische Zustände. Im Allgemeinen bringt sie meist eine romantische Ehe hervor, der oft Trennung oder Scheidung folgt.

In den anderen Aspekten wie Semiquadrat, Quadrat, Sequiquadrat, Opposition verursachen Sonne und Uranus Störungen der Gesundheit. Die Kräfte und Fähigkeiten sind im Allgemeinen so wie bei guten Aspekten, aber die Auswirkung ist unglücklich, die glücklichen Gelegenheiten im Leben werden nicht erfasst, Bündnisse im Geschäft, Ehe und Freundschaft werden gebrochen, Hindernisse, Feindschaften, Enttäuschungen aller Art, Intrigen, Trennungen, Entfremdungen, Sorgen und Kummer treten ein. Es sind ungünstige Aspekte für öffentliche Berufe, Popularität u. ä. Sie verursachen viel Widerstand, unerwartete und plögliche Hindernisse und Schwierigkeiten im Leben, die nur schwer beseitigt werden können.

Disharmonische Aspekte mit der Venus

Uranus und Venus in Konjunktion erzeugen einen romantischen, unabhängigen und originellen, verliebten Charakter, eifersüchtige, sinnliche Personen, die aber große künstlerische Talente besitzen, besonders dramatische und musikalische.

Diese Konstellation gibt sonderbare, manchmal perverse Neigungen, führt in sexuelle Verirrungen, macht originell, mit starken Erregungen und starker Einbildungskraft. Ein unglücklicher Aspekt für die Ehe, der zu Entfremdungen, Trennungen und Scheidung führen kann.

Die anderen disharmonischen Aspekte deuten auf Sorgen durch Freunde, Bekannte und besonders durch das andere Geschlecht, Verwicklungen in ungünstige Liebesangelegenheiten, Eheverzögerungen und Hindernisse, Eheskandale oder öffentliches Ärgernis in Liebessachen. Im Allgemeinen machen diese Aspekte sehr zur Sinnlichkeit geneigt, zur Untreue, oft auch zu verkehrten Geschlechtsempfindungen.

Oder der Betreffende erlebt Ungünstiges durch seinen Ehepartner, wenn sein Horoskop sonst auf einen höheren Entwicklungsstand deutet. In diesem Falle verursachen diese Aspekte auch eigentümliche Gemütsverfassungen, überreiche Einbildungskraft, die zu Visionen führt.

Sonst aber treiben diese Aspekte meist zu niederer Sinnlichkeit, Eifersucht und zügellosen sexuellen Gefühlen, immer aber bringen sie Schwierigkeiten mit dem anderen Geschlecht, freie, oft allzu freie Auffassungen von Liebe und Ehe und Neigung zu allem Seltsamen und Absonderlichen.

Harmonische Aspekte mit der Venus

Diese Aspekte machen meist sehr originell und erfinderisch, geben viel Freunde und Bekannte, bringen große Popularität und erzeugen anziehende, auf ihre Umgebung oder auf die Menge magnetisch wirkende Persönlichkeiten, mit hochgesteigerter Liebe zur Schönheit und zur Kunst, besonders der Musik und der Dichtkunst, und starke, dem Intellekt zugewendete Gefühle.

Ein tiefer empfindendes feineres Gemütsleben. Sie machen sehr empfänglich für Liebe und bedeuten Glück in der Ehe. Wenn aber Mars einen Aspekt dazu wirft, kommt es oft zu einer frühen und übereilten Ehe oder zu öfterem Wechsel der Verbindungen. Diese Aspekte bringen viel Glück in weltlichen Angelegenheiten, Gewinn durch Erfindungen, im Handel mit Antiquitäten, im künstlerischen Beruf u. ä. auch mit Kunstgegenständen oder Dingen, die höherer geistiger Befriedigung dienen.

Harmonische Aspekte mit Merkur

Diese Aspekte machen geniale Personen, die fähig zu hoher Auffassung sind. Besonders die Konjunktion bringt großen Verstand und Intuition, Raschheit im Denken, Exzentrizität und die Fähigkeit des Ergründens der schwierigsten Fragen, besonders auf dem Gebiet der Elektrizität und Mechanik. Dieser Aspekt macht leicht beweglich in Beziehung auf Körper, Geist und Gefühle. Die Tendenz in das Extreme überzugehen, und die dadurch entstehenden intensiven Gefühle der Zuneigung und Abneigung sind stark ausgeprägt. Starke Neigung zu Physik und Naturwissenschaften, zu Altertümern und Kunstgegenständen. Bei minderentwickelten Menschen, äußert sich dieser Aspekt in einer absonderlichen Art zu denken und zu handeln.

Die anderen günstigen Aspekte wirken in ähnlicher Weise. Sie erzeugen eine hohe intellektuelle Kraft, große geistige Tätigkeit, machen originell, schnell auffassend, erfinderisch und intuitiv, bilden einen durchaus schöpferischen, vom Gewöhnlichen abweichenden, neue geistige Bahnen aufsuchenden Geist, Personen, die ihren eigenen Gesetzen und ihrer inneren geistigen Eingebung folgen, eigene Systeme und Methoden bilden und genial sind, Talent zu Erfindungen und Entdeckungen rein intellektueller oder praktischer Art besitzen, über gutes Rednertalent verfügen und meist bestrebt sind, durch geistreiche, originelle Ideen die Verbesserung veralteter Zustände anzubahnen und herbeizuführen. Diese Aspekte führen durch Studium, Kunst oder Wissenschaft, Erziehungsberufe, überhaupt geistige Berufe aller Art oder aber mit Angelegenheiten, die mit Reisen zusammenhängen, finanzielle Vorteile herbei.

Disharmonische Aspekte mit Merkur

Die ungünstigen Aspekte zwischen Uranus und Merkur geben viel Schwierigkeiten in allen Angelegenheiten, die bei den günstigen Aspekten erwähnt wurden. Der Geist ist ebenso tätig, mit denselben Tendenzen, aber die Handlungen unterliegen vielen Irrtümern, Unregelmäßigkeiten und Verkehrtheiten, und alles ist geneigt, sich hindernd, zersetzend und unglücklich auszuwirken.

Diese Aspekte machen, wenn sie nicht durch die harmonischen Aspekte anderer Gestirne gemildert werden, eingebildet, übertrieben skeptisch, konventionell und bringen oft Misserfolge in geistigen und sonstigen Schöpfungen, wodurch zeitweise unglückliche Seelenzustände hervorgerufen werden. Es machen diese Aspekte hartköpfig, eigensinnig, streitsüchtig, und in religiöser Beziehung oft bigott und unduldsam, von den eigenen Neigungen und Anschauungen so sehr eingenommen, dass solche Personen äußerst schwer zu überzeugen, und vernünftiger Vorstellung fast ganz unzugänglich sind. Diese Aspekte machen auch sehr reizbar, beißend scharf, und ziehen sich die Betreffenden dadurch vielen Zwist, Streitigkeiten und Feindschaften zu. Sie bewirken in vielen Fällen ein wechselreiches, unglückliches Leben.

Disharmonische Aspekte mit dem Mond

Die disharmonischen Aspekte zwischen Uranus und Mond wirken sich in beiden Geschlechtern verschieden aus. In einem weiblichen Horoskop sind solche Aspekte sehr ungünstig für die Gesundheit, besonders für

Geburten. Bei disharmonischen Stellungen mit dem Merkur und dem Aszendenten neigen disharmonische Mond-Uranus-Aspekte zu Störungen des Nervensystems.

Auch Verdauungsstörungen werden durch diese Aspekte hervorgerufen, ferner Gefahren durch Wasser, Bäder und Beschäftigungen, die mit dem Mond im Zusammenhang stehen.

In seelischer Beziehung wirken sie in weiblichen Horoskopen ebenfalls ungünstig, sie geben wechselnde Stimmungen, Launen, Entgleisungen, Reizbarkeit, Verkehrtheiten.

Wenn der Mond Hyleg ist, so sind diese Aspekte gesundheitlich für beide Geschlechter ungünstig. Im männlichen Horoskop ist dieser Einfluss unglücklich für das Liebesleben, die Ehe und die Familie.

Es entstehen Sorgen und Widerwärtigkeiten aller Art durch diese Angelegenheiten, die oft bis zur Trennung führen. Aber auch der Geborene selbst neigt zur Untreue unter diesen Aspekten und wird sich dadurch schädigen.

Diese Aspekte bringen Reisen, Veränderungen des Wohnsitzes, und sehr oft auch einen Berufswechsel, eigenartige Gemütsverfassungen, machen sinnlich, unbeständig, reizbar und extrem unabhängigkeitsliebend. Eine romantische Liebesangelegenheit durchzieht bei beiden Geschlechtern sehr oft das ganze Leben.

Im Allgemeinen verursachen diese Aspekte plötzliche Schwierigkeiten und Veränderungen, geben Neigung zu einem herumziehenden Leben, zu einem sonderbaren Betragen und machen sehr romantisch, eigensinnig, veränderlich und exzentrisch.

Diese Konstellation deutet auf viel Wechsel und Reisen, wenn einer der beiden im 3. oder 9. Haus steht. Besonders ungünstig wirkt diese Konstellation im 7. Haus. Im 10. Haus verursacht sie oft ein Verfehlen der richtigen Laufbahn, Mangel an innerem Gleichgewicht, unvernünftige Ansichten, sonderbare Gewohnheiten, plötzlichen Wechsel und Verluste durch Dinge, die mit dem Ausland oder der Öffentlichkeit in Verbindung stehen.

Harmonische Aspekte zu Mond

Die Konjunktion zwischen Uranus und Mond macht nervös, unbeständig, eigentümlich, erfinderisch, vorwärtsstrebend, gibt raschen Verstand, große Intuition, Neigung zu einem herumirrenden Leben. Sie lässt alles Konventionelle hassen und als Reformator oder Neuerer in irgendeiner Sache auftreten, macht für alle Eindrücke sehr empfänglich, nervös, mediumistisch, erzeugt meist einen feinen scharfsichtigen Geist und schnelles, richtiges Urteil.

Die günstigen anderen Aspekte zwischen Uranus und Mond bringen ebenfalls große geistige Regsamkeit, nennenswerte Erfolge durch den Beruf oder durch Angelegenheiten, die man entweder privatim, öffentlich oder als Neigung im Nebenberuf betreibt. Diese Aspekte begünstigen das Reisen und erzeugen einen originellen Geist. Es sind sehr glückliche Aspekte, die meist ein ungewöhnliches Leben voller Wechsel und Änderungen hervorbringen, da eine große Reiselust vorhanden ist. In männlichen Horoskopen zeigen diese Aspekte die Ehe mit einer Frau an, die höhere Interessen vertritt, oder es besteht Freundschaft mit solchen Frauen. In weiblichen Horoskopen deuten diese Aspekte auch darauf, dass auf die Gesundheit durch ungewöhnliche Heilmethoden wie Mes-merismus, Hypnotismus, Suggestion u. ä. eingewirkt werden kann.

Der Saturn

♄

Im Planeten Saturn wirken die Urqualitäten Kalt und Trocken mit Domination von Kalt. Diese Kräftemischung hat die Tendenz der Zusammenziehung, Verlangsamung und Hemmung. Das dominierende Kalt zeitigt Schwere, Tiefe, Bedächtigkeit, Gefühlskälte, Schweigsamkeit, Nachinnengekehrtsein, Einsamkeitsbedürfnis, Pessimismus, Härte, Überlegung, Vorsicht, Sparsamkeit und verstärkt die Konzentrationskraft. Das Trocken aber mit der Tendenz zur gewaltsamen Anspannung und Durchdringung verleitet zu Egoismus, Geiz, Starrheit der Ansichten, Intoleranz, Unbeugsamkeit und Herrschsucht. In Bezug auf den menschlichen Körper äußert sich sein Einfluss in, Hemmungen der körperlichen Funktionen, Zusammenziehung und Einschränkung von Wärme und Kraft.

Allgemein wird der Saturn als ein sehr ungünstig wirkendes Gestirn dargestellt. Wenn das auch in gewisser Beziehung zugestanden werden muss, so kann das doch nur so aufgefasst werden, dass seine Schwingungen bestimmt sind, uns zu reinigen, zu läutern und zu vertiefen.

Der Saturn hat die Tendenz, uns zu einer höheren Entwicklungsstufe emporzuführen. Er bindet uns einerseits an die Erde und andererseits erzieht er uns für eine höhere Form des Daseins. Ei hat hauptsächlich eine vertiefende Wirkung. Das Böse, das er uns bringen kann, kommt schleichend und intensiv und ist von langer Dauer.

Er kann aber auch zu Gutem führen, das dann ebenfalls einer langen Vorbereitung bedarf, aber anhält und tief wirkend ist. Keinesfalls verursacht der Saturn oberflächliche Geschicke. Saturn wirkt ausdauernd, hartnäckig und zäh; ein starker Saturncharakter lässt sich durch nichts von seinem Wege abbringen.

Er ist der Verursacher von Intuition, Inspiration und Imagination und dadurch geeignet, den Menschen höher zu bringen – er zeigt uns, was wir in unserer Natur zu besiegen haben. Andererseits aber zwingt er das niedere Selbst zu stärkerer Aktion, zu falschen Vorstellungen, den wahren Hintergrund der Dinge verschleiernd, den Geist unter den Stoff zwingend und das Denken nur auf diesen richtend, daher er auch das kalte, nüchterne, begriffliche Denken beeinflusst. Das hat den Zweck, den Geist zu höherer Tätigkeit zu veranlassen und das Stoffliche zu besiegen. Er ist also ein ganz eminenter Entwicklungsfaktor.

Die Formen der Einschränkung des Saturns auf minderentwickelte Naturen zeigen sich in Gleichgültigkeit, Kälte, Nachlässigkeit, Angst, Furchtsamkeit, Feigheit, Falschheit, Misstrauen, Geiz, Neid, Verschlossenheit, Lieblosigkeit, Grausamkeit und Schwermut. Der disharmonisch gestellte und disharmonisch aspektierte Saturn bewirkt einen trägen, schwerfälligen und langsamen Geist.

Er macht nachlässig und faul und die so beherrschten Personen verschieben ihre Arbeiten gern von einem Tag zum anderen, können sich schwer zu etwas entschließen und haben eine unklare Urteilskraft. Sie sind kalt und egoistisch und denken nur an die Realisierung ihrer Zwecke, herzlos, hart und oft von unglaublicher Grausamkeit, besonders, wenn Saturn in disharmonischen Aspekten mit Mars und Uranus sich befindet. Die angeborene Zähigkeit und Hartnäckigkeit wird zu einem so großen Eigensinn, dass nichts imstande ist, solche Personen von ihrem falschen Wege abzubringen.

Der harmonisch gestellte Saturn erzeugt dagegen tiefe Denker, ernste, ausdauernd forschende, unermüdlich tätige Menschen.

Die geistige Tätigkeit wird hier nur insofern verzögert, als sie vertieft wird. Erfolge stellen sich ein, immer aber erst später; denn in gewissem Sinne ist Saturn der Planet der Verzögerung.

Der gut gestellte Saturn führt zu Pflichtgefühl, Aufopferung, Gehorsam, Ausdauer, Konzentration, Wahrheitsliebe, Gewissenhaftigkeit. Ist er aber disharmonisch bestrahlt, wird die Gewissenhaftigkeit zur Gewissenlosigkeit, Aufopferung und Pflichtgefühl werden zu starkem Egoismus und Undankbarkeit, Sparsamkeit zu Geiz, Wahrheitsliebe zu Lug und Trug, der Ernst zum stumpfen, kritiklosen Egoismus usw.

Personen, die unter einem starken, disharmonischen Saturneinfluss stehen, sind nicht schwer zu erkennen. Sie verbreiten überall, wo sie sind, eine Atmosphäre der Traurigkeit und Schwermut, des Misslingens.

Der allgemeine Charakter des Saturns, der sich sowohl im günstigen als auch im ungünstigen Sinne zeigt, ist die Hartnäckigkeit, Zähigkeit und das feste Verharren bei den gefassten Entschlüssen, die Schweigsamkeit, Liebe zur Einsamkeit, Menschenscheu.

Der disharmonische Saturncharakter führt zu List und Täuschung, Habsucht, Heuchelei und Verstellung, Gefühlskälte, unversöhnlichen Hass, der oft in hinterlistiger Weise zum Ausdruck gelangt. Steht der Saturn aber harmonisch, ist er äußerst wertvoll im Horoskop. Er beweist, dass unter seiner Zucht bereits ein bessergesinnter Mensch geformt wurde, der die niedrigen Saturneinflüsse schon besiegt hat.

Die notorische Schweigsamkeit ist dann der Ausdruck eines vertieften konzentrierten Gedankenlebens.

Wie der disharmonisch gestellte und bestrahlte Saturn den Drang nach Erwerb irdischer Güter vergrößert, zeigt der harmonisch gestellte Saturn die Tendenz zur Enthaltsamkeit, zur Askese.

Saturn disharmonisch gestellt, erzeugt in Bezug auf die Körperlichkeit langsam sich entwickelnde, schleichende Krankheiten, die schwer geheilt werden können. Durch Saturn werden die chronischen, alle Krankheiten des Alters und die Erkältungskrankheiten hervorgerufen.

Die finanziellen Erfolge durch Saturn stellen sich nur sehr schwer und nach mühseliger Arbeit ein, um dann aber meist dauernd bei dem Betreffenden zu bleiben.

Saturn in den 12 Zeichen

Widder. Ehrgeiz, organisatorisch, diplomatisch aber auch misstrauisch. Der Geborene ist selbstsüchtig, sehr reizbar und ohne feinerem Gemütsleben. Großes Selbstvertrauen, aber auch anderen gegenüber allzu große Strenge; Neigung zu Trübsinn und Einsamkeit. Unglück wird geschaffen durch eigene Fehler und falsche Handlungen.

Im Allgemeinen macht diese Konstellation etwas prahlerisch, resolut, leicht erregbar, ehrgeizig, eigenbrötlerisch.

Stier. Starke Willenskraft, Festigkeit und Standhaftigkeit in der Erreichung des einmal Vorgenommenen. Körperliche Schwerfälligkeit und Unbeholfenheit.

Diese Konstellation macht ökonomisch, reserviert, einsamkeitsliebend, klug, schlau, diplomatisch; bei harmonischer Stellung ruhig, klug und bedächtig, mit liebenswürdigem Wesen, bei disharmonischer Stellung aber zornig, leidenschaftlich, roh und stürmisch.

In disharmonischer Stellung große Selbstsucht, oft Geiz. Nur günstig bei guten Jupiter, Mond und Venus Aspekten. Sonst aber Neigung zur Unreinlichkeit, niedrige Gesinnung, materialistische Weltanschauung.

Zwillinge. Gute geistige Fähigkeiten, Geschicklichkeit, Ausdauer, Talent für Erfindungen und Entdeckungen. Bei sehr disharmonischer Bestrahlung Reizbarkeit, Neigung zur Unwahrheit, zynisch, boshaft. Besonders mit Venus, Mars und Uranus bestehen auch oft perverse Sexualempfindungen. Meist Differenzen mit Anverwandten.

Krebs. Verursacht Empfindlichkeit, Eigensinn, Unzufriedenheit, Verdrießlichkeit, tendiert zu Sorgen und Disharmonien in der Familie, Enttäuschungen in Liebesangelegenheiten oder mit Kindern und Untergebenen. Nur bei harmonischer Bestrahlung ist Günstiges durch diese Angelegenheiten zu erwarten. Sonst aber eine unglückliche Stellung im Allgemeinen macht sehr besorgt, berechnend, selbstsüchtig und misstrauisch, aber sparsam.

Löwe. Unternehmend, ehrgeizig, entschlossen, Anlage zum Aufstieg in höhere Positionen in Verbindung von Macht und Autorität. Ausdauer und Willensstärke und damit Überwindung der Schwierigkeiten und Hindernisse. Wenig Vergnügungsliebe, großer Ordnungssinn, aber eifersüchtig und leicht erregbar. Im Allgemeinen bringt diese Stellung leidlich gute Eigenschaften, macht oft freigebig, aber leidenschaftlich und zornig.

Jungfrau. Kritischer und analytischer Geist, vorsichtig, verschwiegen, klug, verschmisst, manchmal etwas schüchtern und zurückgezogen. Scharfer Intellekt, produktiv, in der Jugend etwas weniger ausgesprochen. Etwas Trübsinn und Melancholie oder Zurückhaltung und Misstrauen. Egoismus, große Vorsicht bei allen Unternehmungen, aber Kleinlichkeitskrämer. Erfindungstalent für kuriose, aber nicht sonderlich bedeutende Dinge, Lust zum Studium, im Allgemeinen keusch, subtil und reserviert, aber oft winkelzügig. Starker Kritizismus.

Waage. Personen, die meist sehr von sich eingenommen sind. Etwas weniger selbstsüchtig wie in anderen Zeichen, auch weniger Stolz und Einsamkeitsliebe. Viel Sympathien. Größere Beachtung der Umgehung. Bei harmonischen Aspekten besteht ein verfeinertes Gefühlsleben, Drang nach geistiger Tätigkeit. Die disharmonische Bestrahlung des Saturn hat die Tendenz der Trennung und Zerstörung von Verbindungen geschäftlicher, freundschaftlicher oder geschlechtlicher Natur. Die Heirat ist, wenn Saturn sonst harmonisch angeblickt ist, meist günstig für den Geborenen und von gutem Einfluss auf sein Fortkommen und seine Karriere. Hoch entwickeltes Gefühlsleben, das durch die Vernunft in Schranken gehalten werden soll. Ein spekulativer, einbildungsreicher, mit reicher Fantasie begabter Intellekt.

Skorpion. Willenskraft, Herrschsucht, Neigung zu Autorität und Macht, ohne selbst Einschränkung und Opposition erdulden zu können. Selbstsucht, Erwerbssinn, Ehrgeiz, Eifersucht, Scharfsinn und Vorsicht. Hängen sehr an Leib und Leben. Bei sehr disharmonischer Saturnbestrahlung zeitigt diese Stellung oft Anlage zu Verbrechen, der Ruf wird gefährdet. Aber in harmonischer Saturnstellung zeitigt der Saturn in diesem Zeichen berufliche Positionen mit Macht und Ansehen. Für Beschäftigungen in der Öffentlichkeit ist nur der harmonisch bestrahlte Saturn gut, denn sonst wirkt er trennend, auflösend, zerstörend. Die Gesundheit ist in der Jugend meist etwas angegriffen; bei harmonischen Saturnbestrahlungen aber erfolgt langes Leben, obwohl dieses von Gefahren durch Operationen, Infektionskrankheiten und Unglücksfällen einigermaßen bedroht ist. Im Allgemeinen ein starker Charakter mit Selbstbewusstsein, Ehrgeiz und Härte. Die Sinnlichkeit ist groß und führt bei schlechter Bestrahlung des Saturn besonders durch Nars und Venus zu Ausschweifungen.

Schütze. Geringe Selbstsucht. Originelle Gedanken und Anschauungen, philosophische Veranlagung, ehrlich, beredt, religiös, großer Ernst in allen Bestrebungen, frei von gewinnsüchtigen, unlauteren Motiven, humane Ansichten. Große Neigung zu Religion und höheren Idealen, oft auch zu Sport und Leibesübungen und natürlicher Lebensweise. Betätigung in Wohlfahrtseinrichtungen, Unabhängigkeit im Denken. Obwohl im Allgemeinen sehr geachtet, ereignen sich doch mitunter öffentliche Beunruhigungen. In allen Berufsarten aber herrscht Gewissenhaftigkeit vor und tieferes Denken.

Fast immer ist die Neigung zu zwei Berufen gleichzeitig vorhanden. Das Vorwärtskommen im Leben wird oft durch unvorhergesehene günstige Umstände bedingt. Im Allgemeinen macht diese Stellung haushälterisch, bringt aber selten Überfluss. Die Betreffenden sind etwas cholerisch, vermeiden aber Zank und Streit, bemühen sich, allen Menschen Gutes zu tun, lieben ihre Freunde, sind barmherzig gegen ihre Feinde. Es verbindet sich eben hier der Jupiter- mit dem Saturncharakter.

Steinbock. Selbstsucht, Ehrgeiz, Misstrauen, Schwermut, teilweise Unzuverlässigkeit. Diplomatische Veranlagung, obwohl manchmal eine gewisse Ängstlichkeit im öffentlichen Auftreten besteht.

Verschlossenheit, Schweigsamkeit, Unabhängigkeitsliebe und Herrschsucht sind vorhanden. Die pekuniären Verhältnisse sind nicht immer günstig. Neigung zu chronischen Krankheiten. Es besteht oft eine Abneigung gegen die Ehe, daraus folgend eine unrichtige Wahl des Lebensgefährten. In Freundschaften und Liebesverhältnissen beweisen diese Personen einen schlechten Geschmack und steigen gern herab zu Personen, die im Bildungsgrade unter ihnen stehen, sie verbinden ' sich oft mit Minderwertigen, wodurch ihnen ernstliche Unannehmlichkeiten entstehen.

Bei harmonischer Bestrahlung des fl aber bilden sich starke, abgeschlossene Individualitäten mit großer Kraft über sich selbst, die oft eine hervorragende Rolle in der Welt spielen. Im Allgemeinen aber macht diese Stellung konservativ, eigensinnig, unzufrieden, habsüchtig, melancholisch, wortkarg, ängstlich, zurückgezogen und sehr ernst.

Wassermann. Intelligent, ernst, gedankenvoll, verfeinerter Geist, Talente. Ein treuer Freund. Geneigt zum Studium, wissenschaftlichen Untersuchungen und Beobachtungen, dabei Gründlichkeit und Gewissenhaftigkeit entfaltend.

Der Betreffende wird oft ausgenügt, da er sich zu leicht und widerstandslos in andere Hände gibt. Bei harmonischer Bestrahlung des fl herrschen gute pekuniäre Verhältnisse. Neigung zu gemeinnützigen Unternehmungen. Veranlagt zu sorgsamer Hygiene und Diät. Gewöhnlich gestaltet sich das spätere Leben besser als die Jugend.

Treu in der Liebe und der Ehe, große Anhänglichkeit und Neigung zu dauernden Verbindungen. Im Allgemeinen höfliche Personen mit ausgezeichneten, durchdringenden Ideen, die viel Erfolge und Nutzen in Kunst und Wissenschaft haben, meist erfolgreiche Genies sind, aber auch etwas an Einbildung und Dünkelhaftigkeit leiden.

Fische. Eigenartige haltlose Naturen. Selbst bei harmonischer Bestrahlung des Saturn ist nur wenig Erfolg gegeben, immerhin lassen sich finanzielle Vorteile erringen durch Berufsarten, die vom Zeichen Fische beeinflusst sind.

Die in solcher Weise errungenen Erfolge und Ehren sind aber selten von langer Dauer. Meist ist der Geborene an seinem Unglück selbst schuldtragend, da er zu wenig Vertrauen und Zuversicht in seine Kräfte hat. Der Geborene neigt zu ungünstigen Verbindungen, die romantisch beginnen und meist unglücklich, oft tragisch enden.

Im Allgemeinen macht fl im Zeichen Fisch Personen von zänkischer Veranlagung, unbeständige» unzuverlässige Charaktere, die selten eine Probe in dieser Beziehung zu bestehen vermögen, bedächtige, alles mit oft übertriebener Vorsicht verrichtende Leute.

Saturn in den 12 Häusern

1. Haus. In diesem Haus hat der Saturn eine sehr starke Wirkung. Er macht im Allgemeinen langsam in den Bewegungen, ernst im Auftreten, mit einer melancholischen, einsiedlerischen Veranlagung.

Diese Stellung macht ausdauernd, sinnend, geduldig, sparsam, oft auch geizig. Wenn der Saturn disharmonische Aspekte erhält, ist auch sein Einfluss ein sehr ungünstiger und deutet er dann auch auf ein unglückliches Seelenleben.

Seine Wirkung hängt sehr von den Zeichen ab, in welchen er sich befindet. In einem feurigen Zeichen wirkt er günstig auf das Gemütsleben, macht rechtschaffen, ehrlich, freimütig, jedoch streitlustig und ungestüm. Im Zeichen Widder macht er eingebildet und gibt dem Betreffenden eine allzu hohe Meinung von sich selbst. Im Zeichen Löwe bringt er Leidenschaft, Energie, Talente und große Willenskraft. Im Zeichen Schütze macht er liebenswürdig, wohltätig, leicht versöhnlich und bringt Liebe zu Wissenschaften, Philosophie und Religion.

In den luftigen Zeichen wirkt der Saturn am besten und besonders günstig auf das Denken und verbannt alle Oberflächlichkeit, erzeugt tief denkende kontemplative, ernste Naturen. Im Zeichen Zwillinge bringt er eine gute Konzentrationskraft und verleiht einen ingeniösen Geist, oft aber Misstrauen und übermäßige Sorgfalt. Im Zeichen Waage werden die besten Eigenschaften des Saturn hervorgebracht, wie Fleiß und Arbeitsamkeit, Pflichtgefühl, Unterordnung, Gerechtigkeitsliebe. Im Zeichen

Wassermann gibt der Saturn ein höfliches, liebenswürdiges Wesen, bringt gute geistige Fähigkeiten und Vorliebe für Wissenschaften. Oft aber auch macht er eingebildet, herrschsüchtig und übermäßig diplomatisch.

In den wässrigen Zeichen ist der Saturn weniger günstig. Besonders im Zeichen Krebs befindet er sich in einer schlechten Stellung. Er macht dann eigensinnig, träge, nachlässig, empfindlich, launisch und mürrisch. Im Zeichen Fisch macht er schlau und durchtrieben, mit großer Verstellungskunst und Heuchelei. Bei sehr disharmonischen Aspekten mag er auch Lasterhaftigkeit hervorrufen. Nur bei sehr harmonischen Aspekten ist der Saturn im Zeichen Fisch auf den Charakter gut wirkend, er macht dann menschenfreundlich, wohltätig und gütig. Im Zeichen Jungfrau wirkt der Saturn etwas günstiger, er bringt einen scharfen, gut urteilenden Geist, macht aber heftig, zornig und eifersüchtig.

In den Erdzeichen wirkt der Saturn auch nicht gut. Im Zeichen Stier deutet er auf eine starke Sinneslust, übertriebenen Erwerbssinn und Eigensinn. Im Zeichen Jungfrau gibt er geistige Kraft, macht melancholisch, zu seelischen Depressionen geneigt, dafür aber ausdauernd und tätig. Im Zeichen Steinbock gibt er Kälte und Zurückhaltung, nur für die eigenen Angelegenheiten interessiert. Ehrgeiz, Ausdauer, diplomatisches Talent, Melancholie, Schweigsamkeit, Ernst aber Unversöhnlichkeit.

Wenn der Saturn im 1. Haus auch nur halbwegs harmonisch aspektiert ist, sind die geistigen Eigenschaften meist sehr gut, aber der Charakter hat immer etwas Zurückhaltendes und Egoistisches. Saturn in diesem Haus übt infolge seines beschränkenden, zusammenziehenden Einflusses ein starkes Gegengewicht gegen jede Oberflächlichkeit und erzeugt Vertiefung, aber auch seelische Gedrücktheit und Melancholie. Er bringt Neigung zur Erkältung und zu Kopfverlegungen und bei disharmonischer Bestrahlung, besonders durch Merkur, auch oft Sprachgebrechen.

2. Haus. Für alle Vermögensangelegenheiten eine im Allgemeinen sehr ungünstige Stellung, obwohl der Erwerbssinn stark ausgeprägt ist. Nur bei sehr harmonischer Bestrahlung verheißt er gutes Gelingen und Gewinn durch methodische Arbeit, durch Unternehmungen im Handel und mit der Landwirtschaft, mit Land, Hausbesitz und Bauten oder Bergwerken, schließlich mit Mineralien, Farben u. a. Im harmonischen Aspekt mit Uranus bringt er Gewinn durch Antiquitäten, Altertümer, archäologische Forschungen, Arbeit in Museen. Bei disharmonischer Bestrahlung durch Sonne oder Mond verursacht er viele Verluste. Im Allgemeinen bringt er schwere Arbeit mit kleinem Nutzen. Er beeinflusst zu Sparsamkeit und Häuslichkeit. Nur bei harmonischer Bestrahlung durch Jupiter sind größere Gelderfolge zu erwarten und ist das so erworbene Glück bringend und dauernd.

3. Haus. In diesem Haus beeinflusst der Saturn besonders das Gemüt, speziell wenn ihn Mond oder Merkur bestrahlen, macht er den Geborenen schweigsam, wortkarg, misstrauisch, sehr vorsichtig, eifersüchtig, pessimistisch und zur Melancholie geneigt.

In harmonischer Stellung ist der Saturn im 3. Haus sehr günstig für den Intellekt, weil er ein tiefgründiges Denken erzeugt und geistige Beschäftigungen, die Geduld und Methode bedingen, begünstigt. Bei disharmonischer Bestrahlung bringt er eine übermäßige Schlauheit und Durchtriebenheit und die Neigung, Vorteile auf unehrenhafte Weise zu erringen. Kommt die disharmonische Bestrahlung vom Jupiter, so verleitet er zu Heuchelei, vom Mars bringt er Falschheit und Untreue, Leidenschaft und heftige Handlungen. In disharmonischer Bestrahlung mit Venus gibt er einen verkehrten Geschmack, mit Merkur Neigung zu Unehrlichkeit, Lüge, Betrug, mit Sonne oder Mond schwächt er den Geist. In solcher Bestrahlung bringt er im 3. Haus immer Unehre und Verluste durch Reisen oder Schriftstücke, Disharmonie mit den Geschwistern oder Verwandten, auch Nachbarn. Schriftstellerische Versuche und Betätigungen schlagen fehl.

Die Gesundheit ist gefährdet durch Land- und Wasserreisen, ungünstige Witterungseinflüsse oder anstrengende Arbeit.

4. Haus. Diese Stellung gibt meist einen starken Erwerbssinn, eine dem Geborenen unangenehme Umgebung, ungünstige häusliche oder Familienangelegenheiten, aber auch Zurückgezogenheit oder die Erfüllung schwerer, den Fortschritt hemmender Pflichten. Der disharmonisch gestellte Saturn im 4. Haus deutet oft auf Schwierigkeiten oder Differenzen in Bezug auf das Elternhaus und den Vater. Der Saturn in diesem Haus bewirkt oft, dass der Geborene an einen Ort dauernd gebunden ist oder an einen Lebensberuf, eine Anstellung, die ungünstig für ihn sind. Steht der Saturn aber sehr harmonisch und in Würden, so bringt er Landbesitz, Hausbesitz, Geschäftserfolge, auch Erbschaften; in disharmonischer Bestrahlung aber bewirkt er oft das Gegenteil.

5. Haus. Diese Stellung ist ungünstig für alle Liebesangelegenheiten; sie tendiert zu Enttäuschungen, Verhinderungen und Verzögerungen in dieser Beziehung. Bei disharmonischer Bestrahlung können schwere Ereignisse in Bezug auf das Liebesleben eintreten, schwere Sorgen, oder der Tod einer geliebten Person. Sind aber gute Aspekte vorhanden, so deuten sie bei allen Widerwärtigkeiten in diesen Angelegenheiten doch auf Standhaftigkeit und Treue.

Im Allgemeinen ist Saturn in diesem Haus sehr ungünstig für Spekulationen, Wetten, Unterrichtsanstalten, Unternehmungen, die mit dem Vergnügen zusammenhängen u. a. Nur bei sehr harmonischen Aspekten ist hier auf einigen Erfolg zu rechnen, mehr jedoch bei Unternehmungen mit Ländereien, Gebäuden, Bergwerken u. ä. Für die Kinder ist diese Stellung ungünstig, sie bringt Kränklichkeit, vielen Kummer mit ihnen und bei disharmonischen Aspekten sogar die Möglichkeit des Verlustes eines Kindes durch den Tod. Ferner verursacht Saturn in diesem Haus wenig Vergnügungsliebe und dämpft alle Leidenschaften. Durch Mars oder Venus disharmonisch bestrahlt, macht er gefühlsarm und verleitet oft zu unnatürlichen Neigungen. Sehr ungünstig wirkt auch in jeder Beziehung eine disharmonische Bestrahlung durch Sonne oder Mond.

6. Haus. Sehr schlechte Stellung für die Gesundheitsverhältnisse. Saturn in diesem Haus tendiert zu Krankheiten, die durch Lebensbedingungen und Ursachen hervorgerufen werden, die außer der Macht des Geborenen liegen. Oder er deutet auf allgemeine Schwäche, auf Krankheiten bedingt durch ein unhygienisches Leben, schlechte Erziehung oder Unachtsamkeit. Wenn der Saturn eine disharmonische Bestrahlung durch Sonne oder Mond erhält, besteht die Neigung zu chronischen Erkrankungen, besonders Erkältungsleiden, Gicht, Rheumatismus u. ä. In den gemeinschaftlichen Zeichen deutet er auf schwache Bronchien und Lungen, in den Kardinalzeichen auf chronischen Magen- und Darmkatarrh, in den fixen Zeichen auf Blasenleiden, Herzleiden und Asthma, speziell wenn er im Löwe oder Wassermann und in sonstigen disharmonischen Aspekten steht.

Ferner deutet der Saturn in diesem Haus auf schwer zu erfüllende Arbeitspflichten, auf Sorgen und Enttäuschungen aller Art, und schließlich auf allgemeine Unzufriedenheit und schwer zu befriedigenden Geschmack.

7. Haus. Der Saturn in diesem Haus tendiert im Allgemeinen zu schwierigen Eheverhältnissen; wenn eine sehr schlechte Bestrahlung vorliegt, deutet er auch auf Ehelosigkeit, auf viel Kälte und Gleichgültigkeit des anderen Eheteils, der meist trübsinnig und mürrisch veranlagt ist. In der Ehe entstehen Sorge und Kummer und vielfach erfolgt unter dieser Konstellation auch Scheidung oder frühzeitige Trennung. Eine disharmonische Bestrahlung des Saturns in diesem Haus bringt auch offene Feinde, und für das öffentliche Leben gibt es harten Kampf, der oft von Misserfolg bedroht ist. Besonders wenn Saturn durch Sonne oder Mond disharmonisch getroffen wird, entstehen Misserfolge in Angelegenheiten mit öffentlichen Ämtern und Geschäften und Schädigungen durch Compagnons oder Gesellschaften. Nur wenn Saturn an dieser Stelle harmonisch bestrahlt ist, deutet er auf eine ernste, ehrenhafte, kluge und fleißige Ehehälfte, die weniger leidenschaftliche Zuneigung hat aber mehr standhafte Liebe und eheliches Pflichtgefühl. In solcher Stellung tritt auch der Erfolg im öffentlichen Leben ein, der zwar hart erkämpft wird und immer von mancherlei Enttäuschungen begleitet ist, aber dann doch von Dauer bleibt. Er bewirkt auch oft Verzögerungen und Hindernisse beim Eheschluss.

8. Haus. Wenn der Saturn in diesem Haus in sehr disharmonischen Aspekten steht, so weist er auf Lebensgefahren durch chronische Leiden, Unglücksfälle und dergl. Nur bei sehr harmonischer Stellung, besonders in solcher Verbindung mit der Sonne besteht eine starke Lebensenergie, die meist ein höheres Lebensalter bedingt. Er deutet bei disharmonischen Aspekten auch auf die Möglichkeit eines Erbschaftsverlustes.

9. Haus. Der Saturn in diesem Haus wirkt besonders auf Gemüt und Verstand. Er beeinflusst in harmonischer Stellung zur Philosophie oder religiösen Gesinnung, macht tiefe Denker und zu ernstem Studium geneigte Menschen. Die Gedanken sind schöpferisch und liegt eine Neigung zu geistig arbeitenden Berufen vor. Im harmonischen Aspekt mit der Sonne verleiht er eine tiefe Religiosität. Bei disharmonischer Bestrahlung ist eine gewisse Gleichgültigkeit gegen alle höheren Interessen vorhanden, und wenn Mars oder Venus ihn disharmonisch bestrahlen treten oft Geistesstörungen ein. Disharmonische Bestrahlungen des Saturn, in diesem Haus machen furchtsam, übermäßig vorsichtig und zurückhaltend. Der disharmonische Aspekt des Merkur oder Mond macht sehr misstrauisch, schweigsam, pessimistisch und oft auch boshaft. Der Saturn in diesem Haus, wenn er nicht sehr harmonisch bestrahlt ist, hat die Tendenz zu gefahrvollen Reisen, ungünstigen Angelegenheiten mit dem Ausland, Verluste durch Prozesse.

10. Haus. In diesem Haus beeinflusst der Saturn das Berufsleben. Er gibt durch manche Perioden ziemlich unsichere Lebensbedingungen, einen Aufstieg im Leben, dem mitunter ein Sturz folgt. Oft wird bei halbwegs harmonischen Aspekten durch Ausdauer und Fleiß eine große Karriere erreicht, oft eine Berühmtheit erlangt, aber es schwebt durch diese Konstellation ein Verhängnis über den Betreffenden, ein Sturz von der erreichten Höhe ist mitunter die Folge. Wenn der Saturn disharmonisch bestrahlt ist, bringt er ebenfalls gewisse Erfolge, aber der endliche Fehlschlag ist umso sicherer und einschneidender. Meist liegt die Ursache in der Überspannung und Überschätzung der Kräfte. In disharmonischen Aspekten mit Mond oder Sonne bringt er viele Hindernisse, Unehre und Skandale. Nur in sehr harmonischer Bestrahlung stellen sich dauernde Erfolge ein, aber auch dann nur nach großen Mühen und Enttäuschungen. Bei disharmonischer Bestrahlung aber weist er auf viel Unglück, Kummer, Ärger und Verluste, Fehlschläge im Berufsleben. Betätigungen im öffentlichen Leben schlagen fehl oder bringen Verluste und schlechten Ruf.

11. Haus. Diese Stellung kündigt, wenn der Saturn harmonisch bestrahlt ist, nur wenig treue und verlässliche Freunde an und sind diese meist älter als der Geborene. Er wird durch sie Förderung und Unterstützung erfahren. Wenn aber Saturn disharmonisch bestrahlt ist, so werden die Freunde den Geborenen verlassen, oder er wird falsche, hinterlistige Freunde haben, die ihm Verluste beibringen, besonders wenn Saturn durch Sonne, Mond oder Mars disharmonisch bestrahlt wird. Steht er in einem kardinalen Zeichen, so verursacht er Misslingen der Unternehmungen und schwere Verluste durch Freunde und Bekannte; im festen Zeichen weist er auf viele Verzögerungen und Hindernisse, besonders in der ersten Lebenshälfte, und in einem gemeinschaftlichen Zeichen bringt er viele Verhinderungen im Berufsleben. Der Geborene gibt sich bei solchen disharmonischen Konstellationen zu leicht trügerischen Hoffnungen hin.

12. Haus. In diesem Haus wirkt der Saturn am ungünstigsten. Er macht außergewöhnlich einsamkeitsliebend und zu schwerer Melancholie geneigt. In disharmonischer Bestrahlung bringt er viele heimliche und offene Feinde, oft auch Gefängnisstrafen und überhaupt viele Einschränkungen und Beschränkungen im Leben. In disharmonischen Aspekten mit Uranus bringt er Schädigung des guten Rufes, Ehrverlust und Feindschaften mit sozial Höhergestellten; in disharmonischen Aspekten mit Sonne oder Mond verursacht er viel Herzeleid durch geliebte Personen und mit Merkur erzeugt er schwere Nervenleiden oder Hypochondrie.

Im Allgemeinen verursacht Saturn in diesem Haus viele Leiden durch Verleumdungen, beständige Sorgen und Kämpfe, Feinde, die unaufhörlich an dem Untergang des Geborenen arbeiten, Gefahren von Verlegungen oder langwierige Krankheiten. Nur in ganz harmonischen Aspekten bringt er Sieg über die Feinde und eine starke Widerstandskraft gegen alles Ungemach.

Saturn in den Aspekten

In Konjunktion, Parallelschein oder harmonischen Aspekten mit Jupiter

Tendenz für Erbschaften, Geld durch die Ehe, wie überhaupt Vermögenszuwachs.

Ein sehr günstiger Aspekt, der sehr ehrlich, sparsam, sorgfältig, sinnend, aufrichtig, wohltätig, philosophisch veranlagt und zuverlässig macht.

Große Ausdauer im Streben und Zielbewusstsein. Gut für Erfolg im Leben und für weltliche Stellungen, zeitigt auch Eintracht mit dem Vater.

Disharmonische Aspekte mit Jupiter

Deuten auf berufliche Schwierigkeiten, auch Übergangenwerden in der Beförderung, Erbschaftsverluste.

Diese Konstellation zeitigt einen schwachen Willen, macht unduldsam, gleichgültig und unzuverlässig, misstrauisch und bringt viel Sorgen, Missgeschicke und Schicksalsänderungen.

Harmonische Aspekte mit Mars

Machen streng, herrschsüchtig, kühn, fest, unternehmungslustig, beharrlich, ehrgeizig und sehr ausdauernd und geben Mut und Selbstgefühl und eine starke Durchschlagskraft. Gute Konstellation für das öffentliche Leben. Hilfe durch Höhergestellte.

In Konjunktion, Parallelschein oder disharmonischen Aspekten mit Mars

Boshaft, geizig, tollkühn, rebellisch, selbstsüchtig, rachsüchtig, grausam; besonders im 1., 3., 9. und 10. Haus. Diese Konstellation gibt Zwistigkeiten in der Öffentlichkeit oder mit Vorgesetzten, Gefahr der öffentlichen Missachtung, Skandale infolge der unbeherrschten Natur des Geborenen und tendiert schließlich zu heftigen chronischen Krankheiten oder Unfälle.

In Konjunktion, Parallelschein oder disharmonischen Aspekten mit der Sonne

In den gemeinschaftlichen Zeichen weist diese Konstellation auf eine schwache Konstitution und große Empfänglichkeit für Erkältungen. Macht kaltblütig, selbstsüchtig, eifersüchtig, geizig, unsympathisch, aber ausdauernd.

Viel Disharmonie, Unglück mit Behörden, Ämtern, Vorgesetzten. Die Konjunktion erzeugt organisatorisches Talent. Diese Konstellationen verursachen im Leben viele Beschränkungen, Hindernisse und Enttäuschungen. Im fixen Zeichen inkliniert der Geborene zu Selbstsucht, Hartnäckigkeit und Unfällen, im Löwe oder Wassermann zu Kurzatmigkeit oder Asthma, im Skorpion, oder Stier zu Blasenleiden und in den Kardinalzeichen zu innerlichen Leiden und Indigestionen.

Harmonische Aspekte mit der Sonne

Geben große Festigkeit und Erfolg, hauptsächlich in Verbindung mit der Öffentlichkeit, Selbstbeherrschung, Verantwortungsgefühl, Ordnungssinn, Takt und Ausdauer. Machen sehr arbeitsam und bringen viel Hilfe und Sympathie älterer Leute, ferner die Fähigkeit für verantwortliche Stellungen, organisatorisches Talent, Widerstandskraft und zähen Charakter. Gute körperliche Widerstandskraft, Gesundheit. Diese Konstellationen zeitigen einen starken Trieb zum Gelderwerb, besonders wenn Saturn im 1. Haus steht.

Saturn in Konjunktion, Parallelschein oder in einem disharmonischen Aspekt mit Venus

Tendiert zu Kummer und Sorge in Liebe und Ehe, macht niedergeschlagen, unsittlich, kleinmütig, charakterschwach, eifersüchtig, geringe Moral. Im 2. Haus verursacht die Konjunktion Geldverluste durch Frauen;

im 7. Haus deutet sie auf eine unglückliche Ehe, im 9. Haus auf Verdruss mit angeheirateten Anverwandten und im 12. Haus auf heimliche weibliche Feinde.

Alle disharmonischen Aspekte zwischen Saturn und Venus machen sehr erotisch und geben eine glühende geistige Sinnlichkeit, oder auch in vielen Fällen eine perverse Neigung.

Diese Anlagen sind besonders stark, wenn die Venus im 1., 3., 9. oder 10. Haus steht. Besonders für das männliche Geschlecht sind diese Aspekte sehr ungünstig.

Harmonische Aspekte zu Venus

Deuten auf eine ruhige, keusche, sittsame, treue und aufrichtige Natur, ferner auf Glück und Erfolg, entsprechend der Natur derjenigen Häuser, in welche der Aspekt zwischen Venus und Saturn fällt. Kunstempfinden, Wohlwollen.

Diese Konstellationen sind gut für Geldgeschäfte, sie bringen Hilfe durch Teilhaberschaften oder praktische Geschäftsbetätigung durch den Eheschluss.

Saturn, in Konjunktion oder einem disharmonischen Aspekt zu Merkur

Diese Konstellationen machen im Allgemeinen einen unangenehmen Charakter, streitsüchtige, melancholische, düstere, unzufriedene, misstrauische, selbstsüchtige und sehr ängstliche Personen, die viel Schwierigkeiten haben.

Bei der Konjunktion und wenn Saturn sonst harmonisch bestrahlt ist, wird der Einfluss günstiger. Diese Konstellation macht dann den Geist tief und durchdringend, kritisch, methodisch und arbeitsam.

Harmonische Aspekte mit Merkur

Diese Konstellationen machen gedankenvoll, aufmerksam, zurückhaltend, besorgt, verschlossen, geben ein gutes Gedächtnis, methodisches Denken, klares Urteil und machen zum Studium geneigt. Sehr praktische, auf den Erwerb gerichtete Einstellung.

Sie unterdrücken jede Oberflächlichkeit, machen aufrichtig in der Freundschaft, geeignet für Vertrauensstellungen und geben Standhaftigkeit und Ausdauer.

Saturn in Konjunktion , Parallelschein oder in disharmonischen Aspekten mit Mond

Sehr disharmonische Aspekte, besonders für das weibliche Geschlecht. Bringen viel Einschränkung, Schwierigkeiten, Angst, Kummer, Gedrücktheit, Melancholie, Indolenz und im Allgemeinen eine schlechte Gesundheit. Sie machen gleichgültig, misstrauisch, unaufrichtig, unzufrieden, niedergeschlagen, scheu, und geben eine Neigung zur Absonderung.

Harmonische Aspekte zum Mond

Zeitigen im Allgemeinen verschlossene Charaktere, geben aber Geduld und Ausdauer, Ernst und Takt und Eignung für Vertrauensposten mit großer Pflichttreue und Verantwortlichkeit. Sie machen ruhig, imponierend, sparsam, organisatorisch, sehr geduldig und beharrlich.

Alle Aspekte zwischen Saturn und Mond im Allgemeinen wirken stark auf den Verstand; disharmonische Aspekte wirken oftmals schädlich und zerstörend auf die geistigen Anlagen, immer aber geben sie eine schwere Fassungsgabe, Gedächtnisschwäche und bei sehr disharmonischen Aspekten zwischen Saturn und Mond, besonders vom 1., 3. und 9. Haus, auch schlechte Charaktereigenschaften, sie machen sehr selbstsüchtig.

Der Jupiter

♃

Bei diesem Planeten besteht eine Zusammenwirkung der Urqualitäten von Warm und Trocken, mit leichtem Überwiegen von Warm. Dadurch ist das Mischungsverhältnis ein ziemlich ausgeglichenes.

Die stärkere Betonung von Warm, dieser strahlenden Energie, wirkt wohltätig auf den menschlichen Organismus, stärkt die Körperkraft und die Lebensfreude, den Optimismus und die Tatkraft, freilich infolge des ausdehnenden Prinzips von Warm leicht zum Übermaß in allen Dingen verleitend.

Das Trocken wieder tendiert einigermaßen zur Leidenschaftlichkeit, zu Kühnheit und Ungestüm, wird aber durch Warm in den gedeihlichsten Grenzen gehalten.

Der Jupiter wurde von den alten Astrologen das „große Glück" genannt. In der Tat ist er als der Wohltäter der Menschheit aufzufassen. Er ist ein Planet, der der menschlichen Natur sehr günstig und förderlich ist und um so mehr wirkt, je näher er der Sonne steht.

Er gibt im Allgemeinen ein gutes Gemüt, meist ein langes Leben, und macht Personen, die klug und gerecht handeln, großen Geist besiegen, nach Hohem und Edlem streben, reich, geehrt und glücklich sind.

Solche Menschen sind fröhlich und edel, werden allgemein geachtet, geben gute Eltern und liebevolle Eheleute ab, sind sehr stolz und ehrgeizig, neigen jedoch etwas zur Genusssucht.

Sonst aber beeinflusst der gut gestellte Jupiter zu allen Tugenden, Seelenadel und schönen Eigenschaften. Er macht wohlwollend, ergeben, aufrichtig, beliebt und geachtet, menschenfreundlich.

Die Wirkung des Jupiter ist im Allgemeinen eine erweiternde, ausdehnende. Er symbolisiert die Weisheit, Gerechtigkeit und die Ergebung.

In harmonischer Stellung bringt er Vermehrung, Überfluss, Wahrheitsliebe, in disharmonischer Stellung aber Missgeschicke, Verschwendung und Heuchelei.

Wenn Jupiter im Zeichen Schütze steht, macht er sehr sportliebend und ist er in diesem Zeichen besonders wirksam je nach seinen Aspekten.

Erhält der Jupiter disharmonische Aspekte und befindet er sich in ungünstiger zodiakaler Stellung, in seiner Vernichtung oder im Fall, so gibt er weder hervorragende Tugenden und Eigenschaften noch ein langes Leben. In solcher Stellung geraten die guten Eigenschaften meist in das Extrem, und zwar wird Selbstvertrauen zur Tollkühnheit und Selbstüberhebung und die Neigung zur Genusssucht wird zur Unmäßigkeit. Bei sehr disharmonischen Aspekten macht er selbstsüchtig, stolz, eitel, eingebildet und scheinheilig, und die Neigung, jovial zu sein, schlägt in das Gegenteil um. Jedoch sind die dem Jupitereinfluss stark unterworfenen Menschen, selbst bei disharmonischer Jupiterstellung, nie schlecht oder niedrig gesinnt und stehen gemeinen Verbrechen ablehnend gegenüber.

Eine gute Jupiterstellung kann in einem sonst schlechten Horoskop sehr viel verbessern und trog Hindernisse und Misserfolge, die durch andere schlechte Gestirnpositionen angezeigt sind, nach und nach dennoch zu Erfolg und Wohlstand führen, besonders wenn der harmonisch bestrahlte Jupiter sich in einem Eckhause befindet, oder harmonische Aspekte mit Sonne, Mond oder Venus hat.

Wenn sich Jupiter im 1. Haus befindet, oder einen harmonischen Aspekt auf das 1. Haus wirft, oder auf Sonne und Mond, so bewirkt er eine sehr gute Gesundheit, langes Leben und viel Erfolge.

Der Jupiter macht meist sehr optimistisch und hoffnungsvoll und beherrscht im Menschen die idealen Neigungen.

Jupiter in den 12 Zeichen

Widder. Generöse Veranlagung, freimütig, sehr höflich, artig, gefällig, kühn und mutig, Freunden gegenüber hilfsbereit und aufopfernd. Starker Tatendrang, Liebe zum Sport.

Stier. Gute Veranlagung, gute Urteilskraft, tadelloses Benehmen, freimütig, mild und barmherzig, gütig und freundlich dem anderen Geschlecht gegenüber, sehr human und mitleidig gegen Notleidende. Etwas genusssüchtig und den Freuden dieser Welt ergeben. Starke finanzielle Interessen.

Zwillinge. Ein gefälliges, höfliches, zuvorkommendes, vornehmes und freundliches Wesen. Viel Verehrung für das andere Geschlecht. Große Neigung zum Studium, zu Technik und Mathematik.

Krebs. Der Geborene ist geschäftlich befähigt, sehr zuverlässig, aber redselig. Er neigt dazu, sich in die Angelegenheiten anderer Menschen einzumischen und ist ein großer Freund des anderen Geschlechtes. Er ist wasserliebend, dem Wassersport zugeneigt und hat Glück mit allen Dingen, die mit dem Wasser zusammenhängen. Starke Neigung zu Luxus und Lebensgenuss. Wenn der Mars in einem schlechten Aspekt zum Jupiter steht, so ist etwas Prahlsucht vorhanden.

Löwe. Edle, mutige, großherzige Menschen, die aber stolz und ehrgeizig sind. Sehr sympathische Menschen. Sie ergötzen sich gern an kriegerischen Dingen und verschmähen es, sich zu unterwerfen, lieben Auszeichnungen und Ehrenbezeugungen und sind furchtlos und unternehmend.

Jungfrau. Neigung zu nützlichen Studien. Solche Personen sind nicht leicht zu täuschen oder zu beeinflussen, denn sie haben einen kritischen und prüfenden Verstand und sind in ihren Handlungen sehr vorsichtig. Das Gemüt ist keusch und moralisch gerichtet. Meist gute Redegabe.

Waage. Ein milder, gütiger, freimütiger, sympathischer Charakter, höflich zu jedermann. Liebe zu Körpergymnastik.

Großer Frohsinn, Schönheitsliebe, Aufrichtigkeit, Frömmigkeit, Einbildungskraft, Kunstliebe, treue Freundschaft. Der Geborene wird meist sehr geachtet und geehrt.

Skorpion. Ein stolzer, hochmütiger, ehrgeiziger, herrschsüchtiger, resoluter und zuversichtlicher Charakter. Der Geborene verschafft sich im Leben viel Vorteile, wobei er sehr vorsichtig, aber auch energisch zu Werke geht.

Schütze. Gerechte, sympathische, liebenswürdige Menschen, die edel denkend, human und höflich sind. Meist große Liebhaber von Pferden und Hunden und sportlichen Vergnügungen. Sehr lebhaft, oft unüberlegt und leidenschaftlich.

Steinbock. Klug, aber engherzig. Mangel an Mitgefühl und Sorgfältigkeit. Ernster Geist, gute Denkkraft, aber wenig hoffnungsvoll. Starker Wunsch, sich in öffentlichen Stellungen einen Namen zu machen. Ehrgeiz und Tatkraft.

Wassermann. Guter Humor, arbeitsam und mitteilsam. Neigung zu Extravaganzen und Extremen. Vorliebe für Wissenschaften. Aber stark unabhängig und eigensinnig.

Fische. Harmlose, freundliche, arglose, gütige Menschen. Sehr talentiert, leichte Auffassung. Befinden sich gern in guter Gesellschaft, lieben das Wasser und haben, wenn der Mond keinen disharmonischen Aspekt auf Jupiter wirft, Neigung zu allen sportlichen Angelegenheiten, die mit dem Wasser in Verbindung stehen.

Jupiter in den 12 Häusern

Der Jupiter im *1. Haus*, besonders wenn er unbetrübt, d. h. frei von disharmonischen Aspekten ist, kann als ein sehr günstiges Zeichen für das ganze Geschick des Geborenen angesehen werden und deutet auf gute Charakteranlagen, Talente und Fähigkeiten. Diese Stellung bringt gute Gesundheit, hochherzige und edle Gesinnung, Gerechtigkeitsliebe, vermehrt die Aussichten auf ein erfolgreiches Leben und bringt für alle Unternehmungen einen günstigen Ausgang. Im Allgemeinen eine Glücksnatur. Ist er aber rückläufig und in disharmonischen Aspekten, so ist auf keine besonders gute Charakteranlage zu schließen, solche Personen haben eine große Verstellungskunst und täuschen gerne die günstigen Jupitereigenschaften vor.

Im *2. Haus* tendiert er zu pekuniären Erfolgen, Vermehrung des Eigentums, Gewinn Und allgemeinen Wohlstand, besonders wenn er durch Sonne und Mond harmonisch bestrahlt ist und in Würden steht. Eine solche Konstellation schließt in der Regel jede Armut aus. In disharmonischen Aspekten von Mars oder Saturn beschienen, verliert er seine gute Wirkung. Es bedarf dann großer Anstrengung, einen bescheidenen Wohlstand zu erhalten.

Im *3. Haus* mag er glückliche, erfolgreiche Reisen, sowie Gewinn durch Anverwandte, Nachbarn, Schriften und Briefe bringen. In diesem Haus hat der Jupiter einen guten Einfluss auf das Gemüt und den Charakter.

Im *4. Haus* bewirkt er Erfolg in höheren Lebensjahren, außer er ist sehr disharmonisch bestrahlt und ohne Würden oder er steht im Tierkreiszeichen Jungfrau. Diese Konstellationen verlangsamen dann den Erfolg. Er bringt ferner Glück und Vorteile in allen Angelegenheiten mit dem

Vater, viel Erfolge am Geburtsort oder im Geburtslande und wenn harmonisch bestrahlt durch Saturn oder Uranus, verspricht er auch Erbschaften.

Im *5. Haus* deutet er auf folgsame und gut geartete Kinder. Lehrer mit dieser Konstellation, wenn der Jupiter harmonisch bestrahlt durch die Sonne oder den Mond ist, haben viel Erfolg in ihrem Beruf. Diese Konstellation ist gut für Unternehmungen und weist auf gutes Gelingen in Sportangelegenheiten sowie in Spiel und Spekulationen.

Im *6. Haus* bewirkt er dem Geborenen Gutes durch sozial tiefer stehende Leute, Diener und Untergebene und bringt viel Behaglichkeit, auch verkündet er eine gute Gesundheit. Disharmonisch aspektiert durch die Sonne inkliniert er zu verdorbenem Blut und Leberleiden, im wässrigen Zeichen zu Skorbut und Blutvergiftung, im gemeinschaftlichen Zeichen zu Lungen- und Eingeweideleiden und in einem Kardinalzeichen zu Magenleiden, schlechtem Blut und Rippenfellentzündung. Die Krankheiten kommen meist infolge Ausschweifungen oder Unmäßigkeit.

Im *7. Haus* vermag er oft eine glückliche reiche Heirat, sowie Erfolg in Prozessen herbeizuführen, und ist diese Konstellation sehr günstig für Rechtsanwälte. Der Lebensgefährte ist treu und gut veranlagt. Glück durch Gesellschaften oder Teilhaberschaften. Feinde werden zu Freunden oder Gönnern und Wohltätern. Wenn der Jupiter durch Saturn disharmonisch aspektiert ist, wird der Geborene viele Gegner haben. Auch das Eheleben bleibt dann nicht ganz ungetrübt.

Im *8. Haus* besteht die Möglichkeit zu Erbschaften, voraus gesetzt, dass er nicht ohne Würden steht und frei von disharmonischer Bestrahlung ist. Bei disharmonischer Bestrahlung mögen Enttäuschungen in der ehelichen Mitgift und in Erbschaftsangelegenheiten vorkommen. Lebensgefahren durch Erkrankungen der Leber oder Galle.

Im *9. Haus* deutet er auf eine aufrichtige Person mit gutem moralischen Charakter und einer Veranlagung zur ethischen Höherentwicklung. Ein Priester oder Richter mit dieser Position wird sehr geehrt sein. Jupiter verspricht hier Erfolg in langen Reisen zu Land und See und in Geschäften in sehr entfernte Länder, ferner in Wissenschaften, Künsten und der Öffentlichkeit. Wenn Jupiter sehr disharmonische Aspekte hat, so bedeutet er Misserfolge in den erwähnten Angelegenheiten.

Im *10. Haus* weist er auf Erfolg im Beruf und auf hohe Ehren und Beförderung. Der Geborene steigt aus seiner Lebenssphäre empor. Guter Kredit, Vorteile und Gewinn dadurch. Die beste Stellung für ein günstiges und glückliches Geschick. Jupiter in diesem Haus in einem harmonischen Aspekt mit Sonne oder Mond und in Würden stehend, bringt großen Erfolg und Reichtum infolge der Ehrenhaftigkeit, Tüchtigkeit und guten Veranlagung der Persönlichkeit.

Im *11. Haus* und frei von disharmonischer Bestrahlung verspricht er wertvolle Freunde und Erfüllung der Wünsche und Hoffnungen. Viele Auszeichnungen durch Freunde. Gemeinschaft oder Teilhaberschaft mit sozial Höhergestellten. Der Betreffende strebt danach, in vornehme Kreise zu kommen, seine ehrgeizigen Pläne werden sich erfüllen und wird der Erfolg durch die Mitwirkung von Freunden erreicht. Auch deutet diese Konstellation auf die Möglichkeit eines Geldgewinnes.

Im *12. Haus* verleiht diese Konstellation dem Geborenen eine starke Anziehungskraft. Geheime Feinde, über welche der Geborene siegt. Feinde werden schließlich zu Freunden.

Jupiter in den Aspekten

Jupiter in Konjunktion, Parallelschein oder disharmonischen Aspekten mit Mars

Im Allgemeinen machen diese Aspekte mutig, aber anmaßend, unhöflich, barsch, zweifelsüchtig und verschwenderisch.

Durch übermäßige Tätigkeit wird der Körper geschwächt und besonders in jenen Teilen, die den Zeichen unterstehen, in welchen Jupiter und Mars stehen.

Extreme Tatkraft, Übereilung, oft ein unüberlegtes Draufgängertum. Ungünstige Konstellationen für Prozessangelegenheiten.

Wenn der Jupiter sehr harmonisch aspektiert ist, werden diese Aussagen ziemlich abgeschwächt auftreten.

Imharmonischen Aspekt mit Mars

Vorzügliche Konstellationen für die Gesundheit. Körperliche Widerstandskraft. Große Begeisterungsfähigkeit. Entschlossene Tatkraft,

Mut, Tüchtigkeit, energisches, zielbewußtes Handeln. Dadurch günstig für finanzielle Angelegenheiten.

Jupiter in Konjunktion, Parallelschein oder harmonischen Aspekten mit der Sonne

Eine sehr günstige Konstellation für die Gesundheit. Diese Konstellation macht ehrlich, menschenfreundlich, edelmütig, genial, gibt Hoffnung und Selbstvertrauen und verfeinert den Charakter. Bringt viel Gelegenheiten im Leben höher zu gelangen und bewirkt einen moralischen und gesellschaftlichen Aufstieg. Durch Vorgesetzte kommen Hilfe und Erfolge.

Disharmonische Aspekte zur Sonne

Im Allgemeinen gibt eine solche Konstellation viel Eitelkeit und Hohlheit, bringt Misshelligkeiten und Schwierigkeiten in öffentlichen und sozialen Angelegenheiten, durch die Kirche, Ämter oder Behörden, macht stolz, anmaßend, eitel, eingebildet, misstrauisch, abergläubisch und geneigt zu Verschwendung und Extravaganz; ferner bringt eine solche Konstellation Neigung zu verdorbenem Blut, Leberleiden, Zirkulationsstörungen.

Jupiter in Konjunktion, Parallelschein oder harmonischen Aspekten mit Venus

Sehr gute Aspekte, die menschenfreundlich, idealistisch und aufrichtig, edelmütig, freundlich und tugendhaft machen. Sehr gute Konstellationen, die große Beliebtheit, verfeinerte Gesinnung, Tugend und moralisches Empfinden, ästhetische Neigungen, Erfolge und Glück bringen, Eintracht und Harmonie verursachen und das ganze Horoskop günstig gestalten. Glück in Liebes- oder Eheangelegenheiten.

In disharmonischen Aspekten mit Venus

Diese Konstellationen wirken hauptsächlich ungünstig auf den Charakter. Sie machen anmaßend, eitel und prunksüchtig, verschwenderisch, großtuerisch, und lassen oft über die Mittel leben, übertriebene Vergnügungssucht, Verluste durch Frauen.

Jupiter in Konjunktion, Parallelschein oder harmonischen Aspekten mit Merkur

Diese Konstellation ist sehr gut für den Verstand, macht gerecht, freigebig, frei denkend, nobel und gibt Erfolg in der Literatur und den

Künsten. Ein philosophischer Geist mit gutem Urteil und geordnetem Denken. Intuitiv, genial, friedfertig, menschenfreundlich, verlässlich. Gute geistige Fähigkeiten, Tiefgründigkeil, Wissensdrang.

In disharmonischen Aspekten mit Merkur

Diese Konstellationen deuten auf Wankelmut und Unverlässlichkeit und erzeugen Freude am Disput; sie machen schwankende Charaktere voll Voreingenommenheit und die Neigung zu falschem Schluss und Urteil. Diese Konstellationen sind besonders schlecht, wenn sie im 3. oder 9. Haus stehen.

Jupiter in Konjunktion, Parallelschein oder harmonischen Aspekt mit Mond

Sehr günstige Konstellation bringt Wohlfahrt, Glück und Erfolg und mächtige einflussreiche Freunde. Gut für Geist und Körper, macht beliebt und geachtet, sympathisch, ehrlich und aufrichtig, edelmütig, wohltätig, intuitiv, philosophisch veranlagt; meist eine sehr angenehme Persönlichkeit, die gern gesehen wird.

In disharmonischen Aspekten mit dem Mond

Diese Aspekte machen geneigt zu Extravaganz, Ausschweifung, Selbstüberhebung, Hochmut und zu einer außergewöhnlichen Freigebigkeit, beeinflussen zu großer Anmaßung und Sorglosigkeit, bringen viel Unannehmlichkeiten auf Reisen wie auch mit Ämtern, Behörden und Religionsangelegenheiten, ferner Misserfolge, Schwierigkeiten und Enttäuschungen durch unangebrachtes Misstrauen. Auch sehr ungünstig für die Gesundheit, besonders bei weiblichen Personen.

Der Mars

♂

Hier wirken die Urqualitäten Warm und Trocken, wobei aber Trocken überwiegt. Daher die energisch durchschlagende Kraft. Durch die Domination von Trocken bekommt diese Energie eine leidenschaftlichere, rücksichtslosere Note, wodurch der Mars eben zum Prinzip der Gewalt, des Kampfes, des Widerstandes gegen alle Hemmungen und der animalen Eigenschaften, Triebe und Neigungen wird, die sich dann bei Menschen einer tieferen Entwicklungsstufe ungünstig auswirken. Diese starke Energie kann aber bei entwickelten Menschen auch günstig und aufbauend wirken, da sie dann zu größerer moralischer Kraftentfaltung führt.

Der Mars gilt im Allgemeinen als der Planet der Begierde, Leidenschaft, Ruhelosigkeit, des Antriebes und der Energie. Ohne den Einfluss dieses Himmelskörpers gäbe es keine Tatkraft, keine Willenskraft, keine Widerstandsfähigkeit. Wenn einerseits sein Einfluss als auflösend und zerstörend gilt, so äußert er doch, als Prinzip der Tätigkeit, auch einen aufbauenden Einfluss.

Vom Mars gilt das Dichterwort: „Und neues Leben blüht aus den Ruinen“. Er zerstört und bildet Neues. Man denke beim Mars an den März, die Märzstürme bringen den Frühling, im Monat März kommt die Sonne in das Zeichen Widder und Mars hat darin seine größte Kraft. Die Novemberschauer leiten den Winter ein. In diesem Monat kommt die Sonne in das Zeichen Skorpion und auch hier äußert der Mars seine größte Kraft.

Seine Wirkung auf den Menschen richtet sich nach dessen Entwicklungsstufe. Bei höher entwickelten Individuen wird sich sein Einfluss merklich günstiger gestalten als bei nieder entwickelten.

Im ersteren Falle kann er ganz gute, tapfere, edelmütige, kühne, sogar selbstlose Menschen hervorrufen, obwohl er auch diesen Individuen seine Natur aufdrücken wird, die sich besonders in einem aufbrausenden Wesen, Herrschsucht, Hastigkeit und Sinnlichkeit äußert.

Bei weniger entwickelten Menschen ist sein Einfluss verderblich. Er führt dann zu Tollkühnheit, Jähzorn, Raserei, Prahlerei, Rachgier, Grausamkeit und Zerstörungslust.

Besonders seine disharmonische Stellung mit Saturn ist zu fürchten, die oft zur Gesetzlosigkeit führt und zu Handlungen, die Verderben bringen. Seine disharmonische Stellung zu Merkur bringt eine schwer besiegbare Neigung zur Unwahrheit, zu Täuschung, Betrug und Verräterei.

Der starke Marseinfluss in einem Horoskop gibt dem Betreffenden meist einen sehr heißen, oft verzehrenden Blick.

Die männlichen Personen sind Kindern und Frauen bei längerem Beisammensein meist in irgendeiner Weise schädlich; weibliche Marsgeborene sind ebenfalls Kindern nicht besonders günstig, ebenso nicht ihren Geschlechtsgenossinnen, mit welchen sie selten harmonisieren.

In der durchschnittlichen gegenwärtigen menschlichen Entwicklungsstufe finden sich bei stark vom Mars beeinflussten Personen gute neben schlechten Eigenschaften gepaart, sodass edle und niedere Instinkte in einem und demselben Individuum zur Äußerung gelangen.

Steht der Mars in harmonischen Stellungen mit Jupiter oder Sonne, so kann sein Einfluss sehr veredelnd wirken, er entwickelt dann eine große Energie und Willenskraft in der Richtung des ethischen Aufstieges. In disharmonischer Verbindung aber mit der Venus, oder in der Nähe des Mondes, wirkt er zerstörend und äußert sich in elementaren Leidenschaften.

Der starke Drang zur Tätigkeit und zum Handeln lässt die Marsgeborenen meist ihr Ziel erreichen, da sie vor nichts zurückschrecken und Hindernisse nur ihre Kampflust steigern.

Misserfolge sind nur ihrer Hast, Ungeduld, Rücksichtslosigkeit und dem übermäßigen Eifer zu verdanken.

Mars in den 12 Zeichen

Widder. Kühn und unerschrocken, stolz, kriegerisch, streitsüchtig und zum Disputieren geneigt. Eine Tatkraft, die keine Hindernisse kennt. Starkes Selbstbewusstsein, große Energie. Diese Veranlagung führt den Betreffenden oft zu materiellen Vorteilen. Freiheit und Unabhängigkeit sind Lebensnotwendigkeit.

Stier. Sehr nachsichtig gegen sich selbst, spekulierend, halsstarrig, egoistisch. Große Zähigkeit und Ausdauer in Verfolgung der Pläne. Sinnlichkeit, die sich unter Umständen über alle Schranken hinwegseht. Eigensinn.

Zwilling. Rastlos und unbestimmt, aber klug. Der Geborene ist meist witzig und schlau und macht oft aus seinem witzigen Kopf ein Gewerbe. Scharfe Denkfähigkeit, rasche Entschlüsse, Talent zu Erfindungen, Redelust, sarkastische Schlagfertigkeit. Es wird immer auf Neues spekuliert. Wenn aber Mars von der Sonne, Jupiter oder Venus harmonisch aspektiert wird, so werden die schlechten Eigenschaften nur sehr abgeschwächt auftreten.

Krebs. Unbestimmter, wankelmütiger Charakter. Heftigkeit, Reizbarkeit und Launen. Sehr von Gemütsstimmungen abhängig. Trotzdem Unternehmungslust, Wagemut, aber Neigung zum Wechsel und zur Veränderung, die manche Misserfolge zeitigt.

Löwe. Frisches, lebhaftes, heiteres Wesen; der Betreffende liebt den Sport, wie z. B. die Jagd, Reiten, Schießen usw. und ist auch für eine kriegerische Tätigkeit eingenommen. Große Strebsamkeit, ein ehrenhafter Charakter mit Willenskraft und Selbstbewusstsein. Er hat viel gute Lebensart und Anziehungskraft und genießt dadurch Glück beim anderen Geschlecht.

Jungfrau. Der Betreffende hat ein leicht gereiztes Wesen, ist stolz, leidenschaftlich, schlau und listig, eine Person, die anderen Menschen oft unrecht tut, ungefällig ist und gern nörgelt und kritisiert. Guter Verstand, Ehrgeiz, aber widerspruchslustig.

Waage. Lebhaftes, heiteres Temperament, gefälliges Benehmen. Der Betreffende legt viel Wert auf seine Kleidung und ist dem anderen Geschlecht sehr zugetan, wo er auch Gegenliebe findet. Liebe zur Geselligkeit und zu den Künsten.

Skorpion. Ungefällig, hastig, heftig, rachsüchtig, streitsüchtig und stolz, aufgeregtes Wesen, aber guten Intellekt und schnelle Auffassung in medizinischen, chirurgischen Dingen, sowie solchen, die mit Marine und Militär zusammenhängen. Große, leidenschaftliche Sinnlichkeit.

Schütze. Lebhaftes, scharfes Auge, heiteres, lebhaftes Temperament, aber hastig, voreilig, leidenschaftlich, hochherzig, mutig, doch etwas beifallsliebend. Große Liebe zu sportlicher Betätigung, Jagd und Waffen. Im großen Ganzen ein guter Charakter.

Steinbock. Geistreich, witzig, boshaft und oft leicht verlegend. Aber sehr viel Tatkraft, Ehrgeiz, Aktivität und Unternehmungslust. Tiefgründiges Denken, aber oft unbesonnenes Handeln, getrieben von zu starker Energie.

Wassermann. Aufgeweckter Geist, aber eigenbrötlerisch und eigensinnig, nur eigene Wege gehen wollend, daher schwer zu lenken. Originalität, Erfindungstalent. Viel hängt von der Stellung des Uranus ab.

Fisch. Zu nachsichtig mit sich selbst. Geringe Selbstzucht. Reizbare Heftigkeit, wechselnde Gemütsstimmungen. Die Leidenschaften sind stark. Liebe zur Geselligkeit und zu Vergnügungen. Gastfreundlichkeit.

Mars in den 12 Häusern

1. Haus. Bei harmonischer Stellung Mut, Fleiß, Charakterfestigkeit, Willenskraft, Hartnäckigkeit, Herrschsucht, Ehrgeiz, Heftigkeit, Neigung zu militärischem Wesen, Freigebigkeit, Strenge, Stolz, große Energie und guter Intellekt mit schneller Auffassung, und wenn Mars in einem feurigen oder irdischen Zeichen steht und in Bestrahlung des Merkur, so beeinflusst er gerne zu technischen Berufsarten, wie Ingenieure, Mechaniker, Konstrukteure usw.

Der Mars im 1. Haus verursacht oft ein Mal oder eine Narbe am Kopf oder im Gesicht.

Er macht im Allgemeinen kühn, dreist, ungezwungen und unabhängigkeitsliebend, hochmütig, spottsüchtig, disputsüchtig und sorglos Gefahren gegenüber. Steht er in Konjunktion, Quadratur oder Opposition mit Saturn, so macht er sehr kapriziös, reizbar, rücksichtslos, sogar grausam. Diese Stellung gibt jedoch auch Mut und Tatkraft, auch dann, wenn der Betreffende schwach, kränklich oder sonst leidend ist.

Die Art und Weise der Auswirkung der Marsenergie im 1. Haus hängt überhaupt viel von seiner kosmischen Stellung und seinen harmonischen oder disharmonischen Aspekten ab.

Disharmonische Einflüsse treiben seine Kräfte in eine falsche, zerstörende Richtung, während harmonische Einflüsse aufbauend wirken.

In beiden Fällen aber hat man mit der stoßweisen, alle Ziele etwas gewaltsam erreichen wollenden Energie des Mars zu rechnen.

Im *2. Haus* deutet er auf außergewöhnliche Freigebigkeit, Extravaganz und Unvorsichtigkeit in Geldangelegenheiten, aber großen Nutzen durch die eigene Arbeit, Kraft und Energie. Der Geborene entwickelt gute, nutzbringende Kräfte, hat aber extravagante Neigungen. Das Geld rollt ihm schnell durch die Hände, er bleibt selten für längere Zeit reich. Bei sehr disharmonischen Aspekten können durch die Impulsivität, Wagemut oder Rücksichtslosigkeit oft auch empfindliche Verluste entstehen.

Im *3. Haus* macht er zu Eigenwille, Verkehrtheiten, Impulsivität, allzu rascher und prägnanter Ausdrucksweise und Widersetzlichkeit geneigt. Die Reisen sind oft mit Gefahren verbunden. Wenn der Mars schlecht aspektiert ist, gibt er Streit mit Anverwandten und Nachbarn und Kummer und Verdruss durch Briefe und Schriften, infolge von Unüberlegtheiten.

Im *4. Haus* kann er in disharmonischer Stellung mit den Eltern zu Uneinigkeiten und Konflikten führen, meist verursacht durch die starke Unabhängigkeitsliebe und der eigenen Anschauungen zu sehr unterliegenden Natur des Marsbeeinflussten. In diesem Sinne mögen sich auch Unstimmigkeiten im eigenen Haushalt oder in Angelegenheiten mit Land- und Grundbesitz ergeben.

Im *5. Haus* weist seine disharmonische Stellung auf gewisse Gefahren mit den Kindern, die entweder schwer zu erziehen sind oder mit Krankheiten oder Unglücksfällen bedroht werden. Diese Konstellation gibt dem Geborenen eine große Neigung zu Spiel, Wetten und Spekulationen; der Geborene liebt übermäßig Vergnügungen und Zerstreuungen, und wenn Venus durch Mars disharmonisch aspektiert ist in diesem Haus (oder Mars durch Venus), so führt diese Konstellation zu unüberlegten Liebesaffären und einer allzu starken, hemmungslosen Erotik; im weiblichen Horoskop ist diese Konstellation noch ungünstiger, speziell, wenn noch dazu der Mars durch Mond disharmonisch aspektiert ist, und die Sonne durch Uranus. Der Mars im 5. Haus deutet in weiblichen Horoskopen stets auf Gefahren bei Geburten. – Im Allgemeinen tendiert eine solche Stellung zu Verlusten durch Spekulationen. Der Betreffende vergeudet seine Kräfte durch Vergnügungssucht.

Im *6. Haus* tendiert der Mars zu entzündlichen, fieberhaften Erkrankungen jener Organe, die von dem Zeichen, in dem er sich befindet, beeinflusst werden. Bei starker disharmonischer Stellung und solchen Aspekten mag es auch zu einem operativen Eingriff kommen. Ein disharmonisch gestellter Mars in diesem Haus führt auch oft zu Unstimmigkeiten und Differenzen mit Untergebenen.

Im *7. Haus* deutet der Mars auf schwer zu überwindende Gegensäge in allen Unionen, hauptsächlich in der Ehe. Bei disharmonischer Stellung gibt der Mars offene Feinde, Prozesse, Uneinigkeiten oder unerträgliche Zustände mit der Ehehälfte, unüberlegte Heiraten, Unbeständigkeiten in Liebesangelegenheiten. Wenn er sehr disharmonisch bestrahlt ist, so deutet er auf Gefahr der Trennung der Ehe.

Im *8. Haus* tendiert der Mars zu Lebensgefahren durch akute entzündliche Erkrankungen, auch zu Operationen und bei sehr disharmonischer Stellung oft zu großen Gefahren durch Unfälle und dergl. Auch Erbschaftsangelegenheiten können durch eine solche Mars Stellung ungünstig beeinflusst werden.

Der Mars im *9. Haus* hat die Tendenz der eigenen Willensmeinung energisch Geltung zu verschaffen, verbunden mit hartnäckigem Dogmatismus und Intoleranz. Ist er sehr disharmonisch gestellt, macht er das Wesen unduldsam, unbeeinflussbar, voll Skepsis.

Durch Merkur disharmonisch angegriffen, verursacht er außergewöhnliche Widersetzlichkeit und Despotismus, besonders wenn der Mars die den Geist beeinflussenden Planeten betrübt, dann sind solche Personen auch noch übertrieben argwöhnisch, religionsfeindlich und boshaft witzig, welche Wirkung noch vermehrt wird, wenn der Uranus den Merkur disharmonisch bestrahlt.

Diese Konstellation bringt auch Mangel an Liebenswürdigkeit und Wankelmütigkeit in den Anschauungen hervor. Sie bringt unglückliche Komplikationen auf Reisen.

Der Mars im *10. Haus* macht den Geborenen selbstüberschätzend und diktatorisch, anspruchsvoll, anmaßend, rasch im Urteil, leicht erregbar, skeptisch, kritisch. Er bringt Erfolge in militärischen Dingen, oft einen großen Aufstieg, dem aber mitunter durch das allzu rücksichtslose und überenergische Vorgehen des Nativen Erniedrigung und Fall folgt. Der Geborene wird durch Verleumdungen leiden und sein Leben ist voller Unruhe und Kampf. Eroberungssucht und Freiheitsbestrebungen rauben ihm die Kräfte und erschöpfen seine Energie. Er ist zänkisch, tadelt und kritisiert beständig. Diese Wirkungen werden besonders stark hervortreten, wenn der Mars disharmonisch bestrahlt ist, dann deutet die Konstellation auch noch auf Stellungsverlust, Schwierigkeiten im Berufsleben und Schaden durch Vorgesetzte.

Im *11. Haus* bringt der Mars Freunde mit leidenschaftlicher, hitziger Veranlagung. Wenn er disharmonisch aspektiert ist, auch Verlust und Schaden durch dieselben. Im sozialen Leben unbefriedigende Verbindungen. Freunde verführen leicht den Betreffenden zu Extravaganzen oder zu einem liederlichen Lebenswandel. Weiblichen Personen droht bei Geburten Gefahr.

Der Mars im *12. Haus* gibt boshafte, heimliche Feinde, Skandale, Ehrverlust, Gefahr falscher Anklagen, und sehr disharmonisch aspektiert kann er zu irgendeiner Freiheitsberaubung führen. Im Allgemeinen eine krankhaft aufgeregte Natur. Schmerzen in den Extremitäten.

Mars in den Aspekten

In Konjunktion, Parallelschein oder disharmonischen Aspekten mit der Sonne

Lebenskraft, aber auch die Gefahr entzündlicher, fieberhafter Krankheiten, die einen schnellen Verlauf haben. Diese Aspekte machen anmaßend und hastig, sehr reizbar und sind hier die Leidenschaften stärker als der Wille. Sie deuten auf Uneinigkeiten mit Vorgesetzten, unangenehme Vorfälle mit Behörden. Ein heftiger, impulsiver Charakter mit sehr starken Leidenschaften. Viel Streit und Zwistigkeiten wegen des allzu energischen Vorgehens des Geborenen.

Harmonische Aspekte mit der Sonne.

Für die Lebenskraft sehr günstig. Machen treu und edelmütig, aktiv, energisch, mutig, unternehmend, geben geistige Kraft, organisatorisches Talent und Neigung zu Stellungen und sozialen Positionen von großer Verantwortung. Viel Festigkeit und Beständigkeit, große Gewissenhaftigkeit. Zur Beachtung: Die oben erwähnten Aspekte Mars und Sonne haben die größte Wirkung in den Häusern, in welchen die Sonne steht.

In Konjunktion, Parallelschein oder disharmonischen Aspekten mit der Venus

Große Leidenschaftlichkeit, Liebe zu Vergnügungen, wenig Selbstschätzung. Diese Aspekte machen eitel, empfindsam, launenhaft, sehr verliebt, heftig, sorglos und verschwenderisch, von geringem sittlichen Empfinden, heftiger, oft unbeherrschter Erotik, und bewirken Disharmonien und auch Trennungen vom anderen Eheteil oder dem Geschäftspartner. Für Frauen in Bezug auf Sittlichkeit ungünstige Stellung.

Diese Konstellationen sind sehr, kräftig im 1., 3., 5., 7., 9. und 10. Haus. In einem wässrigen Zeichen geben sie mitunter Vorliebe zum Trunk, sonst auch Frivolität und Vergnügungssucht.

Harmonische Aspekte mit Venus

Diese Aspekte bringen ebenfalls viel Sinnlichkeit, jedoch in gebändigter Form, aber große Liebe zur Kunst. Sie machen sehr verliebt, edelmütig, freimütig, sorglos, abenteuerlich, unternehmend und sehr dem Vergnügen und der Gesellschaft ergeben. Ein sehr hoffnungsfreudiger Sinn. Im Aspekt mit dem Uranus fuhren sie oft eine übereilte oder zu frühe Ehe herbei. Zur Beachtung: Alle Aspekte, welche diese beiden Planeten formen, sowohl gute, wie üble, geben entsprechend dem Verhältnis ihrer Stärke, künstlerische Talente und künstlerische Inspiration, besonders im Schauspiel, speziell im 1., 3. oder 10. Haus.

Harmonische Aspekte durch Saturn und Uranus vermehren diese Anlagen noch. Besonders aber lösen sich Aspekte zwischen Mars und Venus auf das Sexualleben aus.

In Konjunktion, Parallelschein oder disharmonischen Aspekten mit Merkur

Gute, geistige Fähigkeiten, rasch gefasst, aber reizbar, sehr ungeduldig, übertreibend, unduldsam, scharf, mit Liebe zum Argumentieren. Sarkasmus. Wenig Wahrheitsliebe. Diese Konstellation gibt rasche Fassungsgabe und Tätigkeit. Der Geborene ist sehr positiv, jähzornig, veranlagt zu Übertreibungen, und zu vorschnell im Urteil.

Harmonische Aspekte mit Merkur

Geistreich, positiv, scharf, praktisch, schlagfertig, sarkastisch. Gute Redner, Geschicklichkeit der Hände, gute Zeichner. Große Begeisterungsfähigkeit, vielseitiger Verstand. Diese Konstellationen machen außerordentlich tätig, sehr scharf und rasch auffassend, klar in den Ideen, logisch und mit richtigem Urteil, ferner sehr genau, kühn und bestimmt.

In Konjunktion, Parallelschein oder disharmonischen Aspekten mit Mond

Diese Aspekte machen sehr unsympathisch, heftig, hastig, gereizt, unhöflich, überhastend im Reden und Handeln, leidenschaftlich, prahlerisch, abenteuerlich und streitsüchtig. Sie geben zu viel Selbstschätzung. Mars im Quadratur mit Mond verleitet zu scharfer, beißender Rede, Zorn, Leidenschaft.

Solche Aspekte geben ein lärmendes Benehmen, machen rasch, indiskret, lügenhaft und sehr schwatzhaft, der Geborene arbeitet und denkt ohne Methode. Es ist viel Mut und ein despotischer Wille vorhanden. Diese Konstellationen sind am mächtigsten im 1., 3., 7., 9. und 10. Haus. Sie verursachen im 10. Haus Schaden durch Indiskretionen. Im Allgemeinen tendieren sie zu entzündlichen Krankheiten, Fieber und Verwundungen.

Harmonische Aspekte mit dem Mond

Diese Konstellationen geben große Willenskraft und Mut, große Beharrlichkeit, Zähigkeit, Festigkeit und Sinnlichkeit, machen edelmütig, tatkräftig, mutig, praktisch, unternehmend, geschickt, aber abenteuerlich und unbeständig, sehr positiv im Reden und der Tat. Liebe zu Wechsel und Veränderungen, Reiselust.

Die Venus

♀

In diesem Planeten wirkt eine sehr glückliche Mischung der Urqualitäten Warm und Feucht, wobei Feucht sehr stark in der Vorherrschaft ist. Diese Kräftemischung bildet das bildsame, Formen gestaltende und ausgleichende, entschieden lebensbejahende Prinzip im Gegensatz zu dem männlichen, tensionalen Kraftprinzip des Mars. Daher manifestieren sich die Energien im Menschen als das Prinzip der Hingabe, der Liebe, Weichheit, Schönheit und Kunst, der Harmonie und heiteren Lebensgestaltung.

Die Venus ist nach Jupiter die Wohltäterin der Menschheit. – Die Alten nannten sie „Fortuna minor", das kleine Glück. Sie ist der menschlichen Natur sehr günstig und Glück bringend und äußert ihre größte Wirksamkeit in der Nähe der Sonne und des Mondes.

Steht die Venus in harmonischer Stellung, so werden die von ihr beeinflussten Menschen ein fröhliches, heiteres Gemüt haben, liebenswürdig, gut und gerecht, aber Luxus liebend und sinnlich veranlagt sein und eine schöne Gestalt besitzen, oft eine lang währende Schönheit aufweisen. Menschenliebe und Barmherzigkeit ist bei der guten Stellung der Venus ein hervorstechender Charakter.

Wenn aber die Venus in disharmonischer Position und in sehr disharmonischen Aspekten steht, so werden die ihrem Einfluss stark unterstellten Menschen einer allzu leidenschaftlichen Erotik und daher in sinnlichen Begierden ausschweifend und unnatürlichen Leidenschaften und Lastern ergeben sein, besonders wenn sie aus dem Westen vom Mars disharmonisch bestrahlt wird.

Die Venus gilt im Allgemeinen als Prinzip der Liebe, je nach dem Entwicklungsstand des betreffenden Menschen äußert sie sich mehr in sexueller Beziehung oder in der höheren Form der geistigen Liebe.

Deutlich zeigen sich daher zwei Einflüsse dieses Planeten. Bei harmonischen Jupiter-, Sonne- und Saturnaspekten äußert sich die Venus in Menschenliebe, Harmonie und Schönheitsverlangen und in idealistischen Verbindungen mit dem anderen Geschlecht. Bei disharmonischen Mars-, Saturn- oder Uranusaspekten führt sie zu einer zu frühzeitigen Befriedigung des Sexualtriebes oder zu Exzessen und Abnormitäten in dieser Beziehung, zu starker Vergnügungssucht, zu Weichlichkeit, Leichtsinn und Laster.

In harmonischer Stellung macht sie die ihr Unterstellten liebenswürdig, freundlich, sehr hilfsbereit, philanthropisch, ideal veranlagt, mit Schönheitssinn und künstlerischem Empfinden und Talenten begabt und sehr gesellig. Befindet sie sich aber in disharmonischer Stellung, besonders in disharmonischen Aspekten mit Mars und Uranus, so überwiegen Sinnlichkeit, Leichtsinn und Sorglosigkeit alle guten Eigenschaften und die tierischen Leidenschaften und Begierden erhalten die Oberhand, die besonders bei disharmonischer Uranusbestrahlung zu Anormalitäten und oft Perversitäten führen kann.

Wenn in einem Horoskop die Venus disharmonische Aspekte erhält, so wird der Betreffende immer mit dem anderen Geschlecht schlimme Erfahrungen machen und schwerlich auf die Dauer in dieser Beziehung glücklich sein können. Nur bei harmonischen Aspekten ist der Verkehr mit dem anderen Geschlecht harmonisch und Glück bringend. Disharmonische Aspekte zwischen Venus und Mars deuten immer auf starke Konflikte zwischen Leidenschaft und Liebe, die oft zu schweren Ereignissen führen.

Die disharmonischen Aspekte zwischen Venus und dem Jupiter wirken weniger auf die moralischen Qualitäten des Individuums, sondern verursachen meistens Verhinderungen und Verzögerungen im Vorwärtskommen, machen etwas leichtsinniger und vergnügungsliebender und allzu freigebig.

Im Allgemeinen bringt die harmonisch aspektierte Venus Glück und Harmonie, während die disharmonisch aspektierte Venus zu Unglück, Leidenschaften und Disharmonien führt.

Venus in den 12 Zeichen

Widder. Große Begeisterungsfähigkeit, ideale Gesinnung. Sehr anziehendes Wesen, aber sehr starke Leidenschaften, die nicht genügend beherrscht werden. Liebe zur Kunst.

Stier. Einnehmendes Wesen, gütig, human, höflich. Der Betreffende wird gewöhnlich von allen Personen sehr respektiert, die mit ihm in Berührung kommen, und ist vom Glück begünstigt. Künstlerische Veranlagung, auch zum Gesang, Liebe zu Luxus, Schmuck und dergl. Gut für finanzielle Angelegenheiten, gutes Verständnis dafür.

Zwillinge. Meist gut gelaunt, liebenswürdig, liberal und wahrheitsliebend. Sehr bewegliches Wesen, empfängliches Gemüt und gute Gesinnung. Kunstliebe, besonders für Literatur.

Starke Leidenschaften, die aber beherrscht werden. Der Betreffende wird sich selten irgendeiner unehrenhaften Handlung schuldig machen.

Krebs. Wenig Festigkeit, zu weich und empfindsam und zu leicht beeinflussbar.

Löwe. Feuriger, ehrlicher und großherziger Charakter. Starkes Selbstbewusstsein, Stolz. Der Liebe stark zugetan, ebenso der Schönheit, dem Glanz, Schmuck und schöner Kleidung. Vergnügungslustig, gesellig, Sport liebend, günstig für Spiel und Spekulationen.

Jungfrau. Geistreich, beredt, tätig und gewandt, strebsam, großer Fleiß. Gute Ausdrucksweise, literarische und künstlerische Neigungen mit großer Vertiefung und feinem Empfinden. Hilfsbereitschaft.

Waage. Gütig, freundlich, sehr höflich, allgemein beliebt. Sehr anziehendes, zur Verfeinerung neigendes Wesen, sehr gesellig, kunstliebend. Wenn die Venus in diesem Zeichen am Aszendenten steht, keine disharmonischen Aspekte erhält, dagegen von Jupiter ein Sextil oder Trigon, so sind die betreffenden Personen, besonders die weiblichen, meist vollkommene Schönheiten.

Skorpion. Starker, unbesiegbarer Eigensinn, gereiztes, zänkisches Wesen. Sehr materiell eingestellt, rücksichtslos, dem Genussleben sehr ergeben. Scharfe, die Grenzen oft überschreitende Sinnlichkeit.

Wenn Saturn und Mars die Venus disharmonisch aspektieren, ohne dass diese Stellung durch harmonische Aspekte von Sonne oder Jupiter gemildert wird, haben diese Personen sehr unmoralische Neigungen.

Schütze. Die Betreffenden sind hochherzig, geistreich, verabscheuen Böses und Ungerechtigkeiten, sind zuweilen stolz und leidenschaftlich, jedoch im Allgemeinen gut, höflich, freundlich, sanft, vertrauensselig und ruhig. Starkes Selbstbewusstsein, Sportsliebe. Sie haben Freude an harmlosen Vergnügungen und sind vom Glück begünstigt.

Steinbock. Starkes Strebertum, Ehrgeiz, Widerstandskraft. Verlangen nach Ansehen und Geltung. Kluges, von der Vernunft geleitetes Vorgehen. Starke Leidenschaften, aber mit zeitweisen Hemmungen. Oft verdüsterte Gemütsstimmungen, Saturn Einfluss!

*Wassermann.*Ruhig, leutselig, höflich. Die Betreffenden haben Abneigung gegen schlechte Handlungen und sind friedliebend. Eine aufrichtige, anständige Gesinnung und ein gutes, liebevolles Gemüt. Festigkeit und Beharrlichkeit, im Allgemeinen eine sehr gute Veranlagung. In der Kunst Reformen zugetan. Sie werden von ihren Freunden und Bekannten sehr respektiert.

Fische. Die von dieser Konstellation beeinflussten Personen haben Humor, sind gerecht denkend, aufrichtig, freundlich, klug, aber manchmal auch wankelmütig.

Weiches Gemüt mit viel Sentimentalität, öfterer Wechsel in Liebesverbindungen, mitunter auch starke Sinnlichkeit. Künstlerische Veranlagung.

Venus in den 12 Häusern

Die Venus im *1. Haus*, wenn sie nicht disharmonisch bestrahlt ist, weist auf liebenswürdige, lenksame und gelehrige Charaktere. Sie bildet Menschen mit einem schönen Körper und einem sehr freundlichen Gesichtsausdruck, Höflichkeit und Freundlichkeit zeichnen sie aus.

Sie haben großes Interesse für Poesie, Musik, Gesang, Tanz, Schauspielkunst, Malerei, wie überhaupt für alle schönen Künste, Liebe für Glanz, Pracht, Juwelen, Wohlgerüche und Putz. Sie sind in ihrem Äußeren sehr anziehend und in ihrem Betragen aufrichtig und rein und haben die Neigung, sich überall beliebt zu machen. Auch sind sie sehr menschenfreundlich, neigen zu glänzenden Gesellschaften, Prunk und Festlichkeiten.

Bei disharmonischen Aspekten, besonders durch Mars, zeigt sich viel Leidenschaft und Sinnlichkeit. Im Zeichen Krebs macht die Venus in Freundschaften und Liebe sehr veränderlich und abwechslungsbedürftig, und im Zeichen Jungfrau sehr eifersüchtig und in jeder Beziehung übertrieben.

Im Allgemeinen lieben Venusunterstellte sehr die Häuslichkeit und haben soziale Erfolge zu verzeichnen.

Wenn Venus durch Merkur bestrahlt ist, verheißt sie große literarische, musikalische und künstlerische Talente in dem Verhältnis der Stärke des Aspektes und des Zeichens jenes Hauses, in dem der Planet sich befindet, auch auf großes Raffinement und exquisiten Geschmack deutet diese Konstellation. Wenn die Venus durch Mars bestrahlt ist, gibt sie Talent zur Nachahmung und macht vorzügliche Schauspieler, Musiker, Sänger und Maler.

Im *2. Haus* deutet sie infolge besonderer Eignungen des Nativen pekuniären Erfolg an; stark disharmonisch gestellt, speziell durch Mars, Uranus oder Jupiter, gibt sie Verschwendung und Extravaganz. Das Geld fließt leicht durch die Hände und wird leicht gewonnen. In männlichen Horoskopen deutet diese Konstellation auf große Ausgaben für Vergnügungen und Frauen, in weiblichen für Schmuck und Putz.

Im *3. Haus* deutet sie im Allgemeinen auf einen sehr ausgeprägten Sinn für die schönen Künste, auf Erfolg in schriftlichen Dingen oder auch Schriftstellerei, auf einen liebenswürdigen Charakter, ausgezeichneten fruchtbaren Intellekt, auf Imagination, Idealismus. Wenn die Venus durch Merkur harmonisch bestrahlt ist, verheißt sie stark poetische, künstlerische, musikalische oder literarische Anlagen sowie große Liebe zur Fröhlichkeit, sie macht ferner witzig, jedoch ohne Sarkasmus, außer Merkur hätte einen disharmonischen Aspekt durch Mars, Saturn oder Uranus.

Im *4. Haus* bringt sie Liebe für Häuslichkeit (schöne Ausschmückung derselben) und auch für Heimat und Vaterland. Der Geborene ist in reiferen Jahren mitunter viel beschäftigt mit Literatur, Wissenschaft, Künsten oder der Musik. Diese Konstellation bringt auch Erfolge mit Gärten, Glashäusern, Blumen und Vogelzucht. Harmonische Beziehungen zum Elternhaus.

Die Venus im *5. Haus* weist auf Spekulationstalent, speziell, wenn sie durch den Mond harmonisch bestrahlt ist, ferner auf große Liebe zu Vergnügungen, Tanz und dem Verkehr mit dem anderen Geschlecht.

Sie gibt, harmonisch aspektiert, gut veranlagte Kinder. Eine der besten Stellungen für diesen Planeten. Bringt Erfolg durch dramatische oder Gesangskunst und auch durch künstlerische Veranstaltungen oder

Unterricht, ferner auch in Liebessachen, wenn die Venus harmonisch gestellt ist. Disharmonisch aber führt sie schwere Komplikationen in dieser Beziehung herbei.

Die Venus im *6. Haus* deutet auf treue und verlässliche Untergebene; sie ist auch gut für die Gesundheit, sofern die Venus harmonisch wohlbestrahlt ist. Ferner bringt diese Konstellation einen starken Verschönerungssinn, gibt Liebe für schöne Kleidung und Tafelfreuden.

Im *7. Haus* weist sie auf gute Begabungen für Erfolg in allen Angelegenheiten mit der Öffentlichkeit sowie mit Teilhaberschaften und Prozessen, ferner auf Glück, öffentliche Ehren und Beförderung sowie auf einen guten oder schönen Ehepartner und wird die Ehe meist ungetrübt glücklich sein, wenn die Venus harmonisch bestrahlt ist.

Im *8. Haus* bei harmonischer Bestrahlung weist sie auf einen ruhigen, sanften Tod. Auch mögen sich finanzielle Vorteile einstellen durch Mitgift oder Erbschaften.

Im *9. Haus* verursacht diese Konstellation durch einen harmonischen Venus Einfluss erfolgreiche und günstige lange Reisen, einen gläubigen und mehr auf das Geistige gerichteten Sinn, Anständigkeit, Gewissenhaftigkeit, Liebe und Talent zu Wissenschaften und der Poesie, wie überhaupt künstlerische Talente und Witt. Sie bringt Liebe für künstlerische Berufe, macht Gönner, Hüter und Förderer alles dessen, was das Leben verschönt und erfreut.

Die Betreffenden unterstützen alle friedlichen Ziele und Pläne, haben eine freundliche, edle Gesinnung und einen guten Intellekt. Wenn die Venus durch Merkur oder Mars harmonisch bestrahlt wird, macht sie sehr witzig und geistreich, durch Mars allein bestrahlt, gibt sie Frivolität.

In Konjunktion oder harmonischem Aspekt mit Merkur verleiht sie Schönheit der Gedanken und des Ausdruckes, großes Sprachentalent sowie schöne Sprache und eine lebhafte Imagination.

Im *10. Haus* ist die harmonisch gestellte Venus eine gute Konstellation für die Beziehungen zur Mutter. Die Venus im 10. Haus bringt auch besondere Begabungen für Erfolge im Geschäft, Beförderung, Liebe zu Vergnügungen und Unterhaltungen. Diese Konstellation bringt viel Erfolge in künstlerischen Berufen, starke Intuition, bei Männern Hilfe und

Protektion durch sozial höher stehende Frauen. Erfolg in Liebesangelegenheiten, Glück, Wohlstand und eine friedliche, sorglose Position, oft auch große Ehren.

Im *11. Haus* gibt diese Konstellation viel Freunde, speziell weibliche und viel Gutes durch dieselben, auch Erfüllung der Hoffnungen und Wünsche. Sie macht geselligkeitsliebend, bringt vorteilhafte Heirat, gute Verbindungen. Männern wird Frauengunst.

Im *12. Haus* deutet sie auf viele heimliche Feinde, wenn die Venus disharmonisch aspektiert ist, und auf viel Kummer und Enttäuschungen in der Liebe. Geheime Liebesaffären, die Feindschaften nach sich ziehen. Eifersucht.

Venus in den Aspekten

In Konjunktion, Parallelschein oder harmonischem Aspekt mit Merkur

Sehr guter, liebenswürdiger und sympathischer Charakter, angenehm, fröhlich, beredt, höflich. Der Betreffende ist den schönen Künsten sehr zugeneigt, hat meist gutes Sprachentalent und fühlt sich zur Jugend hingezogen.

Anmerkung: Da diese beiden Planeten nie weiter als 76 Grade voneinander entfernt sein können, so können sie auch keine bösen Aspekte wie Quadratur, usw., bilden; das Halbquadrat ist ziemlich wirkungslos.

In Konjunktion, Parallelschein und Halbsextil mit Sonne

Vergnügungslust, Liebe zum Luxus, machen höflich, sympathisch, beliebt, künstlerisch veranlagt, bringen viel Liebe zum anderen Geschlecht, Popularität.

Im Allgemeinen aber nur von sehr schwacher Wirkung. (Da die Venus sich nur 48° von der Sonne entfernt, sind Sextil, Trigon nicht möglich.)

Im disharmonischen Aspekt mit Sonne

(Nur Semiquadrat, da die Entfernung von der Sonne nur bis zu 48° geht.) Ungünstig für die Sittlichkeit. Enttäuschungen und Hindernisse. Schwache Einflüsse.

In Konjunktion, Parallelschein oder harmonischem Aspekt mit dem Mond

Diese Konstellationen versprechen ein glückliches Leben und machen beliebt und geachtet. Eine angenehme, künstlerische, gutmütige, aber verliebte Natur. Viel Erfolg durch Frauen, Vorliebe für eine gute, schöne Umgebung, sehr günstig für die Ehe und das Familienleben. Etwas Weichlichkeit und Unbeständigkeit ist vorhanden. Popularität wird erreicht, unterliegt aber öfterem Wechsel.

Disharmonische Aspekte zum Mond

Diese Aspekte wirken auf den Charakter ungünstig und auch auf das Liebes- und Eheleben. Sie machen sinnlich, eitel, nachlässig, ungesund sentimental und bringen dadurch Schwierigkeiten und Disharmonien im häuslichen Leben, auch oft Trennung.

Wenn dabei die Venus Geburtsgebieterin oder sonst in starker Anlage im 1. Haus ist, beeinflusst diese Konstellation zu Nachlässigkeit und Unordentlichkeit, Unsauberkeit, Grobheit sowie zu starker Sinnlichkeit. Bei Frauen bewirkt diese Konstellation zu starke Menstruation, Schwäche und oftmals Fehlgeburten.

Bemerkung: Ein harmonischer Aspekt auf Venus oder Mond durch Jupiter wird diese Übel meist mildern, eventuell sogar aufheben.

Der Merkur

☿

Nach Morin sollen sich im Merkur die Urqualitäten Kalt und Trocken vermischen. Ptolemäus aber weist auf Kalt und Feucht. Dieses Mischungsverhältnis erscheint mir für die Natur dieses Planeten entsprechender. Durch Kalt wird beim Merkur der Intellekt, das Gedächtnis, die geistigen Fähigkeiten, überhaupt die mentale Energie durch Konzentration und Vertiefung gefördert und der ruhig überlegende Verstand entwickelt. Das dominierende Feucht aber verhindert jedes Erstarren in dieser Beziehung und macht das geistige Leben beweglicher, aufnahmsfähiger, fruchtbarer und anpassungsfähiger, mit der Neigung zu einer größeren Mitteilsamkeit.

Der Planet Merkur beeinflusst den Verstand, die intellektuellen und geistigen Fähigkeiten. Er wirkt auf das Anpassungsvermögen, das Gedächtnis und die Sprache, die geistige und körperliche Beweglichkeit, und verursacht bei disharmonischer Stellung in allen diesen Angelegenheiten Hindernisse und Störungen. Auch auf die Erziehung und das Berufsleben erstreckt sich seine Wirksamkeit, und schließlich in Verbindung mit den anderen Himmelskörpern auch auf die moralischen Qualitäten.

Vom geozentrischen Standpunkt aus (also von der Erde aus gesehen) entfernt er sich von der Sonne nie weiter als 28°. Seine Aspektbildung mit der Sonne ist also nur sehr gering.

In erster Linie beeinflusst der Merkur das Denkzentrum des Gehirns, das Gedächtnis, die Imagination, die Nerven und die Sprache. Sein Einfluss ist besonders stark auf alle Personen, die sich mit Wissenschaft und Literatur und, wenn er mit Venus verbunden ist, mit der Kunst beschäftigen.

Der Einfluss des Merkurs hängt sehr stark ab von den Aspekten, die er von den anderen Himmelskörpern erhält und von den Zeichen, in welchen er sich befindet. So macht er z. B. das Denken in den feurigen Zeichen sicher, schnell fassend und scharf, in den luftigen Zeichen kunstsinnig und idealistisch, in den irdischen Zeichen kritisch, sarkastisch und in den wässrigen Zeichen meist schnell wechselnd. Harmonische Aspekte mit dem Mond bringen schnelle Auffassung, mit dem Saturn starke Konzentration.

Die Aspekte des Mondes bringen außerdem ein leichtes Anpassungsvermögen, aber bei disharmonischen Aspekten besteht ein schwaches Konzentrationsvermögen, Unbeständigkeit und Ruhelosigkeit im Denken.

Der Merkur macht sehr empfänglich in geistiger Beziehung, sehr zum Argumentieren geneigt und erzeugt vielfach gute Schriftsteller und auch Redner. In seiner harmonischen Stellung macht er geistreich, scharfsinnig, sehr begabt, sophistisch, gibt wenig Ruhe, aber eine große Beweglichkeit und lässt stets auf Neues spekulieren. In sehr disharmonischer Stellung aber macht er übertrieben schlau, verschmitzt, unbeständig, lügenhaft, diebisch, zu Betrug und Täuschung geneigt und oft auch bösartig.

Dieser Planet ist sehr wechselnd und nimmt meist die Eigenschaften jenes Planeten an, welcher ihn bestrahlt. Er ist der Planet des Intellekts, und müssen hauptsächlich jene Planeten in Betracht gezogen werden, welche sich mit ihm vereinen, wenn man ein Urteil über den Verstand des Geborenen gewinnen will.

Die unter seinem Einfluss stehenden Personen werden meist Wissenschaftler, Redner und Leute, die viel schreiben. Er gibt Geist und Verstand, Liebe zu geistiger Tätigkeit, fließende Sprache, schnelle Auffassung und scharfen Witz.

Harmonisch bestrahlt durch Uranus gibt er schöpferische Gedanken und Ideen im hohen Grad, macht den Verstand originell, intuitiv und erfinderisch, schafft einen originellen und interessanten – nach außen oft sonderbar und unbegreiflich erscheinenden – Charakter, lässt allem Konventionellen und Alltäglichen feindlich gegenüberstehen, gibt eine scharfe Einsicht und große Originalität sowie große Anlage zum wissenschaftlichen Studium. Die Aspekte von Uranus und Merkur sind besonders gut im 1., 3. oder 9. Haus.

Harmonisch bestrahlt durch Jupiter, gibt er große Willenskraft, ein vorzügliches Urteil, philosophische Qualitäten, auch Liebe zu geistigem Forschen. Diese Konstellation macht stolz, gibt auch eine starke Neigung zu hochmoralischem Lebenswandel.

Harmonische Aspekte mit Saturn bringen gute Konzentrationsfähigkeit und machen für ein vertieftes Studium geneigt, wogegen disharmonische Aspekte mit Saturn Mangel an Mut und Selbstvertrauen und an Tatkraft bringen, sowie Scheu, Niedergeschlagenheit und Furchtsamkeit erzeugen.

Harmonische Marsaspekte aber geben Selbstvertrauen, Mut, Unternehmungsgeist, Kraft zur Besiegung von Hindernissen und große Liebe zum Argumentieren, stete geistige Gefasstheit.

Die harmonischen Venusaspekte deuten auf Neigung zur Kunst, zu allem Schönen, zur Ästhetik, die disharmonischen dagegen auf Oberflächlichkeit und Sinnlichkeit und eine ungesunde Fantasie.

Die harmonischen Aspekte des Neptun erzeugen ein reines, höheren Idealen zustrebendes Kunstempfinden, Genialität, intuitives, metaphysisches Erkennen; die disharmonischen Neptunaspekte bringen ungesunde Träumerei, Zerstreutheit, Abirrungen im normalen Denkempfinden, Listigkeit, Täuschung und Betrug.

Merkur in den 12. Zeichen

Widder. Große Lust zum Disputieren und Argumentieren, sowie zum Ubertreiben. Unbeständigkeit, Regsamkeit und rasches Gefasstsein. Bei ungünstigen Aspekten deutet der Merkur in diesem Zeichen auf verschlagene Personen mit List und Schlauheit. Im Allgemeinen guter Intellekt, Wissensdrang.

Stier. Eine gewisse Nachlässigkeit, oft Trägheit, aber praktischer Verstand und praktisches, nüchternes Denken. Vorsicht und Festigkeit in allen Handlungen. Diplomatisch, oft dogmatisch, auch starrsinnig und trotzig. Die Betreffenden lieben die Behaglichkeit und den Luxus und schädigen sich oft durch Unvorsichtigkeiten in Bezug auf ihre Verbindungen.

Zwillinge. Meist gute Redner, gewandte Rechtsanwälte, tüchtige Buchhändler. Kluge, mitbringende Einfälle, gutes Urteil. Lust zum Studieren und zu reisen. Klarer Verstand mit scharfem Urteil. Geistreich und schlau. In sehr disharmonischen Aspekten Geschwätzigkeit, Egoismus,

Listigkeit, Neigung zu Übervorteilungen, Betrug und unehrenhaften Handlungen.

Krebs. Im Allgemeinen etwas unverlässliche Personen. Nehmen sehr ihren Vorteil wahr, sind sehr empfänglich, anpassungsfähig, mit gutem Gedächtnis und Aufnahmefähigkeit, vorsichtig, aber unbeständig in den Ansichten. Bei disharmonischer Stellung sehr verärgert, unzufrieden und zu Krankheiten der Nerven disponiert.

Löwe. Stolz, Ehrgeiz, Heftigkeit, viel Selbstvertrauen, Organisationstalent. Bei disharmonischer Stellung Aufgeregtheit, Affektiertheit, Großtuerei, Streitsucht.

Jungfrau. Diese Personen sind sehr witzig, talentiert, geistreich, haben kritischen, zerlegenden Verstand, sind vorsichtig, aber sehr wissenschaftlich. Bei guten Aspekten erfolgreiches Studium. Auch praktische Fähigkeiten, Handfertigkeit. Bei Sprachgelehrten, die befähigt sind, den größten Anforderungen in dieser Beziehung zu genügen, findet man oft diese Konstellation. In disharmonischen Aspekten zeigt sich Unbeständigkeit, verlegender Witt, Egoismus.

Waage. Aufrichtig, tugendhaft und klug. Verfeinerter Intellekt, ruhiger Verstand, Liebe zur Harmonie. Es werden viele Kenntnisse gesammelt. Meist sehr gebildete Personen, die leicht studieren und große psychische Kräfte haben.

Skorpion. Die Einfachheit liebende Menschen mit wenig Vergnügungssinn. Scharfer, kritischer Verstand, scharfe, oft verlegende Ausdrucksweise, gute Konzentrationsfähigkeit, Neigung zur Mystik, sehr besorgt um das eigene Wohl, und dem anderen Geschlecht sehr zugetan.

Schütze. Schnell aufgeregt, aber bald wieder beruhigt. Diese Personen sind oft voreilig und schädigen sich dadurch. Sie haben philosophische Neigungen, gute Veranlagung, streben nach Ehren und Auszeichnungen, haben viel Ehrgeiz, große Reiselust und einen sehr beweglichen Geist. In disharmonischer Stellung tritt zu große Unabhängigkeitsliebe, Gereiztheit und Unruhe auf.

Steinbock. Eigensinn und Unzufriedenheit, Niedergeschlagenheit, aber Neigung zu tiefen Studien und große Ausdauer und Arbeitsamkeit. Sehr kritisch, nörgelnd, misstrauisch und sparsam. Große Konzentrationsfähigkeit, gute geistige, nach Vertiefung strebende Anlagen. Schlechte Aspekte sind von ungünstiger Wirkung auf das Gemütsleben.

Wassermann. Kluge, höfliche Menschen, neigen zum Studium, lieben Kunst und Wissenschaften, sind abstrakte Denker, mit guter Fähigkeit zur Beurteilung der menschlichen Charaktere, erfinderisch, talentiert, mit guter Konzentration, intuitiv, gut, freundlich und mitleidsvoll gegen ihre Mitmenschen.

Fische. Sensitive Personen mit leichtem Anpassungsvermögen und großer Empfänglichkeit für alle Eindrücke, großer Ideenreichtum. Bei disharmonischer Stellung sind diese Menschen eitel, negativ und oberflächlich, verdrießlich und unordentlich. Männliche Personen mit solcher Stellung sind oft nichtssagend und unbedeutend.

Merkur in den 12 Häusern

Merkur im *1. Haus* deutet auf ein sehr bewegliches, nervöses Temperament. Es ist ein rastloser Geist vorhanden mit der Neigung unaufhörlich zu forschen und zu untersuchen. Eine sehr günstige Stellung für den Intellekt und die geistigen Fähigkeiten, doch hängt deren Beurteilung sehr von den Aspekten ab, die der Merkur erhält. Bei harmonischen Aspekten ist meist ein gutes Redetalent vorhanden, Beweglichkeit, Ruhelosigkeit, Reiselust und große Liebe zu Wissenschaften oder Künsten. Bei disharmonischen Aspekten sind die so Betroffenen gereizt, nervös und schwatzhaft (besonders im Zwillinge) und oberflächlich, prahlerisch oder übertrieben (besonders in Fisch). Die disharmonische Stellung des Merkur im 1. Haus weist auf Menschen, die von sich sehr eingenommen sind, aber andere gern kritisieren, lächerlich machen oder sie verleumden, dabei aber unzuverlässig und lästig sind. Disharmonische Aspekte mit Uranus führen oft zu Erfindungen, die ganz wertlos sind. Im Allgemeinen, und wenn nicht allzu disharmonische Aspekte vorhanden sind, macht der Merkur lebhaft, beweglich, munter, mit nervöser Sprechart (im Zeichen Zwillinge), Sinn für Literatur, große Wissbegier; Menschen, die allen neuen Erkenntnissen und Forschungen schnell zugänglich sind.

Der Merkur harmonisch im *2. Haus* weist auf die Fähigkeit des Nativen, pekuniären Erfolg, hauptsächlich durch die Literatur oder Kaufmannschaft zu erringen. Diese Stellung bringt dann auch Vorteile und

Erfolge in Verbindung mit wissenschaftlichen Studien, durch Unterricht oder Vorträge, und wenn ein harmonischer Jupiteraspekt vorhanden ist, so durch ein Amt, das in Verbindung mit dem Gesetzwesen, einem religiösen Kultus u. ä. steht, bei einem harmonischen Mondaspekt durch eine Stellung in Verbindung mit dem Volk, als Parlamentarier u. ä., bei einem harmonischen Marsaspekt durch Industrie, Mechanik oder eigene Geschicklichkeit der Hände, bei einem harmonischen Venusaspekt durch Mode, Kunst usw., bei einem harmonischen Uranusaspekt durch wertvolle Erfindungen oder außergewöhnliche Unternehmungen. – Bei disharmonischer Stellung des Merkurs drohen durch eigene Unvorsichtigkeiten Verluste in den oben angeführten Berufsarten und Betätigungen, ferner auch durch Diebstahl oder Beraubung.

Der Merkur im *3. Haus* macht geschickt, gewandt, gebildet, Freunde der Wissenschaften; im fixen Zeichen gibt er Kraft zu einer großen Konzentration der Gedanken, im beweglichen Zeichen und im Zeichen Fisch liebt es der Geborene sehr, die Dinge von allen Seiten zu betrachten, ist aber gegen sich selbst ohne Einsicht, und fehlt ihm die Erkenntnis der eigenen Fehler. Ist Merkur harmonisch bestrahlt, so ist das auch eine gute Konstellation für Geschäftsreisende.

Diese Konstellation weist auf einen starken Geschäftsgeist, der sehr tätig und rasch ist und wodurch viele Lehren und Erfahrungen gesammelt werden. Große Regsamkeit, Beredsamkeit und Liebe zum Studium in Kunst und Wissenschaften, starkes literarisches Interesse. Die harmonischen Saturnaspekte geben hier starke Konzentration und tiefes Denken und die des Uranus Neigung zur Mystik und große Intuition. Disharmonische Aspekte des Saturn verursachen schwere Auffassung, große Schwermut. Wenn dabei nicht harmonische Aspekte durch Jupiter oder Venus vorhanden sind, dagegen auch noch ein disharmonischer Neptunaspekt, so besteht, sehr oft auch die Neigung zu geistigen Störungen, wenn noch weitere Faktoren (disharmonische Mond-Stellung) hinzukommen.

Im *4. Haus.* Der Native hat meist wenig Sesshaftigkeit und verursacht sich manchen Ortswechsel und Schwierigkeiten im häuslichen Leben. Bei harmonischen Aspekten deutet er auf gute geistige Fähigkeiten bis zum Lebensende. Bei disharmonischer Bestrahlung weist er auf ungünstige Verhältnisse, im Elternhause und der Heimat.

Im *5. Haus*. In harmonischer Stellung wirkt er gut für den Intellekt der Kinder. Der Geborene liebt Spiel, Vergnügungen und Wetten. Wenn Merkur harmonisch bestrahlt ist, gibt er Erfolg als Lehrer oder in Geschäften, die in irgendeiner Verbindung mit Vergnügungsorten stehen oder auch bei finanziellen Operationen, überhaupt in Spekulationen. Viel Liebe zu geistigem Schaffen. Der Verstand wird aber vom Gemüt zu stark beeinflusst. In disharmonischen Aspekten bringt er Schwierigkeiten in Liebesangelegenheiten, Verluste in Spekulationen, viel kleine Widerwärtigkeiten, Sorge und Angst mit Kindern, Unbeständigkeit in der Liebe.

Im *6. Haus* ist die Position des Merkur meist ungünstig für die Gesundheit und wirkt besonders auf das Nervensystem, bringt Angst und Ruhelosigkeit, Nervosität, geistige Erschöpfung durch Überarbeitung. Sehr disharmonische Bestrahlungen durch Saturn und Uranus können Geistesstörungen hervorrufen, besonders wenn noch weitere Anzeichen im Horoskop vorhanden sind. Viel Plagen mit Untergebenen. Bei harmonischen Konstellationen Neigung zu medizinischen, hygienischen und ähnlichen Studien.

Im *7. Haus*. Der andere Eheteil hat meist eine Merkurnatur. Wenn Merkur disharmonisch gestellt ist, führt er zu Disharmonien mit dem Eheteil und zu starker Gegnerschaft mit Merkur unterstellten Personen. Diese Konstellation deutet mitunter auch auf ein Liebes- oder Ehebündnis mit einer verwandten Person. Wenn nicht sehr harmonische Aspekte vorherrschen, wird der Merkur zu einem ungeordneten Eheleben, zu Unruhen durch Prozesse und Schriftstücke und vielen kleinen Zwistigkeiten führen.

Im *8. Haus*. Wenn Merkur harmonisch bestrahlt ist, mag er oft zu Erbschaften führen, in disharmonischen Aspekten auch zu Lebensgefahren durch nervöse Störungen.

Im *9. Haus*. Gute geistige Qualitäten, Intuition und scharfen Intellekt, speziell in den wissenschaftlichen Zeichen, wie Zwillinge, Waage und Wassermann. Erfolg in Verlagsangelegenheiten, Reisen und in Angelegenheiten mit entfernten Ländern. Rascher Geschäftsgeist, kurz entschlossen. In disharmonischen Aspekten deutet er auf Unentschlossenheit, Wankelmut und bringt daher wenig Erfolge.

Im *10. Haus* tendiert er zu guten Erfolgen in der Literatur oder der Kaufmannschaft, auch im Handel mit literarischen Produkten; er gibt rednerisches Talent, Macht, Intuition und praktisches Urteil, Erfolg als Lehrer usw., je nach dem Zeichen, in welchem der Merkur steht. Diese Stellung ist sehr günstig für den Verstand, gibt die Neigung zu gleichzeitiger Ausübung verschiedener Berufe, Geschäftstüchtigkeit, rastlosen Geist.

In disharmonischer Stellung verursacht sich der Native oft eine Schädigung der Ehre und des Rufes, Verdrießlichkeiten und Verwicklungen aller Art.

Im *11. Haus*. Viel Hilfe durch Personen, die sich mit Literatur und Wissenschaft beschäftigen oder durch Freunde, in welchen die Merkurnatur vorherrscht. Die Freundschaften sind mehr Verstandes- als Gefühlssache. In disharmonischer Stellung gibt es viel Verdrießlichkeiten mit Freunden.

Im *12. Haus*, wenn der Merkur harmonisch bestrahlt ist, speziell durch Mars, verleiht er mathematische und konstruktive Anlagen, aber wenn er disharmonisch aspektiert ist, gibt er viele heimliche, schlaue Feinde, die besonders durch Schriftstücke oder skandalöse Gerüchte schädigen. Wenig Mitgefühl. Selbstüberhebung. In dieser Stellung bringt er auch Unverstandensein, Mangel an Standhaftigkeit und Selbstvertrauen.

Merkur in den Aspekten

In Konjunktion, Parallelschein mit Sonne

(Nur die Konjunktion möglich, da Merkur sich nie weiter als 28° von der Sonne entfernt. Zu enge Konjunktion (bis zu 6°), ist nicht sehr günstig, da sich der Merkur dann auf dem sogenannten verbrannten Weg der Sonne befindet. Die günstige Wirkung tritt hauptsächlich ein, wenn der Merkur mindestens 7° von der Sonne absteht.)

Diese Konstellation verleiht große Intelligenz, gutes Konzentrationsvermögen und gutes Gedächtnis.

In Konjunktion, Parallelschein oder harmonischem Aspekt zum Mond

Große Intuition, tätigen Verstand, gute Veranlagung zu Sprachen, leichte, mühelose Auffassung und Erlernung aller Wissenszweige, Scharfblick, hübsche Ausdrucksweise, Rhetorik, klaren, offenen, praktischen Kopf, eine sehr gute Veranlagung für alle Geschäfte, ein gutes mathematisches Talent. Diese Aspekte sind am stärksten im 1., 3., 9. und 10. Haus. Sie geben einen raschen und guten Verstand und richtige, klare Beobachtung, große Schlagfertigkeit und Anpassungsvermögen, aber etwas Unbeständigkeit.

Merkur im disharmonischen Aspekt zum Mond

Dieselben geistigen und intellektuellen Qualitäten, wie bei den guten Aspekten, nur noch dazu die fatale Anlage, zur falschen, oft unehrlichen Anwendung dieser Fähigkeiten. Diese Raschheit der Auffassung und die guten geistigen Anlagen sind oftmals, besonders wenn noch andere üble Aspekte hinzutreten, verhängnisvoll. Diese Konstellationen machen auch sehr unbeständig, unschlüssig, oberflächlich und verursachen einen Mangel an Konzentration.

Die Sonne

In der Sonne sind die beiden Urqualitäten Warm und Trocken wirksam, wobei Warm in sehr starker Domination ist. Daher erklärt sich die Leben spendende, durchaus aufbauende und erhaltende Energie, die der Sonne erfahrungsgemäß entströmt. Das Warm als ausschließlich dynamisierendes Prinzip wirkt erhitzend und ausdehnend, erzeugt Kraft und Leben, Verlangen, Begierde und Leidenschaft.

Das schwächere Trocken aber mit der unterdrückenden Tendenz verhindert ein Übermaß der expansiven Ausdehnung und Entwicklung des Warm. Dadurch bildet sich eine dem Leben in jeder Beziehung gedeihliche Wirksamkeit der Kräfte.

Die Sonne gilt also in der Astrologie als ein sehr wohltätiges, das menschliche Geschick günstig beeinflussendes Gestirn. Sie verursacht in harmonischer Stellung ein langes, gesundes Leben, bringt Ehren und Würden und viele Glücksgüter und macht tapfer, energisch, tätig, ehrlich, aufrichtig, ruhig, freundlich, edel und wohltätig. Eine starke Sonnenstellung im Horoskop deutet immer das Streben nach Macht, ethischem oder weltlichem Aufstieg an. Ihre harmonische Stellung zeitigt einen guten moralischen Charakter, während ihre disharmonische Stellung sehr ungünstig auf den Charakter wirkt und dünkelhaft, eitel, selbstgefällig, selbstsüchtig und oft hart gegen die Mitmenschen, besonders gegen Untergebene macht.

Die Sonne vertritt das höchste im Menschen, seinen unsterblichen Geist. Der Sonnenstand zeigt daher seine Entwicklungsstufe an. die sich besonders in der Verbindung der Sonne mit den anderen Himmelskörpern eröffnet.

Die Sonne ist die Lebenskraft. Von ihrer harmonischen oder disharmonischen Stellung, besonders mit dem Mond und dem Saturn, hängt das Urteil in dieser Beziehung ab.

Sonne in den 12 Zeichen

Widder. Edel, tapfer, mutig. Tatkraft, Leiter und Organisator. Willenskraft, Regsamkeit, Selbstgefühl. Zäher Körper. Ursprünglichkeit, aber

Ungeduld, Ruhelosigkeit und leicht gereizt. Freude an kriegerischen Handlungen und Unternehmungen.

In guter Stellung Berühmtheit, besonders in militärischer oder chirurgischer Beziehung, wenn harmonische Aspekte mit Mars vorhanden sind. Bei schlechter Stellung zu große Energie, Leidenschaft, Zorn, Ungestüm, Neigung zu akuten, hitzigen Krankheiten.

1. Dekanat. Starker Mars Einfluss. Impulsivität, oft Unüberlegtheit im Handeln, Gereiztheit, ungestümes Vorgehen, Kühnheit, oft Tollkühnheit, Draufgängertum.

2. Dekanat. Hier hat die Sonne den Haupteinfluss. Stärkere Gefühlsnote, stärkere Leidenschaften. Große Begeisterungsfähigkeit, idealere Gesinnung. Aber kraftvoll, mutig, unternehmungslustig, stolz und selbstbewusst.

3. Dekanat. Nebst Sonne ist hier auch der Jupiter Einfluss zu beachten. Die Geistigkeit ist größer, der Intellekt neigt mehr zur Vertiefung. Starker Wissensdrang. Die Leidenschaften werden mehr beherrscht.

Stier. Stolz, Hochmut, Starrsinn, Standhaftigkeit, Selbstvertrauen, Kühnheit, aber konservativ und dogmatisch. Unermüdliche, ruhige und besonnene Arbeiter. Lebensfreudig, bequemlichkeitsliebend. Freunde von Musik und Gesang.

Meist eine sehr große Lebenskraft, aber bei disharmonischen Aspekten durch Mars oder Saturn besteht die Gefahr des Schlagflusses. Opponieren gern und sind stolz auf ihre physischen Kräfte. Praktisches Streben, Besitzinteressen.

1. Dekanat. Die Venus ist sehr zu berücksichtigen. Bei ihrer guten Stellung ist Zuverlässigkeit, Ordnungssinn, Liebe zu Schönheit und Kunst, Lebensfreude, Gutmütigkeit und Ehrlichkeit zu beobachten.

2. Dekanat. Der Untereinfluss des Merkurs stärkt die intellektuellen Fähigkeiten, gibt gutes Urteil und Unterscheidungsvermögen, macht kritisch, tätig. Viel Lebensfreude und Sinnlichkeit.

3. Dekanat, Saturn mit seinem Untereinfluss weist auf tiefere Geistigkeit und die Neigung zu ethischem Höherstreben. Arbeitskraft und Zähigkeit. Geduld.

Zwillinge. Liebenswürdig, höflich, freundlich. Sehr beweglich und der Veränderung geneigt. Rasche Auffassung, aber etwas oberflächlich, was aber geschickt verdeckt wird. Meist gute Redner, Liebe zu Wissenschaften und Künsten.

Hat nicht viele Vorteile, weil zu sanft und weich veranlagt, zu unsicher und zu tastend und weil der Betreffende zuviel für andere tut.

Neigung zur Veränderung im Fühlen und Denken.

1. Dekanat. Merkur hat großen Einfluss, daher große Beweglichkeit der Gedanken und Ideen, künstlerische Fähigkeiten.

2. Dekanat. Durch Venus starkes Schönheitsempfinden, Kunstbegeisterung, künstlerische Talente, kräftige Leidenschaften, gutes Vergleichsvermögen.

3. Dekanat. Der Uranus bringt hier die intellektuellen Fähigkeiten zur größeren Entfaltung. Talent zu Erfindungen. Stolz und Selbstbewusstsein.

Krebs. Meist ein etwas schwächlicher Körper. Harmlos, fröhlich, mitunter etwas indolent, aber starkes Gedächtnis. Edelmütig, freundlich, bequemlichkeitsliebend, sehr häuslich und harmonisch. Schwacher Wille, leicht zu beeinflussen, oft auch starke Selbstsucht. Kein großer Freund der Arbeit, wohl aber von Sport und allerlei Kurzweil.

Große Zähigkeit und Empfänglichkeit. Neigung zum Reisen. Feinfühlig, große Fantasie, Liebe zu Heim und Familie.

1. Dekanat. Durch den Mond Einfluss meist schwächere Lebenskraft, aber Ehrgeiz, Tüchtigkeit, Wirtschaftlichkeit. Sehr sensitiv, starke Gefühlsnote, wechselnde Stimmungen.

2. Dekanat. Der Mars Einfluss stärkt die Leidenschaften und die Empfindungen, macht kühn, unerschrocken, mit großer, ausdauernder Tatkraft.

3. Dekanat. Der Neptun Einfluss vergeistigt, macht gutherzig, hilfsbereit. Reiches Gemütsleben, viel Fantasie.

Löwe. Der Betreffende ist sehr aufrichtig, rechtschaffen, edelmütig, ehrenhaft, hilfsbereit und verachtet alles Gemeine, ist treu; sehr sympathisch und hat meist ein stolzes, vornehmes Auftreten, besitzt Neigung zu Autorität und Macht, hat ein großes Verantwortungsgefühl, ist korrekt und treu gegen seine Freunde, nachsichtig gegen seine Feinde. Er ist sehr ehrgeizig, befiehlt gern, liebt Pünktlichkeit und Ordnung. In disharmonischer Stellung zeigt sich Herrschsucht, Anmaßung, Frechheit.

1. Dekanat. Die Stellung der Sonne entscheidet. Steht sie günstig und kräftig, kommen die besten Eigenschaften des Zeichens zur Geltung.

2. Dekanat. Jupiter hat den Untereinfluss. Größere Geistigkeit, religiöses Empfinden, Barmherzigkeit, Wahrheitsliebe, wenn Jupiter gut gestellt ist.

3. Dekanat. Der Mars Einfluss erhöht die Energie und Durchschlagskraft. Mut, Festigkeit und Ausdauer lassen hohe Ziele erreichen.

Jungfrau. Sehr kritische, methodische Naturen, aber geistreich, intellektuell, erfinderisch. Die Betreffenden verlieren sich zu stark in Einzelheiten, leiden oft an einem Mangel an Selbstvertrauen, sind aber fröhlich, lieben alle anständigen Vergnügungen und machen gern Ausflüge in angenehmer Gesellschaft. Besser in untergeordneter Stellung als in selbstständigen Berufen. Erfindungsgabe, praktische Fähigkeiten.

1. Dekanat. Starker Merkur Einfluss. Bei günstiger Merkur Stellung sehr guter Intellekt, rasche Auffassung, aber Kritizismus. Schlecht gestellt macht er kleinlich, berechnend, listig.

2. Dekanat. Der günstige Saturn Einfluss deutet auf einen scharfen, kritischen Verstand, Zähigkeit und Ausdauer, Ernst und große Strebsamkeit. Sparsamkeit.

3. Dekanat. Die Venus als Untertönung macht liebenswürdig, gesellig, beweglicher, kunstliebend. Stärker betonte Leidenschaft.

Waage. Idealismus, Ordnung und Regelmäßigkeit, ehrenhafte Gesinnung, gute Veranlagung, Streben nach Harmonie. Ein maßvolles, angenehmes Wesen, wodurch Liebe und Achtung errungen wird. Ausdauer und Willenskraft sind schwächer entwickelt. Verfeinerte Erotik.

1. Dekanat. Die Venus macht sehr liebenswürdig, gesellig, gutherzig, mit heiterem, offenem Gemüt, viel Kunstsinn.

2. Dekanat. Der Uranus gibt hier sehr gute Geistesgaben, Sinn für technische Wissenschaften, Ernst und Zielstrebigkeit.

3. Dekanat. Durch Merkur starker Intellekt, praktische Fähigkeiten. Gesellig, vergnügungsliebend, Kunstinteresse, bewegliches Gemüt.

Skorpion. Sehr kluge Personen, aber sehr stolz, oft hochmütig. Für Sympathie und Antipathie sehr empfänglich, viel Leidenschaft, Tatkraft, Standhaftigkeit, Selbstüberhebung, viel Zähigkeit in Verfolgung der Ziele; bei disharmonischer Aspektierung auch oft eifersüchtig, schroff, herrschsüchtig, trotzig, brüsk, unangenehme, streitlustige Personen.

1. Dekanat. Der Mars-Einfluss gibt große Tatkraft, energische Zielstrebigkeit, starke Leidenschaften, gute Lebenskraft.

2. Dekanat. Durch Neptun größere Geistigkeit, beweglicheres Gemütsleben, Imagination und Fantasie. Starke Leidenschaften. Künstlerische Anlagen.

3. Dekanat. Der Unterton des Mond macht sehr beweglich im Fühlen und Denken, stark beeindruckbar und empfänglich. Liebe zur Häuslichkeit aber auch zur Geselligkeit.

Schütze. Der Betreffende ist aufrichtig, hat ehrenhafte Prinzipien, ist sehr freiheitsliebend, verachtet alles Niedrige und Gemeine, ist mitteilsam, etwas ruhelos, intuitiv, sport- und reiseliebend, oft etwas aufgeregt, reizbar und zornig, jedoch nicht von langer Dauer, und hastig.

Sein sonst sehr verträgliches, angenehmes Wesen erobert sich allseits Liebe und Freundschaft.

1. Dekanat. Der Jupiter ist hier sehr einflussreich, macht einen starken Charakter mit großer Willenskraft. Freiheitsliebe und Güte. Praktische Fähigkeiten, guter Intellekt.

2. Dekanat. Der Mars macht sich geltend durch Heftigkeit und Erregtheit sowie stärkere Leidenschaften. Mut und Durchschlagskraft, Selbstbewusstsein.

3. Dekanat. Die Sonne ist hier in großer Kraft, daher Charakterfestigkeit, Stolz, Offenheit, Ehrlichkeit, Festigkeit in den Anschauungen.

Steinbock. Ruhige, überlegende Natur, aufrichtig, ehrenhaft, große Ausdauer, sehr ernst und streng, wenig mitteilsam. Es ist eine große Konzentrationskraft vorhanden. Dogmatismus, Geduld. Großer Ehrgeiz, Vorsicht bei allen Handlungen.

1. Dekanat. Wenn Saturn günstig steht, ist die Gesinnung eine sehr ehrenhafte. Viel Beharrlichkeit, Festigkeit, ernstes Streben.

2. Dekanat. Die Venus macht das Wunschleben intensiver und das Kunstinteresse lebhafter. Mehr Lebensfreude und Geselligkeit, stärkere Leidenschaft.

3. Dekanat. Der Merkur gibt einen größeren intellektuellen Einschlag und eine größere Beweglichkeit im Fühlen und Denken.

Wassermann. Große Intuition, frei von Bosheit und Heuchelei, allgemeine Menschenliebe, Kunstliebe, Originalität; vorsichtig, ausdauernd, geduldig, etwas eitel und großtuerisch, aber sympathisch. Pessimistische Stimmungen wechseln mit optimistischen ab.

Sehr taktvoll, leichte Anpassungsfähigkeit in allen Kreisen. Gut zu leidende Persönlichkeit.

1. Dekanat. Der starke Einfluss des Uranus verursacht viel Freiheitsliebe, Selbstständigkeit, humanitäre Denkrichtung, absonderliche Neigungen.

2. Dekanat. Durch den Merkur zeigt sich eine Steigerung der intellektuellen Fähigkeiten, aber auch Unruhe, Neigung zu Wechsel und Veränderung, schwächere Konzentration.

3. Dekanat. Der Unterton der Venus macht freundlicher, geselliger und anpassungsfähiger. Stärkere Genussfreude.

Fische. Freundliche, hilfsbereite, liebevolle Naturen voll Selbstaufopferung. Meist unverstanden, mitunter Mangel an Willenskraft und Selbstvertrauen. Aufrichtig, religiös, gemütvoll, gutmütig, gemeinschaftsliebend.

Die Betreffenden lieben Unterhaltung und Belustigungen; obgleich sie selbst ganz harmlos sind gegen andere, werden sie sich doch durch ihre allzu negative Einstellung schädigen.

1. Dekanat. Der Neptun-Einfluss macht sehr verträumt, die starke Phantasie beherrscht Gefühl und Denken. Starke Leidenschaften unter ruhiger Oberfläche.

2. Dekanat. Der Mons-Einfluss verstärkt die Liebe zur Familie und Häuslichkeit. Bewegliche Natur, sehr aufnahmefähig. Wechselnde Gemütsstimmungen.

3. Dekanat. Durch Mars-Unterton größere Energie und Widerstandsfähigkeit, starke Leidenschaften, Ruhelosigkeit, aber auch größeres Selbstbewusstsein als in den anderen Dekanaten.

Sonne in den 12 Häusern.

Die Sonne im *1. Haus*. Der Geborene ist freigebig, ehrlich, fest, erhaben, stolz, kühn, edelmütig, treu; er verachtet alle schmutzigen und gemeinen Handlungen, ist herrisch, selbstvertrauend und anständig. Großes Selbstgefühl, Würde, Autorität, starke Willenskraft, Optimismus. Diese Konstellation führt meist der guten Qualitäten des Nativen zufolge zu Ehren und Erfolgen.

Der Geborene liebt, von edlen Motiven geleitet, sich öffentlich zu betätigen. Im feurigen Zeichen ist der Geborene sehr ehrgeizig, jähzornig und herrisch, aber höflich, aufrichtig, intuitiv, ernst und schweigsam. Im irdischen Zeichen ist er stolz, hochmütig, rechthaberisch und eigensinnig, zu viel Selbstvertrauen. I m luftigen Zeichen ist der Geborene gerecht, nobel, strebsam, wissensdurstig und hält viel auf Wissenschaft und Kunst. Im wässrigen Zeichen macht die Sonne sehr stark vom Gefühlsleben abhängig; es erwächst dem Geborenen durch das andere Geschlecht mitunter Schaden. In den fixen Zeichen ist die Festigkeit des Geborenen bis zum Extrem vorherrschend, dies gibt dann gewöhnlich großen Erfolg im Leben, außer die Sonne ist sehr disharmonisch bestrahlt. Die Sonne im 1. Haus gibt im Allgemeinen gute Anlagen zu einem festen Charakter und einer markanten Persönlichkeit.

Die Sonne im *2. Haus*. Der Native ist sehr freigebig und etwas verschwenderisch. Ist die Sonne harmonisch bestrahlt, weist sie auf ständigen Gelderfolg, Gewinn durch Höherstehende oder Gewinn durch hohe Stellungen oder Regierungsgeschäfte, Liebe zum Luxus. Bei disharmonischen Aspekten von allem das Gegenteil.

Die Sonne im *3. Haus* und in harmonischer Stellung. Standhaftigkeit und Festigkeit, Liebe zu Wissenschaften und Künsten, Erfolg in denselben und Ehren und Ruhm, auch Nutten durch die Verwandtschaft. Diese Konstellation führt aber selten zu großen Reisen, außer wenn die Sonne im wässrigen oder beweglichen Zeichen steht, wo sie dann viele kurze Reisen anzeigt.

Die Sonne im *4. Haus* ist sehr günstig, besonders wenn sie in harmonischen Aspekten steht. Sie deutet auf gute Beziehungen zu den Eltern und der Heimat, ferner auf große Sensitivität und mediale Veranlagung und auf ein Lebensende in guten Verhältnissen.

Diese Konstellation deutet auch auf Grundbesitz und ein schönes Heim, doch nur bei harmonischer Sonne-Stellung.

Die Sonne im *5. Haus*. Der Geborene ist vergnügungssüchtig und verschwenderisch. Sie befähigt in harmonischer Stellung den Nativen zu Erfolgen durch Spekulationen und Geschäfte, welche mit Amüsement und Vergnügungen zusammenhängen. Liebe für das Gemeinschaftsleben. Gute Konstellation für Liebesangelegenheiten, Sport, Schulen, Lehrer, Theater, Unternehmungen für Vergnügungen und Unterhaltung.

In harmonischer Anlage Glück mit Kindern.

Die Sonne im *6. Haus* gibt nach der Erfahrung eine nur mittelmäßige Gesundheit und Neigung zu Fieber. Diese Stellung ist nur günstig, wenn die Sonne sehr harmonische Aspekte erhält. Sonst aber ist sie für die Gesundheit ungünstig, besonders wenn disharmonische Aspekte von Mond oder Saturn vorliegen.

Meist Gesundheitsstörungen durch Überarbeitung oder ungünstige Arbeitsverhältnisse. Die Sonne in diesem Haus, gut bestrahlt, deutet aber auf Erfolg durch tüchtige Untergebene.

Die Sonne im *7. Haus*, harmonisch gestellt, verheißt eine öffentliche Position, Erfolg mit Teilhaberschaften, eine gute Ehe, erfolgreiches Vereinsleben, günstige Prozesse, Ehren und Auszeichnungen. Wenn die Sonne in disharmonischen Aspekten steht, verkündet sie Opposition und Angriffe von mächtigen durch die Sonne beeinflussten Gegnern, die sich in hervorragenden Stellungen befinden, ferner auch einen stolzen, oft reichen und berühmten Ehepartner, aber auch eine wenig ideale Ehe. In disharmonischen Aspekten weist diese Stellung sogar auf eine sehr unglückliche Ehe.

Die Sonne im *8. Haus*. Lebenskraft. Aber wenn Mars oder Saturn dazu in Konjunktion, Quadrat oder Opposition steht, so tendiert sie zu Lebensgefahren du ich Herzerkrankungen.

Die Sonne im *9. Haus* und harmonisch gestellt, macht sehr fest, standhaft, anständig, gerecht, edel, fromm, aufrichtig und klug, gewandt im Verkehr mit anderen und verheißt eine vorzügliche Divinationsgabe. Im Allgemeinen ein frohes, zuversichtliches Gemüt, hochstrebender Geist.

Die Sonne gibt hier Beförderung in Verbindung mit der Religion, Erfolg mit längeren Reisen in entfernte Länder sowie Glück in Wissenschaften und in der Öffentlichkeit. Ein disharmonischer Jupiteraspekt macht aber scheinheilig und disharmonische Mars- oder Saturnaspekte führen zum Fanatismus.

Die Sonne im *10. Haus* deutet infolge guter Eignung des Nativen auf Erfolg im Berufsleben, Ehre und Auszeichnung, Aufstieg im Leben und Berühmtheit. Der Geborene wird das erfolgreichste Glied seiner Familie sein.

Diese Konstellation ist auch gut für die Beziehungen zur Mutter und deren Angelegenheiten. Bei disharmonischer Stellung macht sie anmaßend, stolz und bewirkt das Gegenteil von dem Angeführten.

Die Sonne im *11. Haus* schenkt feste und treue Freunde, und wenn die Sonne stark ist, hat der Geborene Nutzen und Hilfe von ihnen zu erwarten. Verbindung mit Höhergestellten, erfolgreiches Höherstreben, gute Aussichten. Ist sie aber schwach oder disharmonisch bestrahlt, so ist das Gegenteil zu prognostizieren.

Die Sonne im *12. Haus* bringt Hindernisse und Einschränkungen mancher Art, absonderliche Neigungen und Anschauungen und daher meist nur mäßige Erfolge im Leben. Ist sie aber disharmonisch bestrahlt, bringt sie Unbeliebtheit bei Vorgesetzten, oft auch Freiheitsberaubung und Unehre. Schlechte Stellung für die Gesundheit, Aufenthalt in Krankenhäusern.

Sonne in den Aspekten

In Konjunktion, Parallelschein oder harmonischen Aspekten mit dem Mond

Günstige Aspekte. Erfolg, Anerkennung, Ehre und gute Gesundheit. Viel Harmonie und Gefühlsleben. Günstig auf das ganze Horoskop wirkend; gute Lebenskraft.

In disharmonischen Aspekten mit Mond

Ungünstige Stellungen, besonders für die Lebenskraft. Führen zu Selbstüberschätzung, machen unentschlossen und unbeständig und verursachen viel Schwierigkeiten im häuslichen Leben und im Beruf.

Der Mond

☽

Im Mond wirken die Urqualitäten Kalt und Feucht, wobei Feucht etwas dominiert und dem Kalt ein leichtes Gegengewicht bietet. Das Kalt bedingt ein Nachinnengekehrtsein, eine passive Bewegungsform, welche die Entwicklung des besinnlichen und überlegenden Wesens, die Zurückhaltung fördert und den Tätigkeitsdrang hemmt.

Feucht aber verhindert jede Erschlaffung und Erstarrung und drängt zum Wechsel, zur Veränderung, zum Ausgleich.

Es entwickelt sich durch diese Kräftemischung im Menschen die passive Seite der Geistigkeit, macht ihn verträumt, empfänglich und anschlußgeneigter, aber auch widerspruchsvoll und mit geringer eigener Initiative.

Der Mond wird mit der individuellen Persönlichkeit des Menschen identifiziert. Er symbolisiert das „zeitliche Selbst". Er ist der Formgebende, der Überbringer aller astralen Einflüsse, der Grund alles Materiellen und äußert sich im Menschen durch das Gefühls- und Gemütsleben, durch Begierden und Leidenschaften.

Der Mondeinfluss ist sehr stark von den Aspekten die er erhält, abhängig und ebenso von seinen Phasen.

Die Zeit des ersten Viertels und des Vollmondes ist günstiger zur materiellen Verwertung unserer Kräfte als die Zeit des abnehmenden Mondes.

Bei Nachtgeburten ist sein Einfluss wirksamer und günstiger als bei Taggeburten, besonders wenn er sich in guten Aspekten befindet.

Der Mond ist das Prinzip des Wechsels und der Veränderung. Auch die geistigen und moralischen Eigenschaften werden in hohem Maße von ihm beeinflusst.

Ein starker Mondeinfluss verursacht auch ein reiches Traumleben, Sensitivität. Mediumschaft und Somnambulismus.

Die starke Mondstellung deutet auf einen sympathischen, aber etwas wankelmütigen und unbeständigen Charakter, auf Menschen, die sich fortwährend nach Veränderung sehnen und Neuem nachgehen. Sie macht sehr empfindlich und aufnahmefähig für alle Eindrücke.

Trott aller geistigen und körperlichen Beweglichkeit werden diese Personen zeitweise vom Pessimismus überfallen und haben dann seelisch schwer zu leiden. Für starke Mondeinflüsse gilt das Dichterwort: „Himmelhoch jauchzend – zu Tode betrübt."

Die disharmonischen Aspekte gestalten den Einfluss des Mondes in moralischer Beziehung sehr ungünstig. Die so Betroffenen sind dann mehr oder minder misstrauisch, feige, unwahr, faul, auch ungesund sensitiv und leiden an falschen Vorstellungen. Der Mond nimmt den Charakter des Zeichens an, in welchem er sich befindet. Im Stier wird er zum Starrsinn, zu allzu großer Bequemlichkeitsliebe führen, im Jungfrau und Widder zu Heftigkeit und Unverträglichkeit, usw.

Der Einfluss des Mondes auf die Gesundheit hängt ebenfalls sehr von den Aspekten ab, die er erhält. Harmonische Sonnen-, Venus oder Jupiteraspekte stärken die Lebenskraft und sichern eine gute Gesundheit, während disharmonische Aspekte in dieser Beziehung schwächend wirken. Besonders die disharmonischen Aspekte des Saturns verringern die Lebenskraft und machen kränklich.

Ein harmonischer Aspekt mit Merkur lässt den Mond sehr günstig auf das Denken einwirken.

Harmonische Aspekte zwischen Sonne und Mond zeigen auch meist günstige finanzielle Verhältnisse an.

Mond in den 12 Zeichen

Widder. Meist voreilige, ängstliche, ehrgeizige, emporstrebende und veränderliche Menschen, mit scharfem Verstand, viel Selbstvertrauen, Unabhängigkeitsliebe, Regsamkeit, die sich gern als Führer betätigen, kampflustig sind und nach eigenen Antrieben handeln. Sehr impulsiv, eigensinnig und streitbar.

1. Dekanat. Wenn Mars günstig steht, ist der Einfluss sehr gut. Bei sehr schlechter Mars Stellung aber Voreiligkeit, verlegende Schärfe, Unverlässlichkeit, geringe Moral.

2. Dekanat. Bei guter Sonne Stellung Mut, Verlässlichkeit, Festigkeit im Charakter.

3. Dekanat. Vielseitigkeit, Ehrenhaftigkeit, Mut und Selbstvertrauen.

Stier. Vornehm gesinnte, höfliche, freundliche, vernünftige, gerecht denkende Menschen, die sich viel Achtung erwerben. Praktische, am Geld hängende Menschen, Nachgiebigkeit, Ausdauer, etwas Eigensinn, sinnlich veranlagt, konservativ, sehr die Musik liebend. Finanzielle Erfolge, gut für Grundbesitz und Landwirtschaft. Entsprechend den jeweiligen Verhältnissen werden die Betreffenden sehr respektiert, befördert und erhalten Auszeichnungen.

1. Dekanat. Gutmütigkeit, Festigkeit, Genussfreude.

2. Dekanat. Merkur verursacht starken Intellekt, auf das Praktische gerichtet. Gefällige Formen.

3. Dekanat. Konzentriertes Denken, Strebsamkeit, Ernst, unternehmende Durchschlagskraft.

Zwillinge. Klug, aber verschmitzt und veränderlich, unschlüssig, oft, besonders bei disharmonischen Aspekten, oberflächlich, unzuverlässig, unwahr und unaufrichtig. Große Beweglichkeit, Reisen, Wandern, Besuche machen ist Lebenselement. Oftmals gute Redner. Diese Stellung ist nicht besonders Glück bringend, sofern nicht harmonische Aspekte durch Jupiter, Sonne oder Venus vorliegen.

1. Dekanat. List und Schlauheit, vielseitige Interessen, große Beweglichkeit im Fühlen und Denken.

2. Dekanat. Der Venus Einfluss macht liebenswürdiger, geselliger, lebensfreudiger, kunstliebend, sinnlich.

3. Dekanat. Stärkeres Gemütsleben, unabhängig, selbstbewusst, freiheitsliebend.

Krebs. Lenksam, veränderlich, heiter, sehr harmlos, friedliebend, sparsam, fantastisch, sehr sensitiv, freundlich, intuitiv. Vorliebe zur Nachahmung anderer Menschen. Hängen sehr an ihrem Heim, aber auch an ihrer Mutter, sind gern in guter Gesellschaft, gute Fußgänger, lieben das Wasser und Seereisen und sind allgemein beliebt. Unbeständig, besonders in Freundschaften, besonnen in den Handlungen, ziemlich frei von starken Leidenschaften.

1. Dekanat. Reiner Mond Einfluss. Starkes Gefühlsleben, Neigung zu Wechsel und Veränderung, aber sorgend für Familie und Heim.

2. Dekanat. Der Mars gibt größere Festigkeit und Energie, aber auch ein stärkeres Triebleben.

3. Dekanat. Das Wesen ist weicher, träumerischer, voll Fantasie, aber gutherzig und mitleidig, wenn Neptun günstig steht.

Löwe. Stolze, hochmütige, strebsame, sehr ehrgeizige Personen, ausdauernd, edelmütig, treu, intuitiv, wünschen gern zu herrschen und verabscheuen Dienen und Abhängigkeit. Starke Neigung zum Luxus, zum anderen Geschlecht und zu Berufen mit großer Verantwortung. Starke Schaffenslust.

1. Dekanat. Der Sonne Einfluss macht sich geltend, starker Ehrgeiz, Geltungsbedürfnis, Großzügigkeit.

2. Dekanat. Gute Verstandesfähigkeiten, höher gerichtete Geistigkeit, Sinnenfreudigkeit.

3. Dekanat. Größere Energie und Tatkraft, wenn Mars günstig steht. Strebsamkeit und Entschiedenheit.

Jungfrau. Sehr klug, reserviert, egoistisch, kritisch, pedantisch aber unentschlossen und zu sehr in Details gehend. Gute Verstandeskräfte, starkes Unterscheidungsvermögen, oft melancholisch.

Im Allgemeinen kein besonders starker Charakter. Geeignet zu Berufen, wie Reisende, Lehrer, Beamte u. ä., selten zu großen Handlungen befähigt.

1. Dekanat. Der Merkur Einfluss macht hier selbstsüchtig und sehr vorsichtig, kritisierend, gibt jedoch sehr guten Intellekt, wenn er günstig steht.

2. Dekanat. Durch Saturn ein ernstes Wesen, strebsam, aber berechnend und zurückhaltend.

3. Dekanat. Der Venus Einfluss macht fröhlicher, geselliger und anpassungsfähiger. Neigung zum anderen Geschlecht.

Waage. Heiter veranlagte, höfliche Menschen mit großer Kunstliebe, die meist zum Scherzen aufgelegt sind, und Vergnügungen lieben. Starke Neigung zum anderen Geschlecht. Viele Freunde, gemeinsames

Wirken. In weiblichen Horoskopen bringt diese Stellung viele Bewerber, aber wenig Glück in dieser Beziehung, wenn die Stellung der Venus nicht harmonisch ist.

1. Dekanat. Reiner Venus Einfluss. Macht liebenswürdig, kunstfreudig, gutherzig und gefällig.

2. Dekanat. Erfinderisch, mit stärkeren Leidenschaften verfeinertes Wesen, aber leicht in Extreme geratend.

3. Dekanat. Der Merkur Einfluss lässt den Intellekt mehr hervortreten, macht anpassungsfähig, gesellig und unternehmend.

Skorpion. Impulsive, streitsüchtige, harte, anmaßende, unempfindliche, sinnliche, trotzige und rachsüchtige Menschen. Großes Selbstvertrauen, Standhaftigkeit, Egoismus. Bisweilen Rohheit oder Neigung zum Trunk. Starke Liebe zum anderen Geschlecht, aber meist unglückliche Ehe. In einem weiblichen Horoskop deutet diese Stellung auf zu große Impulsivität in den Handlungen und den daraus entstehenden Leiden, besonders wenn der Mond Quadrat oder Opposition vom Saturn oder Mars erhält.

1. Dekanat. Der Mars Einfluss gibt dem Wesen eine gewisse Härte der Empfindung. Starke Selbstbehauptung, Tatkraft, Unerschrockenheit.

2. Dekanat. Stärkere Gemütserregungen, Fantasie, Ernst, Sensitivität.

3. Dekanat. Der Mond hat starken Einfluss. Große Beweglichkeit im Denken und Gefühl, Ehrgeiz, aber Liebe zur Veränderung.

Schütze. Gute Veranlagung, offenherzig, generös, friedliebend, freundlich, aufrichtig, intuitiv, aber unbeständig, reizbar, aufgeregt, ruhelos, beweglich, leidenschaftlich. Liebe zum Sport, besonders mit Pferden, aber auch zu großen Dingen und Handlungen. Philosophieren gern. Werden von allen Menschen, mit denen sie in Berührung kommen, respektiert.

1. Dekanat. Freies, offenes Wesen, barmherzig, liebevoll, Neigung zu Sport. Lebensfreude.

2. Dekanat. Der Mars Einfluss macht leidenschaftlicher, erregter. Unternehmungslust und Durchschlagskraft, Ehrgeiz.

3. Dekanat. Beständigkeit, großzügiges Wesen, kraftvolle Natur.

Steinbock. Eine gewisse Trägheit, Egoismus, Unempfindlichkeit, Untätigkeit, obwohl ein inneres Streben, sich hervorzutun, vorhanden ist. Ausdauer, Einfachheit.

Ernst und zeitweise melancholisch. Schlechte Gesundheit, bei disharmonischer Mond Stellung oft kraftlose Personen. Erwerben sich meist nur wenig Anerkennung.

1. Dekanat. Mehr praktische Fähigkeiten. Ernst, Bedächtigkeit, Zurückgezogenheit.

2. Dekanat. Die Venus hellt auf, macht weicher, zugänglicher, lebensfreudiger.

3. Dekanat. Größere Intelligenz, vielseitige Interessen, praktische Fähigkeiten.

Wassermann. Kluge, leutselige, höfliche, gutmütige, sanfte, menschenfreundliche, idealistische Personen, mit Neigung zu Künsten und Wissenschaften, zu Kuriositäten und mystischen Studien sowie für alles Absonderliche. Viel Erfindungsgabe verabscheuen schlechte und unehrenhafte Handlungen.

1. Dekanat. Erfindungstalent, Eigenart, sehr unabhängig und selbstbehauptend.

2. Dekanat. Der Merkur schafft hier einen sehr regsamen, originellen Intellekt, Kunstliebe.

3. Dekanat. Liebenswürdiges Wesen, gesellig, anschmiegsam.

Fische. Unentschlossene, schwächliche, mutlose Menschen voll Romantik und Fantasie. Sehr empfänglich, ruhig, zurückgezogen, resignierend mit schwacher Tatkraft, schläferig, träumerisch, stark vom Gemütsleben abhängig. Bleiben meist im Hintergrund.

1. Dekanat. Verträumte Ruhe, wenig Energie und Tatenlust, Sensitivität.

2. Dekanat. Laune, wechselnde Gemütsstimmungen, Sinnenlust, Freude am Häuslichen.

3. Dekanat. Unruhe, Reizbarkeit, starke Leidenschaften, Energie und Tatkraft, wenn Mars gut steht.

Mond in den 12 Häusern

Der Mond im *1. Haus* verursacht viel Unbeständigkeit, Mutlosigkeit, Schüchternheit, Furchtsamkeit, Neugierde, gibt aber klaren Verstand, Empfänglichkeit, Sensitivität. Gute nützliche Ideen. Starke Sensitivität und Intuition.

In beweglichen und veränderlichen Zeichen verursacht er einen beständigen Wechsel im Leben und Neigung zum Herumschwärmen. Im wässrigen Zeichen macht er sehr ruhig und sanft, etwas träge und indolent. Im feurigen Zeichen, besonders im Widder macht der Mond rasch, voreilig und indiskret, veränderlich, leidenschaftlich, sehr impulsiv, rastlos, mit sprunghaftem Denken. In Zwillinge, Jungfrau, Waage oder Wassermann verleiht der Mond eine gute intellektuelle Veranlagung und eine fließende Sprache, besonders wenn der Mond durch Merkur bestrahlt wird. Im Skorpion oder Steinbock macht der Mond schwerfällig im Begriff und bringt Selbstsucht, Eifersucht und übertriebenen Stolz. Im Ganzen sind die vom Mond beeinflussten Personen reizbar, schwer zu befriedigen, aber anhänglich und beständig in der Freundschaft.

Bestrahlt durch Jupiter verleiht er Freigebigkeit und Herzensgüte. Der Mond durch Venus bestrahlt, gibt viel Zärtlichkeit, große Liebenswürdigkeit und sympathisches Wesen. Ist der Mond harmonisch bestrahlt durch Mars, macht er mutig, freigebig und verleiht Charakterstärke, steht er aber im disharmonischen Aspekt des Mars, so bewirkt er Raschheit, Heftigkeit, Strenge und Härte. Bestrahlt durch Saturn gibt der Mond Sorgfältigkeit, Festigkeit, Eigenwille, Willenskraft und Sparsamkeit, oftmals sogar Geiz.

Der Mond im Aspekt des Uranus macht exzentrisch, wunderlich, launisch, mit Neigung zu beständigem Wechsel und gibt eine extreme Liebe zum andern Geschlecht und starke Sinnlichkeit.

Der Mond im *2. Haus* ist, vorausgesetzt dass er harmonisch bestrahlt ist, von günstigem Einfluss für alle finanziellen Angelegenheiten, besonders wenn er durch Venus oder Jupiter aspektiert ist. Diese gute Wirkung ist jedoch abgeschwächt, wenn sich der Mond im Skorpion oder Steinbock befindet. Vorteile durch Frauen, auch in Geschäften, die mit Flüssigkeiten zu tun haben. Bei disharmonischen Aspekten durch Saturn ist, um finanzielle Schädigungen zu vermeiden, große Vorsicht geboten.

Der Mond im *3. Haus* verheißt viele erfolgreiche, kurze Reisen, besonders wenn er harmonisch bestrahlt ist und nicht im Skorpion oder Steinbock steht. Ferner bewirkt er Hilfe durch Nachbarn und Geschwister. Er verleiht einen zum Studium geneigten Verstand. Etwas launenhafter Charakter.

Der Mond im *4. Haus* tendiert oft zu beständigem Wechsel des Aufenthaltes, besonders wenn er im beweglichen Zeichen steht und durch Uranus oder Mars bestrahlt wird. Wenn der Mond harmonisch bestrahlt und in Würden sich befindet, deutet er auf einen Lebensabend in Unabhängigkeit. Bei disharmonischen Aspekten mögen viel unglückliche Ereignisse im häuslichen Leben eintreten und Komplikationen mit dem Elternhaus oder der Heimat.

Der Mond im *5. Haus*, wenn er wohlbestrahlt ist, verheißt Erfolg mit Kindern, und wenn der Mond im Krebs oder Fisch steht, verursacht er sogar eine große Nachkommenschaft. Ist der Mond disharmonisch bestrahlt, durch Saturn und nicht harmonisch bestrahlt durch Jupiter oder Venus, so deutet er auf Kränklichkeit der Kinder. – Er weist bei harmonischer Bestrahlung auf Erfolg in allen Angelegenheiten, die in Verbindung mit Vergnügungsplätten, Schulen usw. stehen. Unbeständigkeit in Freundschaften, Glück in Liebesangelegenheiten.

Der Mond im *6. Haus*, wenn disharmonisch aspektiert, ist kein gutes Zeichen für die Gesundheit, speziell bei Frauen. Störungen der Gesundheit durch nervöse Zustände oder Überarbeitung. Der Mond in harmonischen Aspekten deutet auf einen guten Blutkreislauf. Im Allgemeinen bringt diese Stellung viel Wechsel mit Untergebenen, Krankheiten in der Kindheit.

Der Mond im *7. Haus* weist auf eine glückliche Ehe und auch auf Glück mit Teilhaberschaften, vorausgesetzt, dass der Mond unbetrübt und in Würden ist. Der Mond ist hier am günstigsten, wenn er frei ist von dem Einfluss des Uranus. Im Allgemeinen bringt der Mond im 7. Haus eine frühe Ehe, bei disharmonischer Stellung Unbeständigkeit in der ehelichen

Zuneigung, oft auch Untreue. Wechselvolle Beziehungen mit dem anderen Geschlecht.

Der Mond im *8. Haus*, wenn harmonisch bestrahlt und in Würden, weist auf Erbschaften usw., besonders wenn der Mond durch Venus oder Jupiter harmonisch bestrahlt ist. Disharmonisch aspektiert durch Mars, Saturn oder Uranus deutet er auf Lebensgefahr durch Unfälle oder Säfteerkrankungen.

Der Mond im *9. Haus* bewirkt lange Reisen, besonders Seereisen, und wenn der Mond harmonisch bestrahlt ist, auch Gewinn durch dieselben. Er verleiht einen zum Studium geneigten wissenschaftlichen Geist. Aspektiert durch Uranus gibt er Neigung zum Glaubenswechsel und zu Absonderlichkeiten in Glaubenssachen. Ist der Mond bestrahlt durch Merkur, so deutet er auf einen rasch fassenden und scharfen Geist. Der Mond in diesem Haus bringt viel Änderungen im Leben, auch oft ein Leben im Auslande.

Der Mond im *10. Haus* bringt viel Wechsel und Reisen. Wenn der Mond harmonisch bestrahlt ist, deutet er auf gute Berufsverhältnisse, weniger jedoch wenn er durch Jupiter oder Venus disharmonisch aspektiert ist. Viel Änderungen im Beruf, oft eine unbeständige Position. Hilfe von Freunden. Beschäftigung in der Öffentlichkeit oder in enger Gemeinschaft mit Frauen. Popularität. Bei disharmonischen Aspekten das Gegenteil.

Der Mond im *11. Haus* weist auf viel Freundschaften. Harmonisch bestrahlt und in Würden zeigt er große Hilfe durch dieselben an, besonders durch Frauen. In disharmonischer Stellung bringt er unzuverlässige, oberflächliche Freunde und Bekannte.

Der Mond im *12. Haus* disharmonisch aspektiert, deutet auf heimliche Feinde, speziell Frauen, welche dem Geborenen ungünstig gesinnt sein werden. Eine Konstellation, die auf viel weibliche Gegnerschaften weist und durch disharmonische Bestrahlung von Mars oder Uranus viel Einschränkungen und Hindernisse im Leben hervorruft.

Zur Beachtung!

Die hier wiedergegebenen Regeln für die Ausdeutung gründen sich auf alte Tradition und sind daher noch nicht durchwegs ausreichend psychologisch begründet. Es ist erst die Aufgabe der zukünftigen Forschung, dieses überlieferte Regelgut psychologisch zu fundieren. Hier sollen vornehmlich die Regeln selbst als Grundlage für die praktische Arbeit geboten werden, jedoch nicht ohne den Hinweis, dass sie nicht als fatalistisch gegebene Bedingtheiten aufzufassen sind, sondern als knappester Ausdruck der Resultate bestimmter, psychologischer Vorgänge, die letzten Endes in den entsprechenden Ereignissen bzw. Handlungen ihre Verwirklichungen gefunden haben. Dieser Hinweis gilt vor allem für die Darstellung der Wirkungsweise der Planeten in den einzelnen Hänsern und in den Aspekten zueinander. Das vorliegende Werk ist somit nicht nur für den Schüler, sondern auch für den praktischen Forscher als Kompilation alter Quellenschriften zu werten.

Die Mondknoten

Den beiden Mondknoten, und zwar der „aufsteigende Mondknoten“ (☊) und der „absteigende Mondknoten“ (☋) darf keine größere Bedeutung zugemessen werden. Nach der Tradition soll der ☋, der Natur von Jupiter und Venus und der ☊ etwa der von Saturn und Mars entsprechen. Demnach wird der als harmonisch und der ☊ als disharmonisch wirkend angesehen.

In einem Haus alleinstehend, ohne Konjunktion mit einem Planeten, wird sich bei den Mondknoten wohl kaum ein merkbarer Einfluss zeigen, in den meisten Fällen bleiben sie dann wirkungslos.

Findet aber eine Konjunktion innerhalb 5° von Sonne, Mond, Venus oder Jupiter mit dem aufsteigenden Mondknoten statt, so kann eine intensivere Auswirkung dieser Planeten konstatiert werden. Der absteigende Mondknoten in Konjunktion mit Saturn oder Mars oder einem anderen, aber disharmonisch gestellten Planeten vermehrt demnach auch den disharmonischen Effekt jener Planeten.

Andere Aspekte auf die beiden Mondknoten können im Allgemeinen unberücksichtigt bleiben.

Die Antiszien

Auch „Spiegelpunkte“ genannt, haben für sich allein nach meiner Erfahrung auch keine größere Bedeutung, sie sind ja ebenfalls keine strahlenden Körper die Energie aussenden, sondern nur mathematische Punkte, haben also keine direkten Auswirkungsmöglichkeiten. Nach meiner Anschauung reflektieren sie nur die Natur ihres Planeten auf ihre Umgebung, und zwar im Sinne ihres Planeten und im Sinne des Zeichens, in dem sie sich befinden, aber immer mehr von der geistigen, ursächlichen Seite aus. Außer der Konjunktion können die anderen Winkelbildungen zu diesen Spiegelpunkten unberücksichtigt bleiben.

Die sensitiven Punkte

Die sensitiven Punkte verdienen keinesfalls das Los, zum alten Gerumpel geworfen zu werden. Das ist allen denen klar, die sich mit ihnen vorurteilslos befassen. Sie zeigen sich ihnen als ein nicht zu unterschätzendes Element der Prognose.

Die Vertreter der sensitiven Punkte fassen diese als empfindlich erregte Stellen der Raumenergie auf, hervorgerufen durch eine siderische Kräfteverbindung zweier Gestirne in Bezug auf den ebenfalls sensitiven Grad der am Osthorizont im Geburtsaugenblick aufsteigenden Ekliptik. Mit der Annahme einer wirkungsvollen dynamischen Raumenergie ließen sich vielleicht die sensitiven Punkte erklären. Im engeren Sinne müssen zu den sensitiven Punkten auch die Spiegelpunkte, die Halbdistanzpunkte, die Reaktionspunkte, usw., gerechnet werden, denn sie sind ja auch nichts anderes als mathematische Punkte des Raumes.

Aber mit diesen wird gerechnet, sie werden propagiert und als Deutungselemente in der Prognose verwendet, obwohl auch ihnen eine eigentliche logische Begründung mangelt und man sie nur als erregte Kraftstellen des Raumes ansehen kann. Es gibt eben noch viele Geheimnisse des Kosmos, die sich uns noch nicht restlos entschleiert haben.

Die von mir vertretenen sensitiven Punkte haben sich mir und allen denen, die mit ihnen arbeiten, als eine sehr wirkungsvolle Hypothese erwiesen. Meine mehr als dreißigjährige astrologische Erfahrung zwingt mich, diese Hypothese ganz energisch zu vertreten. Wir haben es hier auch nicht mit einer neuen Erfindung zu tun, sondern die sensitiven Punkte waren schon den Alten bekannt, auch Ptolemäus, der einen Punkt für Glück kennt. Besonders die Astrologen der arabischen Blütezeit haben die Theorie dieser Punkte ausgebaut. Man findet sie auch bei Firmicus, Junctinus, Montulmo, Leovitius und vielen anderen mittelalterlichen Astrologen, die besonders den Punkt für Glück beachteten. Das historische Horoskop Keplers über Wallenstein zeigt u. a. einen Punkt (Teil) für Vater und einen für Mutter.

Die Wirkungsmöglichkeit der sensitiven Punkte besteht darin, dass die Wechselwirkung zweier Gestirne, die von gleichem oder ähnlichem Einfluss auf eine bestimmte Angelegenheit des menschlichen

Lebens sind, eine Beziehung zum Aszendenten haben. Es wird daher von diesem aus durch die dreifache Kräfteverbindung eine Stelle im Horoskop sozusagen empfindlich gemacht und erregt, wonach diese Stelle im Sinne der beiden, die Erregung verursachenden Himmelskörper in Wirkung tritt. Der sensitive Punkt, bezogen auf die Ekliptik, hat darum eine materielle Wirkung, weil er der Raumenergie angehört.

Es mag diese Erklärung vielleicht noch unzulänglich oder irrtümlich sein und durch die emsige astrologische Forschung, vorausgesetzt, dass sie sich nicht durch das bisherige Vorurteil weiter ablehnend verhält, in späterer Zeit durch eine bessere abgelöst werden. Aber bis dahin muss man sich an die zwingenden Tatsachen der Erfahrung halten, die den sensitiven Punkten die vollste Berechtigung zuweisen.

Wenn einerseits ein Teil der modernen Astrologen durch ein allzu starres Ablehnen der sensitiven Punkte ein Unrecht begeht, so liegt die Sünde eines anderen Teiles der Astrologen in der kritiklosen Neuerfindung einer Unmenge sensitiver Punkte für alle nur möglichen, kleineren und größeren Ereignisse des Lebens, ja sogar für seelische Stimmungen und dergl., wodurch diese wichtige Hypothese, die sich dem ernst meinenden gar bald als Wahrheit erweisen wird, in Lächerlichkeit und Misskredit gebracht wurde. Daher lehne ich alle Punkte einer kritiklosen Neuerfindung, wie für „Ethik, Harmonie, Literatur, Feigheit, Vielweiberei, Diebstahl, Erfindung“ usw. als störend, überflüssig und sogar lächerlich, mit aller Entschiedenheit ab.

Die alten sensitiven Punkte dürfen freilich nicht als selbstständig wirkende Faktoren aufgefasst werden, sondern nur als wertvolles Ergänzungsmaterial zur Prognose. Man kann natürlich auch ohne diese Punkte auskommen, wird aber dann oft in dieser oder jener Aussage mit Unklarheiten und Unsicherheiten zu kämpfen haben, die sich jedoch lösen, wenn man den dafür in Betracht kommenden sensitiven Punkt mit zurate zieht. Es gibt erfahrungsgemäß viele Horoskope, die durchaus nicht eindeutig sind, die in ihrer Kompliziertheit gegenüber einzelnen Fragen treffsichere Schlüsse sehr erschweren. Durch die Hilfe des sensitiven Punktes aber findet man die richtige Lösung.

Da diese Punkte von der Genauigkeit des Aszendenten abhängen, können sie auch mit Vorteil zu Korrekturen der Geburtszeit verwendet werden, besonders dort, wo die angegebenen Geburtszeiten bis zu einer

Stunde unsicher sind. Die Geburtszeit stimmt nur dann, wenn die sensitiven Punkte durch Zeichen, Dispositor, lokale Position und Aspekte die zu Korrekturzwecken angegebenen Ereignisse voll und ganz bestätigen.

Bezüglich der Aspekte sei erwähnt, dass die sensitiven Punkte außer der Konjunktion, nur Aspekte empfangen, niemals aber selbst solche werfen können. Zwei Punkte z. B. können wohl in Konjunktion stehen, aber keinen anderen Aspekt miteinander bilden. Wo aber das zodiakale Verhältnis auf einen Aspekt weist, hat man eine Vereinigung der beiden Auswirkungsmöglichkeiten, aber auch die eventuelle Verbindung der beiden Dispositoren zu erwägen. Es kommt auch viel auf die Stellung des Dispositors eines Punktes an.

Schließlich sei noch erwähnt, dass die eminente Wirkungsfähigkeit der sensitiven Punkte sich auch durch die Transite erweisen lässt. Schwere Erkrankungen z. B. zeigen immer den transitorischen Einfluss der für das Ereignis in Betracht kommenden Planeten auf den Punkt für Krankheit und Tod. Eine transitorische Erregung des Punktes für Liebe und Ehe z. B. hat die Tendenz, auch immer ein solches Ereignis auszulösen.

Ein vollständiges Regelmaterial über die „sensitiven Punkte“ findet der Leser, in meinem kürzlich erschienenen Buch: „Die sensitiven Punkte in der Astrologie“. Die Wirksamkeit dieser Punkte wird darin an vielen Horoskopen historischer Persönlichkeiten bewiesen.

Die Fixsterne

Die alten Astrologen haben auf die Beeinflussung der Fixsterne sehr viel gehalten und -hatte bei ihnen sogar einer der kleinen Sterne schon eine große Wirkung. Die „Moderne Astrologie" dagegen weist der Beeinflussung der Fixsterne eine etwas bescheidenere Rolle an. Nicht dass sie deren Wirkung in Abrede stellen will, aber sie hat Beschränkungen eingeführt.

Nach diesen wirkt ein Fixstern nur in der Konjunktion, Opposition oder im Parallelschein mit einem anderen Planeten, aber auch mit einem Haus. Alle anderen Aspekte sind ausgeschlossen. Um eine uneingeschränkte kräftige Wirkung zu erzielen, wird sogar verlangt, dass die Planeten mit ihren Breiten bis zu 5° mit denen der Fixsterne übereinstimmen sollen.

Bei größeren Breiteunterschieden wird die Wirkung abgeschwächt. In der Länge wird der Umkreis der Fixsterne bis höchstens 2° angenommen. Je exakter der Aspekt, desto kräftiger die Wirkung.

Die Sterne wirken auf der nördlichen Hemisphäre kräftiger, wenn sie nördliche Breite haben und auf der südlichen Hemisphäre sind alle Sterne mit südlicher Breite von größerem Einfluss.

In der Astrologie werden nur die Sterne 1. bis 2. Größe als beeinflussend angesehen. Man teilt die Fixsterne ihrer Helligkeit nach in sechs Klassen ein, „Größen" genannt, die jedoch mit den wirklichen Größenverhältnissen der Fixsterne nichts gemein haben.

Die Fixsterne haben den meisten Einfluss, wenn sie nahe dem 10., 1., 7. oder 4. Haus oder in Konjunktion mit Sonne oder Mond stehen.

Auch in Konjunktion mit den Planeten ist ihr Einfluss nicht zu unterschätzen, besonders wenn diese Konjunktion in einem der erwähnten Eckhäuser stattfindet.

Diejenigen Fixsterne, deren Breite 8° 30 nicht überschreitet, haben in Konjunktion mit der Sonne eine sehr hervorragend bestimmende Wirkung.

Ein Fixstern in exakter Kulmination, also in enger Konjunktion mit dem 10. Haus, ist ebenfalls von eminenter Wirkung, desgleichen, wenn ein Fixstern sich im exakten Aufgang, also in enger Konjunktion mit dem Aszendenten befindet.

Aldebaran, Rigel, Regulus, Spika, der nördliche Esel, die nördliche Schale, Fomalhaut, Antares, Algol, Plejaden, Hyaden und Sirius sind hauptsächlich das Leben und Geschick des Geborenen beeinflussend, wenn sie an der Spitze des 1. oder 10. Hauses stehen oder eine Konjunktion mit Sonne oder Mond aufweisen.

Man kann auch ohne Berücksichtigung der Fixsterne treffsichere Schlüsse aus dem Geburtsbild ziehen und gibt es genug prominente Astrologen, die den Fixsternen keine Beachtung schenken. Ich selbst benütze sie bei der Ausdeutung fast gar nicht, da mir die durch sie gewonnenen Schlüsse zu unsicher sind. Es mag sich bei ihnen wohl mehr um Zufallstreffer handeln.

Wer aber dem Wirken der Fixsterne, die ja doch nicht unserem Sonnensystem zugehörig sind, größeres Vertrauen entgegenbringen will, der sei auf die Broschüre „Die Fixsterne in ihrer Wirkung auf die menschlichen Schicksale“ von Otto Pöllner verwiesen. Dieser Autor hat in diesem Büchlein die alten klassischen Regeln über die Fixsterne gesammelt.

Besondere Regeln

Diese Regeln sind aber nur mit einiger Vorsicht zu verwenden und in jedem einzelnen Falle auf ihre Brauchbarkeit zu untersuchen. Bezüglich der Charakteranlagen und mentalen Fähigkeiten werden sie so ziemlich stimmen, was aber die anderen Lebensverhältnisse anbelangt, so hat man auch hier nicht so sehr auf Geschicke bzw. unbedingte Notwendigkeiten zu achten, als vielmehr auf komische Einflüsse, die nicht immer zwingen, sondern in vielen Fällen nur gewisse Verhältnisse des Nativen zu seiner Umwelt anzeigen.

Übrigens sei hier auf Ptolemäus verwiesen, der schon zu seiner Zeit verlangte, dass man sich hüten soll, aus einem Horoskop allzu viel herauslesen zu wollen. Das Geburtsbild zeigt in der Hauptsache nur das Verhältnis des Nativen zu seiner Umwelt an, nicht aber die Geschicke dieser Umwelt.

Es ist daher unangebracht und irrig, wollte man aus dem Horoskop das Wohl oder Wehe aller Verwandten, die genaue Zahl der Kinder und deren Geschicke, Glück und Unglück der Freunde usw. bestimmen. Schon alles das, was den Nativen selbst angeht, bietet eine solche Fülle von Möglichkeiten und damit Kombinationen, dass man sich durch Nebensächlichkeiten das Gesamtbild nicht noch komplizierter gestalten soll.

Von den geistigen, intellektuellen und moralischen Qualitäten

Das Zeichen des Aszendenten, dessen Herr, der Dekanatsherr, die Planeten im 1. Haus, auch im 3., 9. und 10. Haus und hauptsächlich der Merkur und der Mond nebst ihren Aspekten, als auch der Uranus und die Sonne, müssen bei Abschätzung der obigen Qualitäten in Betracht gezogen werden.

Steht das 1. Haus bei harmonischer Mond und Merkur Stellung in den Zeichen Zwillinge, Jungfrau, Waage oder Wassermann, so wird der, einem solchen Zeichen unterstehende Mensch hoch intellektuell, gelehrig, klug, intuitiv veranlagt und zum Studium der Wissenschaften, Literatur, Sprachen und den Künsten befähigt sein. Diese Zeichen machen im Allgemeinen rasch und leicht auffassend und scharfsinnig.

Steht das 1. Haus bei harmonischer Sonne und Mond Stellung in den Zeichen Widder, Löwe oder Schütze, so wird der unter einem solchen Zeichen Geborene sehr viel Ehrgeiz, Beifallsliebe, Neigung zum Sport und ein feuriges Temperament besitzen; er wird eine offene, freie, mehr ernste Natur sein und das starke Streben in sich fühlen, zu dominieren, anzuordnen und zu regieren. Die Zeichen Löwe und Schütze sind in Beziehung auf obige Aussagen besser als das Zeichen Widder, denn Widder äußert sich oft in zu starker Energie, besonders wenn die Sonne in einem Feuerzeichen steht und stark mit Mars verbunden ist.

Bei Beurteilung der geistigen und intellektuellen Qualitäten ist immer auf die Stellung von Merkur und Mond zu achten, wie auch auf die kosmische Kraft des Herrn des 1. Hauses. Es ist immer gut, wenn sich diese drei Planeten kräftig aspektieren und in Häusern befinden, die von Einfluss auf diese Angelegenheit sind.

Bei Beurteilung der moralischen Kräfte, des Gemütes und Trieblebens kommen neben dem Zeichen des 1. Hauses auch dessen Herr, dann Sonne und Mond infrage. Ihre gegenseitige Aspektierung, ihre kosmische Kraft müssen beachtet werden.

Die geistige Veranlagung wird immer gut sein, wenn der mit Mond harmonisch verbundene Merkur in den Zeichen Zwillinge, Jungfrau. Waage oder Wassermann steht, und wenn er dazu noch im 1., 3., 9. oder 10. Haus sich befindet, so vermehrt er die geistigen Qualitäten.

Merkur in den Zeichen Krebs oder Fisch ist weniger günstig, wenn er nicht gut aspektiert ist. Ohne harmonische Aspekte macht Merkur in diesen beiden Zeichen oberflächlich, geschwätzig, veränderlich, eingebildet, wankelmütig. Ist der Merkur aber in einem dieser Zeichen von anderen Himmelskörpern harmonisch bestrahlt, so gibt er trotzdem gute Geistesgaben, besonders wenn das 1. Haus in den Zeichen Zwillinge, Waage oder Wassermann steht.

Im fixen Zeichen tendiert der Merkur zu Beharrlichkeit und Fleiß.

Im Zeichen Widder ist der Merkur günstig, da er sehr wissbegierig macht und eine reiche, fruchtbare Fantasie gibt, allein er beeinflusst auch zur Heftigkeit, Überstürzung, Rechthaberei und allzu raschem Sprechen.

Merkur in den Zeichen Zwillinge, Jungfrau. Waage oder Wassermann gibt vorzügliche geistige, intellektuelle Anlagen, Originalität in den Ideen und gute Rednergabe als auch Schriftstellertalent.

Es hängt sehr viel von der Bestrahlung der für Geist, Intellekt und Moral bedeutsamen Himmelskörper (Merkur und Mond) ab; denn wenn sie selbst in günstigen Zeichen stehen, aber durch disharmonische Aspekte oder sonstige Schädigungen betrübt sind, werden die obigen Qualitäten nur sehr eingeschränkt oder ungünstig auftreten. In vorzüglicher Weise kommen sie aber zur Geltung, wenn der Merkur in einem für die Sache günstigen Zeichen, dann aber noch in seiner Erhöhung oder im 3. oder 9. Haus steht.

Hohe geistige Fähigkeiten geben Merkur und Mond, auch wenn sie sich im Zeichen Krebs oder Steinbock befinden, aber von guten Planeten harmonisch bestrahlt sind und zueinander in einem Aspekt stehen. Je kräftiger dieser Aspekt, desto kräftiger ist die Wirkung.

In fast allen Nativitäten von hochgeistigen Menschen (Dichtern, Denkern usw.) stehen der Merkur und der Mond in irgendeinem größeren Aspekt, sei es auch Quadratur oder Opposition.

Wenn der Merkur im Zeichen Fisch, Widder oder Wassermann und im Aspekt mit dem Mond, harmonisch bestrahlt durch Jupiter oder Venus (Sextil oder Trigon) steht, so kann man auf einen hohen, mächtigen Intellekt des Geborenen schließen. Die Nähe der Sonne zu Merkur erhöht noch die Wirkung der obigen Konstellation.

Wenn ein Horoskop den Mond und Merkur in Konjunkiton, Quadratur oder Opposition mit Uranus, Saturn oder Mars hat und die letzteren Planeten stehen noch teilweise zueinander in einem disharmonischen Aspekt, so wird der Geborene sehr oft das seelische Gleichgewicht verlieren und in Ärger und Disharmonie verfallen.

Dagegen halten harmonische Aspekte der Venus und des Jupiter zum Mond und Merkur den Geist in steter Harmonie und im Gleichgewicht.

Die Betrübung des Mond und Merkur durch einen disharmonischen Aspekt von Uranus, Saturn oder Mars gibt aber auch Anlage zu Geistesstörungen, besonders wenn Uranus, Saturn oder Mars über dem Mond stehen, d. h., wenn der Mond in einem Haus unter dem Haus steht, in welchem die unglücklichen Planeten sich befinden und der Mond oder der Merkur überdies in einem Eckhause stehen.

Man nennt das obige Verhältnis: „Elevation “.

Eine Elevation des Saturn, ist beispielsweise dann der Fall, wenn dieser Planet im 9. Haus und der Mond im 8. Haus stehen. Dann ist der Saturn in Elevation über dem Mond. Oder wenn z. B. der Mars im 12. Haus und der Merkur im 2. Haus stehen; in diesem Falle ist der Mars in Elevation über dem Merkur.

Wenn Merkur und Mond sehr getroffen werden durch disharmonische Aspekte und sonstige Schädigungen, aber selbst zueinander in keinem Aspekt stehen, so kann ebenfalls auf Anlage zu geringerer Geisteskraft geschlossen werden.

Je mächtiger Sonne und Merkur bei der Geburt stehen, d. h. an guten Orten und in harmonischen Aspekten mit Glück bringenden Planeten, desto kräftiger und vorzüglicher wird der Intellekt des Geborenen sein.

Jupiter vorherrschend (mächtig) im Horoskop und im harmonischen Aspekt zu Sonne, Merkur oder Mond gibt viel Freigebigkeit, feinen Verstand und Edelmut; die Freigebigkeit entspringt aber zum Teil einer gewissen Eitelkeit.

Dominiert Venus in einem Horoskop (wenn dieser Planet der kräftigste ist) und sie ist in harmonischen Aspekten zu Sonne, Merkur und Mond, so macht sie edelmütig, kunstsinnig, mit verfeinertem Intellekt aber verschwenderisch.

Mars in solcher Stellung gibt ebenfalls Neigung zur Verschwendung und auch Tollkühnheit und Unüberlegtheit. Der Intellekt setzt sich mit großer Energie zur Geltung.

Uranus dominierend und im harmonischen Aspekt zu Sonne, Merkur und Mond gibt eine mehr impulsive Freigebigkeit. Der Intellekt ist meist hervorragend, oft genial, neigt aber zu Extremen.

Saturn vorherrschend und in harmonischem Aspekt mit den beiden Himmelslichtern und dem Merkur gibt Neigung zu Selbstsucht. Diese Konstellation gibt aber einen überlegenen und auf das Praktische gerichteten Verstand, Tiefgründigkeit, im innersten Wesen aber eine gewisse Zurückhaltung und Verschlossenheit.

Wenn Venus, Jupiter, Sonne oder Mars im 1. Haus stehen und Saturn einen Aspekt dazu hat, oder wenn der Saturn aus einem Partialaspekt den Herrn des 1. Hauses anblickt, so ist immer mit Sicherheit auf eine stark entwickelte Erwerbssucht und Erwerbstüchtigkeit zu schließen.

Dagegen deuten die Sonne, Jupiter, Mars oder Venus, vorherrschend und unbeeinflusst von Saturn, immer auf eine leichtere Lebensauffassung, auf einen freieren, idealen Dingen zustrebenden Intellekt. Wenn der Merkur im 1. Haus steht und von einem harmonischen Saturnaspekt getroffen wird, hat der Geborene viel Erwerbssinn und Tüchtigkeit und große Liebe zum Besitz von Geld und Geldeswert, besonders wenn der Merkur noch dazu in einem irdischen Zeichen steht.

Sonne und Mond in ihrer Erhöhung und beide mit Merkur in Konjunktion verbunden geben dem Geborenen eine sehr gute geistige Disposition, sie machen ihn gütig und freigebig; steht aber Saturn dazu in irgendeinem Aspekt, dann ist der Geborene in beständiger Sorge um seinen Besitz.

Wenn Venus und Merkur sich glücklich und harmonisch bestrahlen, so wird der Geborene leicht lernen und die Wissenschaften lieben. Allein bei disharmonischer Bestrahlung machen sie überkritisch, schlau, egoistisch und genusssüchtig.

Uranus und Merkur im Aspekt deuten auf Neigung zur Sophistik. Der Geborene wird sich aber eines durchdringenden Verstandes erfreuen. Bei disharmonischer Bestrahlung hingegen bringt diese Konstellation sehr böse Eigenschaften, die intellektuellen Fähigkeiten werden dann mitunter zu unlauteren Zwecken verwendet.

Die tropischen Zeichen machen im Allgemeinen das Gemüt zu politischen Angelegenheiten, Gemeinwesen, Rang und Vornehmheit geneigt. Auch ist ein Hang für theologische und philosophische Studien vorhanden. Diese Zeichen machen scharfsinnig, erfinderisch, tätig, nachsinnend und überlegt.

Zweikörperliche Zeichen machen das Gemüt wunderlich, wankelmütig und flüchtig. Problematische Naturen.

Fixe Zeichen machen gerecht, unnachgiebig, fest, derb, klug, umsichtig, ausdauernd, geduldig, streng, pünktlich, zurückhaltend, aber auch streitsüchtig.

Das sind allgemeine Einflüsse, die durch die anderen, schon erwähnten Faktoren sehr stark verändert werden können.

Die das 1. Haus bestrahlenden Aspekte haben viel mitzusprechen, ebenso die Aspekte, welche den Herrn des 1. Hauses und des Dekans bestrahlen! Sollte zum Beispiel das Zeichen Krebs das 1. Haus besetzen, so ist bekanntlich der Mond der Herr desselben.

Wird nun dieser Himmelskörper im Löwe und in Konjunktion mit der Sonne gefunden, so hat der Geborene sicher einen großen Teil der Sonnennatur; er wird also großherzig, wohltätig, fest und tätig sein. Ebenso ist es mit den andern Planeten.

Natürlich treten damit unendliche Verschiedenheiten hervor. Man nehme z. B. eine Person, in deren Horoskop der Mond in den Fisch steht, und eine andere, wo er im Schütze ist. Die Wirkung wird sehr verschieden sein, den einen macht er rührig und tätig und den anderen (Mond in den Fisch) kalt und langweilig.

Aber auch die Dekane sind als Unterton mitbestimmend. Wenn das 1. Haus in 16° Zwilling also im 2. Dekan dieses Zeichens stehen würde, so ist auch die Venus als Dekanatsherrin zu berücksichtigen.

Der Mond macht, wenn er sehr schlecht bestrahlt ist, gemütsarm.

Man hat nun zuerst die Aussage des Zeichens des 1. Hauses, des Dekanes, der Aspektierung des 1. Hauses und des Herrn dieses Hauses, der Planeten im 1., 3., 9. und 10. Haus, sodann der Sonne, des Merkurs und des Mondes (der beiden letzteren besonders) vorzunehmen. Daraus ist dann ein Endresultat abzuleiten, indem man die Widersprüche, die sich ab und zu ergeben, auflöst, die gegenseitigen Verstärkungen beachtet, ebenso die Abschwächungen und die sich ergänzenden Aussagen besonders berücksichtigt.

Dieser Vorgang, ein Endresultat zu erreichen, wird auch bei allen folgenden Kapiteln eingehalten.

***

Auch die nachstehenden Regeln und Ausführungen entstammen der Tradition und dürfen nicht als unbedingt sich erfüllende Schicksalsnotwendigkeiten aufgefasst werden, sondern nur als Hinweise, als Einflüsse, deren Auswirkungsmöglichkeiten immer von dem Charakter, der Wesenheit und den persönlichen Eignungen und Fähigkeiten oder Fehlern und Schwächen des Nativen abhängt. Daher müssen bei den Ausführungen über Besitzverhältnisse, Familienangelegenheiten, Berufsmöglichkeiten usw. stets die körperlichen, geistigen und moralischen Qualitäten des Nativen grundlegend berücksichtigt werden.

Es ist nicht möglich allen diesen Ausführungen eine psychologische Begründung beizufügen, dagegen soll hier auf den alten Satz hingewiesen werden, „dass die Sterne nur beeinflussen und geneigt machen, keinesfalls aber zwingen“. Man muss eben lernen durch Willenskraft, Weisheit und Höherentwicklung diese astralen Einflüsse zu beherrschen. Man erlebt meist nur das, was man sich durch Unvernunft, Willensschwäche oder moralische Widerstandslosigkeit selbst herbeizieht. Im entgegengesetzten Sinne aber hat es der Einsichtige und Willenskräftige in seiner Hand, trotz der eventuell hindernden astralen Einflüsse sein Geschick dennoch günstig zu gestalten. Nur muss er selbstverständlich diese Einflüsse kennen und beachten.

Über die Gesundheitsverhältnisse. Die Krankheitskonstellationen

Es ist selbstverständlich, dass die im Nachfolgenden angeführten Krankheitssignifikatoren nicht alle von ihnen beeinflussten Krankheiten zur Auswirkung bringen können. Man muss überhaupt bei der Beurteilung der Krankheitsdispositionen sehr vorsichtig sein und unbedingt die entsprechenden Determinationen berücksichtigen.

Es muss auch immer die Stärke der körperlichen Widerstandsfähigkeit des Individuums beachtet werden, die sich besonders durch Sonne und den Aszendenten beurteilen lässt.

Schwere Krankheitsdispositionen bei einem kräftigen Organismus wirken sich sehr oft nur als gelegentliche Unpässlichkeiten oder leichtere Anfälle aus, während sie bei schwächlicheren Konstitutionen energischer auftreten.

Die medizinische Astrologie verfolgt mit diesen Darstellungen nur den Zweck, dass man die Verfassung seines Körpers kennenlernt und mit ihr auch die Stärke oder Schwäche der einzelnen Organe. In Kenntnis der schwächeren, angriffsfähigeren Organe des Körpers kann man durch Schonung und geeignete Lebensweise vorbeugend wirken und die Erkrankungsmöglichkeiten erheblich vermindern.

Keineswegs können die wenigen Ausführungen einen Anspruch auf Vollständigkeit machen. Der für dieses Gebiet interessierte Leser findet in dem in Kürze erscheinenden Band 8 dieser Kollektion „Medizinische Astrologie“ eine erschöpfende Behandlung dieses wichtigen Zweiges der Astrologie.

Zur vorläufigen Orientierung aber genügen die nachstehenden Unterweisungen.

Der ganze menschliche Organismus mit allen seinen Funktionen untersteht den kosmischen Einflüssen der Tierkreiszeichen, und da diese in enger Verbindung mit den Planeten stehen, auch mit diesen. Diese Analogien der Tierkreiszeichen mit den Planeten können bestimmte Körperorgane günstig beeinflussen, sie also in beständiger Gesundheit erhalten, oder aber zu Erkrankungen und Funktionsstörungen führen, je nachdem zwischen dem Zeichen und dem es besetzenden oder beeinflussenden Planeten Sympathie oder Antipathie besteht.

Die Krankheitssignifikatoren

Da das gesamte Horoskop auch den ganzen menschlichen Körper darstellt, muss es auch in allen seinen Teilen bezüglich der schwächeren Organe und Funktionen zur Beurteilung der Krankheitsdispositionen herangezogen werden.

Die Sonne ist in dieser Beziehung der wichtigste Signifikator, denn sie bedeutet die Lebenskraft und zeigt an, wie groß die körperliche Widerstandskraft überhaupt ist. Auch der Mond muss in allen Fällen berücksichtigt werden.

Sodann hat man den Aszendenten zur Prüfung heranzuziehen. Der Einfluss des Zeichens, in dem er steht, ist maßgebend, aber auch der Geburtsgebieter, d. i. der Herr des Zeichens des Aszendenten. Dessen Kraft und Aspekte wie auch seines Dispositors sind sorglich zu prüfen. Man soll aber auch die Aspekte, die der Aszendent erhält, berücksichtigen.

In der gleichen Weise sind jene Planeten zu untersuchen, die sich im 1. Haus befinden.

Die Besetzung des 6. Hauses ist ebenso wichtig, und ergänzend auch die des 8. und 12. Hauses, denn diese drei Häuser sind nach der Tradition die Unglückshäuser des Horoskops. Davon muss dem 6. Haus die größte Sorgfalt zugewendet werden, da es das eigentliche Krankheitshaus ist. Der Planet in diesem Haus ist entscheidend. Aber auch dieses Hauses Zeichen, wie auch seine Aspekte sind zu untersuchen.

Auf alle Fälle beachte man die Stellung und kosmische Kraft von Saturn, Mars und Uranus. Bei disharmonischer Stellung derselben sind immer jene Organe des Körpers gefährdet, die den Zeichen entsprechen, in denen sie sich befinden. Als letzten ergänzenden Signifikator untersuche man den Punkt für Krankheit und Tod, und zwar in Rücksicht auf das Zeichen, den Dispositor und allen Aspekten.

Für alle Signifikatoren aber gilt die Regel, dass die Krankheitsdispositionen nur dann zur Auswirkung gelangen können, wenn diese Signifikatoren kosmisch disharmonisch gestellt sind und disharmonische Aspekte ohne Hilfe von harmonischen Planeten erhalten.

Günstig gestellte, harmonisch aspektierte Signifikatoren bezeichnen kräftige und widerstandsfähige Organe und Körperteile, die von Krankheiten verschont bleiben.

Das gilt auch für Saturn und Mars. Verletzungen und Körperfehler werden durch die gleichen Signifikatoren bedingt.

Um nun die Krankheitsdispositionen eines Horoskops zu beurteilen, muss man die durch Analogie und Empirik erkannte Zuteilung der Zeichen wie auch der Planeten zu den einzelnen Organen und deren Funktionen kennen, wie folgt:

Die Tierkreiszeichen

Widder. Der Kopf, das Gesicht, die Schädelknochen (mit Ausnahme der Nasenbeine), die gesamte Muskulatur des Kopfes und Gesichtes, die Augen, das Großhirn und alle Kopfnerven.

Der Aszendent im Widder deutet im Allgemeinen auf starke Vitalität, reichliche Eigenwärme und große Widerstandskraft.

Stier. Nacken und Hals, Schlund, Ohren, Kehlkopf, Gaumen, Drüsen, Stimmbänder, Halswirbel, die Muskulatur des Kehlkopfes, Rachens, Schlundes und Nackens.

Der Aszendent im Zeichen Stier bildet meist kompakte, fleischige Körper mit guter Lebenskraft, aber einer gewissen Schwerfälligkeit.

Zwillinge. Arme und Hände, Luftröhre, Bronchien, Lungen, Thymusdrüse, Kappilllaren, Schulterblatt, Schlüsselbein, das Nervensystem, die Knochen der Arme, Hände und obere Rippen und die diesen Körperteilen entsprechenden Muskeln.

Der Aszendent im Zeichen Zwillinge deutet auf einen sehr beweglichen, geschmeidigen Körperbau. Die besondere Funktion dieses Zeichens besteht in der Sauerstoffanreicherung.

Krebs. Magen, Bauchspeicheldrüse, Speiseröhre, untere Lungenflügel, Brustfell, Brüste, Milchgänge, Achseln, Brustbein, mittlere Rippen, Zwerchfell.

Der Aszendent im Zeichen Krebs deutet im Allgemeinen auf eine schwächlichere Körperveranlagung mit größerer Empfänglichkeit für alle Einflüsse.

Löwe. Herz, Magenmund, Wirbelsäule, Herzmuskeln, Rückenmuskeln.

Der Aszendent im Zeichen Löwe gibt eine starke Vitalität und widerstandsfähige Lebenskraft.

Jungfrau. Die Gedärme, Bauchfell, sympathisches Nervengeflecht, Bauchmuskeln und gemeinsam mit Krebs das Zwerchfell, das Sonnengeflecht, die Bauchmuskeln.

Der Aszendent im Zeichen Jungfrau beeinflusst im Allgemeinen zu einer guten Konstitution, che aber eine sorgfältige Diät verlangt.

Waage. Nieren, Haut, Lenden, Leistengegend, Lendenwirbel, Lenden- und Kreuzbeinmuskulatur, Gebärmutter im befruchteten Zustand.

Der Aszendent im Zeichen Waage deutet meist auf eine gute Körpergestalt und Vitalität.

Skorpion. Harn und Zeugungsorgane, Blase, Harnleiter, Samenleiter, Prostata, Galle, Mast- und Grimmdarm, Anus, die unbefruchtete Gebärmutter, Nasenbein, Sitzbein, Beckenrand, After- und Blasenschließmuskel.

Der Aszendent im Zeichen Skorpion, deutet oft auf einen mehr gedrungenen, derberen Körper.

Schütze. Der Rumpf, die unteren Gliedmaßen, Hüften, die Knochen derselben, das Gesäß und die Muskeln der Hüften und Oberschenkelknochen. Das Arteriensystem.

Der Aszendent im Zeichen Schütze deutet im Allgemeinen auf einen kräftigen, sehr widerstandsfähigen Körper.

Steinbock. Alle Gelenke und Bänder, besonders die Knie, die Kniescheibe, die Haut im Allgemeinen. Sekundär, die Verdauungstätigkeit (Gegenzeichen Krebs).

Der Aszendent im Zeichen Steinbock deutet im Allgemeinen auf eine kräftigere, widerstandsfähige Konstitution.

Wassermann. Unterschenkel, Wadenbein, Schienbein, Knöchel, Achillesseline, Blut und Nerven. Sekundär : die Blutzirkulation.

Der Aszendent im Zeichen Wassermann gibt meist eine gute Vitalität, aber eine etwas empfindsame Konstitution.

Fische. Füße und Zehen, mit Zwillinge auch die Lungen, das Fußskelett, die Zehenbeuger und -strecker. Das Lymphsystem.

Im Allgemeinen deutet das Zeichen Fische am Aszendent auf eine schwächlichere, leichter angriffsfähigere Konstitution.

Die Planeten

Die Sonne. Sie entspricht der Lebenskraft im Allgemeinen, dem Kräfteaustausch und der Erneuerung dieser Kräfte. Sie beeinflusst das Herz, die Arterien, die Blutzirkulation, die Körperwärme, die Verbrennungsvorgänge, ferner nach der Analogie beim Mann das reihte und beim Weib das linke Auge.

Disharmonische Verbindungen der Sonne mit dem Saturn verzögern und hemmen den Herzschlag, verlangsamen ihn zumindest, und disharmonische Verbindungen der Sonne mit dem Mars erzeugen zu hohen Blutdruck und eine allzu beschleunigte Herztätigkeit. Also Sonne im Quadratur oder Opposition mit Saturn verringern die Lebensenergie und Sonne in Quadratur oder Opposition mit Mars überspannen in oft gefährlicher Weise die Lebensenergie.

Je weniger beschädigt die Sonne in einem Horoskop ist, desto größer ist die Vitalität und Lebensenergie, die Regenerationskraft, die Fähigkeit, Krankheiten abzuwehren, also die körperliche Widerstandskraft, demnach ein gutes Zeichen zur Erlangung eines hohen Alters. Eine sehr harmonische Verbindung der Sonne mit dem Uranus deutet darauf, dass der Native äußerlich nur langsam altert und immer viel jünger erscheint, als er wirklich ist.

Der Mond. Er ist der Überbringer und Verbreiter, er wirkt chemisch umsetzend, verändernd, ausscheidend und assimilierend, begünstigt also den Stoffwechsel. Wie die Sonne die Wärme des Körpers vertritt, so beeinflusst der Mond das Feuchtigkeitssystem des Organismus.

Er vertritt den Gärungs- und Zersetzungsprozess, das Wachstum, aber auch die Fäulnis, die Ausscheidung, der Magen, die Speiseröhre, Eingeweide, Mund, Brüste, das Lymph- und Milchsystem, die Körperflüssigkeiten, Fett, Samen, Blase, Milz, Leber, die Drüsen, den weiblichen Schoß und die Geschlechtsteile, den Tränenapparat, und nach der Analogie bei Männern das linke und bei Frauen das rechte Auge.

Der Mond vertritt im Allgemeinen den Säftewechsel, das Wachstum und die Fortpflanzung. Gleichzeitig mit dem Merkur beeinflusst der Mond auch das Gehirn, die Gehirnsubstanz und die Gehirntätigkeit. Sein Einfluss erstreckt sich auch auf Schwangerschaften und besonders auf die Menstruation. Ein disharmonisch bestrahlter Mond, besonders durch Saturn und in Erd- oder Wasserzeichen deutet auf Neigung zu Erkältungen und Katarrhen. Der Mond im Zeichen Stier in disharmonischen Aspekten zeigt eine Neigung an zu Halserkrankungen, im Skorpion Unterleibsleiden, usw., je nach dem Einfluss des Zeichens, in dem er sich befindet.

Der Merkur. Dieser Planet ist im menschlichen Organismus ebenfalls ein verbindendes und vermittelndes Prinzip. In harmonischer Bestrahlung verbindet und fördert er die sonstigen guten Einflüsse des Horoskops, in seiner disharmonischen Bestrahlung aber besonders die ungünstigen Einflüsse. Mit dem Mond zusammen beherrscht er die Gehirnsubstanz und die Gehirnfunktionen. Infolgedessen unterstehen ihm besonders das Nervensystem, die Bewegungszentren des Gehirns, die jede Muskelbewegung leiten, ferner die Zirbeldrüse, Zunge, Hände, die Atmung und die Sprechorgane. Unter den fünf Sinnen beherrscht der Merkur nach der Tradition das Gesicht.

Er verursacht die sympathischen Erregungszustände und die Reflexsteigerungen, in disharmonischer Stellung daher geistige Übererregbarkeit, Neurasthenie, Ruhelosigkeit, Zittern, Delirium, Nervenleiden, Sprachfehler. Schwere disharmonische Verlegungen von Mond und Merkur im Horoskop sind immer starke Anzeichen für einen unausgeglichenen Geist.

Die Venus. Die Zellteilung ist eine wichtige physiologische Funktion der Venus. Sie beherrscht die innere Sekretion des Drüsensystems, die Gewebswasser, das Ovarium und die weiblichen Keimzellen. Sie wirkt erweichend, nährend und befruchtend. Der Venus unterstehen die Venen, Nieren, Eierstöcke, weiblichen Brüste und Geschlechtsorgane, Wangen, Hals, Kehle, Nasenmuschel, alle Säfte und der Samen. Unter den Sinnen beherrscht nach der Analogie die Venus das Gefühl. Eine disharmonisch bestrahlte Venus neigt immer zu Störungen in der Drüsentätigkeit und besonders bei einer disharmonischen Aspektierung durch Saturn bilden sich auch oft Störungen in der Filtration des Harnes durch die Nieren.

Die Venus disharmonisch bestrahlt im Zeichen Stier verursacht Neigung zu Erkrankungen des Halses und im Zeichen Krebs zu Magenleiden. Sexualerkrankungen zeigen sich häufig bei einer disharmonisch aspektierten Venus im Zeichen Skorpion, allerdings mehr in weiblichen Horoskopen. Bei solchen Konstellationen wird meist die Gebärmutter sehr stark in Mitleidenschaft gezogen.

Der Mars. Dieser Planet hat gleich der Sonne eine starke Energieentfaltung, aber in einer gewaltsameren, nach außen strebenden Form. Er treibt das Blut an die Hautoberfläche, ihm untersteht die Produktion der Körperwärme durch Oxidation des Blutes und durch die Muskeltätigkeit, ferner die gesteigerte Ausscheidungstätigkeit von Fremdkörpern und Stoffwechselprodukten (Fieber, Eiterung, Entzündung). Er ist der Erzeuger der animalischen Kraft. Der Mars beeinflusst die Zeugungsorgane des Mannes, mit der Venus auch die Nieren, den Schlund, die Muskelfasern, die Nierenkapsel, das venöse Blut, die inneren Brustdrüsen, das Fibrin des Blutes, die Galle, die Nase und den Nasenknochen, das linke Ohr, die willkürlichen Muskeln, das Hämoglobin. Er beherrscht traditionell als Sinn den Geschmack.

Der Mars tendiert zu Fieber und zu Entzündungen. Ein disharmonisch aspektierter Mars führt zu akuten Krankheiten und hat Einfluss auf Nierenleiden, ferner auf Erkrankungen der Genitalien, besonders der männlichen, auf entzündliche Prozesse in den Ohren, Augen, den Schlund, aber auch auf Hautkrankheiten (Scharlach, Rose), ferner auf Vergiftungen (besonders in disharmonischer Neptun Verbindung), auf Verwundungen aller Art, Hieb-, Stich-, Schieß- und Brandwunden, und schließlich auch auf Seuchen und Epidemien.

Der Jupiter. Die vornehmste Aufgabe dieses Planeten bezieht sich auf die Erhaltung und das Wachstum der Gewebezellen, und wenn sein Einfluss durch disharmonische Aspekte ungünstig wird, so äußert er sich in verfettenden Entartungen, in Wucherungen und dergl. Der Jupiter hat neben der Sonne0 die Aufgabe der Erhaltung des menschlichen Lebens, er wirkt aufbauend und schaffend. Er besorgt die Bildung der roten Blutkörperchen und des arteriellen Blutes und dessen Kreislaufes (gleichwie Venus und Mars das venöse Blut beherrschen). Ein sehr disharmonisch gestellter Jupiter führt leicht zur Blutentmischung, Vollblütigkeit, fetten Sarkomen und verschiedenen Zellenentartungen wie Krebs, usw. Da er in Bezug auf Nahrungsstoffe Kohlehydrate, Zucker usw. beeinflusst, wird ein sehr disharmonisch gestellter Jupiter. Stoffwechselstörungen verursachen und daher eine vermehrte Abscheidung von Eiweißsubstanzen oder

Zucker im Harn zur Folge haben. Da dem Jupiter auch die Glykogenbereitung in der Leber zusteht, kann ein disharmonischer Jupiter leicht die Leber zu übermäßiger Sekretion reizen und zur Fettsucht führen. Dem Jupiter unterstehen die Leber, Arterien, Schenkel, Lenden, Rippen, die Glykogenbereitung und die Blasenmuskulatur. Die durch eine disharmonische Jupiter Stellung verursachte abnorme Tätigkeit der Leber führt zu Harnstoff und Harnsäure. Beim Jupiter ist auch viel auf eine disharmonische Bestrahlung durch Sonne und Mond zu achten. Mit Saturn in sehr disharmonischer Verbindung kann er zu Knorpelgeschwüren, kongestiven Entzündungen oder zu einer sehr trägen Lebertätigkeit führen. Als Sinn ist ihm traditionell der Geruch zugeteilt.

Der Saturn. Der fi hat eine zusammenziehende Natur. Seine physiologische Wirkung ist also Festigung, Verhärtung, Kontraktion und in seiner disharmonischen Bestrahlung durch Hemmung der Sekretion, Verkalkung der Gewebe, Anlagerung von Mineralstoffen und dergleiche. Es besteht also sein durch disharmonische Konstellationen bewirkter ungünstiger Einfluss in Verstopfungen, Bildung von Harnsäurekristallen, Nieren- und Blasensteine, Gicht, Vertrocknung von Glieder- und Gelenkkapseln, Knieaffektionen. Rheumatismus.

Die vom Saturn beeinflussten Krankheiten sind meist chronischer Art und haben in der Mehrzahl einen langwierigen Verlauf, der Krankheitssitz liegt meist sehr tief und ist darum oft sehr schwer zu erkennen. Wenn Saturn und Sonne sich sehr disharmonisch aspektieren, besteht auch oft die Gefahr zu Störungen im Rückenmark, besonders wenn die Sonne auch anderweitig stark disharmonisch aspektiert wird, oder wenn im Zeichen Löwe ein disharmonischer Planet steht. Saturn mit Sonne harmonisch verbunden deutet auf eine zähe Lebenskraft und gute körperliche Widerstandsfähigkeit, aber in disharmonischer Verbindung der Sonne mit Saturn zeigt sich meist das Gegenteil.

Saturn mit Mond disharmonisch aspektiert führt oft zu Gemütsdepressionen, die ungünstig auf das körperliche Gedeihen einwirken. Auch neigt diese Konstellation zu Erkältungskrankheiten und im Allgemeinen bei disharmonischer Stellung des Saturn auch zu Unterernährung infolge von Verstopfungen, Stauungen im Blutkreislauf und im Stoffwechsel. Der Saturn beeinflusst das ganze Knochengerüste, die Zähne, Gelenke, Haut, Blase, Milz, das rechte Ohr, auch den Mund, und im Zeichen Steinbock besonders die Knie, ferner im Zeichen Wassermann die Vorderarme und Schienbeine. Ein sehr disharmonisch gestellter Saturn im Zeichen Widder kann, besonders bei disharmonischer Merkur und Uranus Stellung zu Gehirnleiden führen, aber auch zu Schwerhörigkeit oder Taubheit, denn unter den Sinnen untersteht traditionell dem Saturn das Gehör. Es ist zu merken, dass Mars und Saturn die größten Krankheitserreger sind.

Der Uranus. In der Hauptsache äußern sich die Einflüsse dieses Planeten in Bezug auf das Körperleben mehr auf versteckte Krankheitsformen, die mit den Nerven und den feineren fluidalen Kräften verbunden sind. Daher bezieht sich die kosmische Wirkungssphäre des Uranus hauptsächlich auf die noch zu wenig bekannte strahlende Materie, auf den „Nervenäther", die „Aura" oder das „Od". Infolgedessen hat der Uranus einen starken Einfluss auf das Zentralnervensystem, die Gehirnhäute und das Rückenmark, in seiner sekundären Beziehung auch auf die Waden und die Fußknöchel. Ein disharmonisch gestellter und ebenso bestrahlter Uranus ist immer ein Zeichen ungenügender Nervenernährung, eines kranken Nervenäthers, besonders wenn Uranus mit Saturn disharmonisch verbunden ist. Ein disharmonischer Uranus macht auch geneigt zu Erkrankungen, welche durch einen plötzlichen Temperaturwechsel verursacht werden, ferner zu Leiden, die infolge einer verkehrten Ernährungsweise entstehen, oder durch das Baden, und zwar durch zu heiße oder zu kalte Bäder, oder allzu langem Verweilen im Wasser. Beim Uranus müssen immer die Wirkungen von Merkur, Venus und Saturn, bzw. deren Aspekte zu Uranus genau berücksichtigt werden. Sonst entsprechen seine Krankheitsdispositionen denen des Zeichens, in dem er sich befindet, aber meist immer in Rücksicht auf die Nerven.

Der Neptun. Sein Einfluss kann nur als ein fein ätherischer und psychischer gedacht werden mit indirekter Einwirkung auf die Körperlichkeit. Er beeinflusst das Großhirn, die Augen, Füße, Zehen und den Wurmfortsatz. Der Neptun ist das Prinzip der Betäubung. In sehr disharmonischer Stellung bewirkt er ungünstige Nervenzustände, Schlafsucht, Lethargie, Katalepsie, Ekstasen. Betäubungszustände des Gehirns durch Narkotika, Alkohol, Gifte, ferner Geistesstörungen, Wahnideen, Halluzinationen, Somnambulismus, krankhafte hypnotische und spiritistische Mediumnität, verschiedene Zustände der Bewusstlosigkeit. Personen mit Neptun im Zeichen Widder unterliegen nicht so leicht einem fremden hypnotischen Einfluss.

Über Wohlstand und Armut

Bei diesen Untersuchungen hat man in erster Linie das 2. Haus und dessen Herrscher, Zeichen und Aspekte sowie die in diesem Haus befindlichen Planeten, ebenfalls in Bezug auf ihre kosmische Stellung und ihre Aspekte zu beachten. Ergänzend auch die kosmischen Verhältnisse des 10. und 5. Hauses sowie die Planeten in diesen Häusern. Schließlich ist auch der Punkt für Glück und allenfalls noch der Punkt für Erbschaften und der Punkt für Vermögen zur weiteren Beurteilung heranzuziehen.

Jupiter, Sonne und Venus sind aber nach der Tradition die Hauptsignifikatoren für die Besitzverhältnisse und sollen immer beachtet werden, auch wenn sie sich in Häusern anderer Auswirkungsmöglichkeiten befinden, denn die kosmisch harmonische Stellung dieser drei Planeten, wenn sie auch noch untereinander harmonische Winkelverbindungen haben, weisen immer auf gute finanzielle Verhältnisse. Mindestes ist bei solchen Konstellationen eine dauernde Verarmung nicht anzunehmen.

Über die Erwerbsquellen selbst geben die Auswirkungsmöglichkeiten jener Häuser Auskunft, auf welche die Signifikatoren für den Besitzstand irgendeine Determination ausüben.

Auch die Stellung der Dispositoren jener Signifikatoren kann ergänzende Hinweise geben.

Die Besitzsignifikatoren in kardinalen Zeichen haben die Tendenz, günstige finanzielle Verhältnisse durch einen großen Energieaufwand und unentwegtes Streben zu erzielen. In fixen Zeichen werden die Kräfte zur Wahrung, Sicherung und Stabilität des Besitzstandes verwendet, während in dieser Beziehung bei labilen (gemeinschaftlichen) Zeichen mehr oder weniger Sorglosigkeit und Abneigung gegen allzu großen Kraftaufwand zu bemerken ist, es wird dann alles mehr dem Zufall, dem Glück oder einer günstigen Eingebung überlassen.

Im 2. Haus

Jupiter im 2. Haus in Konjunktion, Parallelschein, Sextil oder Trigon mit der Sonne oder dem Mond deutet auf großen Erfolg; steht Jupiter in Konjunktion oder Trigon mit Saturn oder Uranus, so mag er

Vermögen durch Erbschaften, Schenkungen oder durch die Ehe andeuten, besonders wenn er der Herr des 7. oder 8. Hauses ist. Steht der Jupiter in disharmonischen Aspekten zu Sonne oder Mars, so dürfte der Geborene Vermögen besitzen oder erringen, dieses jedoch durch seine Verschwendung oder üble Spekulationen wieder zum Teil verlieren. Jupiter in disharmonischen Bestrahlungen (besonders in den Zeichen Jungfrau oder Steinbock) verringert den Gelderfolg. Jupiter im 2. Haus schließt aber eine vollständige Verarmung aus.

Sonne im 2. Haus ist vorzüglich wirkend für den Gelderwerb, besonders bei harmonischer Bestrahlung durch Jupiter, Mars, Venus oder auch Mond. Bei disharmonischen Aspekten ist der Erfolg nicht so sehr groß und wird das Erhaltene auch bald wieder durch Verschwendung vergeudet werden.

Bei sehr disharmonischen Aspekten, wie die Opposition des Saturn und ähnlichen, bedeutet es auch schwere Verluste. Es wird aber trotzdem immer neuer Geldzufluss stattfinden.

Venus im 2. Haus in einer Würde stehend und harmonisch bestrahlt, verspricht große Erwerbsmöglichkeiten, besonders wenn sie harmonische Aspekte hat von der Sonne oder dem Mond.

Venus dagegen vom Jupiter aus Quadratur bestrahlt, bringt ebenfalls Wohlstand, jedoch auch eine starke Neigung zur Verschwendung.

Uranus im 2. Haus, bei harmonischer Bestrahlung durch Sonne, Jupiter oder Mond gibt nach und nach großen Vermögenszuwachs; wenn jedoch Uranus weniger günstig bestrahlt ist, so wird der Geborene unter einem steten Fluktuieren in Vermögenssachen zu leiden haben; bei sehr disharmonischen Aspekten des Uranus aber können sehr große Vermögensverluste vorkommen.

Saturn im 2. Haus ist für die Vermögenslage ungünstig, außer er ist vorzüglich harmonisch bestrahlt. In diesem Falle oder wenn er sich in großen Würden und im Zeichen Waage, Stier oder Wassermann befindet, kann eine Vermögensvermehrung durch Geschäfte in Verbindung mit Ländereien, Landwirtschaft, Baulichkeiten, Bergwerken u. ä. stattfinden. Steht jedoch Saturn im 2. Haus disharmonisch aspektiert durch Sonne oder Mond, so deutet er auf zeitweise Arbeitslosigkeit, Verluste im Geschäft usw.

Wenn bei der erwähnten Konstellation jedoch der Herr des 2. Hauses im Trigon oder Sextil des Jupiter steht, so wird der Erwerb des

Geborenen schwierig und nur durch große Anstrengung zu erlangen sein, es ist aber dennoch auf endlichen Erfolg zu hoffen.

Der Mond im 2. Haus, besonders im Sextil oder Trigon der Sonne stehend, deutet auf Glück im Erwerb und verheißt Vermögen. Steht der Mond nicht in harmonischen Aspekten, so deutet er auf ein stetiges Fluktuieren in Vermögensangelegenheiten.

Merkur im 2. Haus, in seinen Würden stehend oder harmonisch aspektiert, gibt Gelderwerb, meist durch die Kaufmannschaft, den Lehrer- oder Beamtenstand oder auch durch die Wissenschaft.

In disharmonischen Aspekten stehend, besonders in der Konjunktion mit Saturn, mag er auch eine Vermögensvermehrung durch unredliche Unternehmungen anzeigen, wenn das ganze Horoskop überhaupt darauf deutet.

Neptun im 2. Haus, harmonisch aspektiert, besonders in harmonischer Anblickung mit der Sonne, deutet auf Vermögen durch ideale Beschäftigungen. Ist der Neptun aber sehr disharmonisch bestrahlt, so besteht die Gefahr einer langsam eintretenden Verarmung, Verluste durch Banken, Beraubungen u. ä.

Mars im 2. Haus, wenn in harmonischen Aspekten stehend, ist eine vorzügliche Konstellation für den Vermögenserwerb. In disharmonischer Anblickung droht er mit schweren und empfindlichen Verlusten.

Im 10. Haus.

Jupiter, Venus oder Merkur im 10. Haus und in harmonischen Aspekten deuten auf gute Vermögensvermehrung, besonders wenn der Mond den Merkur aus einem harmonischen Aspekt anblickt.

Saturn, Uranus oder Mars im 10. Haus, wenn harmonisch aspektiert, deuten auch auf gute Position und finanziellen Erfolg, aber auch auf spätere Verluste und Krisen. Sonst zeigt Saturn im 10. Haus meist in finanzieller Beziehung Schwierigkeiten an.

Sonne im 10. Haus, harmonisch aspektiert. tendiert zu viel Erfolg und guter Vermögenslage.

Die beste Aussicht für die Erlangung oder den Besitz von Reichtum und Wohlstand ist dann gegeben, wenn Sonne, Mond und der Jupiter sich in Eckhäusern befinden, in harmonischen Aspekten zueinander und zu den guten Planeten stehen, vielleicht einer von ihnen in Verbindung mit sehr guten Fixsternen oder einer im 10. Haus, besonders der Mond, ferner alle drei über der Erde, Venus und Jupiter in Eckhäusern oder in deren Nähe (11. Haus), sodann Saturn, Mars oder Uranus unter der Erde sind. Das gibt dann Wohlstand und Erfolg.

Wenn aber die eine oder die andere Bedingung fehlt, so ist dennoch auf Wohlstand zu schließen, nur nicht so mühelos zu erringen, wie bei der vorerwähnten Konstellation.

Der Drachenkopf im 2. Haus deutet auf Vermögen, doch soll er im 2. Haus nicht allein stehen, sonst ist seine Wirkung nicht so groß. Er wirkt stets nur als Vermehrer ind mit guten Planeten. Die Sonne im Trigonal schein mit dem Mond verspricht ebenfalls große Glücksgüter.

Das beste Zeichen für den Erfolg und Gelderwerb ist stets der Jupiter im 2. Haus, und je kräftiger er ist (harmonisch aspektiert und in Würden stehend), desto größer ist der Erfolg. Auch Jupiter in harmonischen Aspekten zu Saturn zeigt Erfolg an, wenn auch mit sehr viel Mühe und Anstrengung verbunden. Weniger günstig sind die harmonischen Aspekte des Mars zu Jupiter, obwohl auch sie auf Erfolg weisen. Wird aber der Jupiter im 2. Haus durch Saturn oder Mars mit disharmonischen Bestrahlungen betrübt (hauptsächlich Quadratur und Opposition), so ist das ein weniger gutes Zeichen für die Vermögenslage.

Die Mehrzahl der glücksbringenden Himmelskörper über der Erde stehend, also im 7., 8., 9., 10., 11. und 12. Haus, und besonders wenn sie mehr östlich stehen, verheißen Glück und Erfolg.

Vorzüglich wirkend für die Vermögenslage wird Jupiter im 10. Haus, bestrahlt aus Sextil oder Trigon durch Sonne, Mond oder Venus angesehen; ebenso wenn Sonne oder Mond mit Jupiter in Konjunktion stehen.

Sonne und Mond zueinander in günstigen Aspeken (besonders in Häusern über der Erde) weisen auch auf großen Gelderfolg.

Wenn im 2. Haus kein Himmelskörper Stent, so ist auch der Herr des 2. Hauses zu beachten. Ein harmonischer Aspekt aus dem 10. oder 4. Haus auf die Spitze des 2. Hauses oder auf den Herrn dieses Hauses deutet auf Geld durch die Eltern, durch Häuser oder Landbesitz; kommen die guten Aspekte aus dem 8. Haus, so durch Erbschaften; aus dem 7. Haus durch Geschäftsteilhaber oder die Ehe; aus dem 3. Haus durch geistige

Arbeit, Briefe, Dokumente, Geschwister usw., je nach der Natur der betreffenden Häuser.

Jupiter, Venus, Sonne und Mond, das 2. Haus harmonisch aspektierend, sind um so wirksamer, je mehr sie in diesem Haus in ihren Würden stehen.

Jupiter und Saturn in Sextil oder Trigon zueinander, und einer von beiden wäre Herr des 7. Hauses, bedeuten Geld durch die Ehe, um so mehr, wenn noch einer dieser Planeten der Herr des Punktes für Liebe und Ehe wäre.

Sehr zu beachten ist auch das 5. Haus, dessen Bestrahlung, Regent und die dieses Haus besetzenden Planeten.

Ein guter Planet in diesem Haus stark gestellt und in guten Aspekten kann günstige Vermögensverhältnisse anzeigen durch gelungene Spekulationen oder durch Lotteriegewinn und dergl., besonders wenn dieser Planet auch der Regent des 2. Hauses wäre.

Wer aber einen disharmonisch bestrahlten Neptun, Saturn, Mars oder Uranus im 5. Haus stehen hat, der vielleicht auch noch aus dem 2. Haus disharmonisch aspektiert wird, lasse alle Spekulationen und Geldgeschäfte, sie würden stets fehlschlagen und Verluste bringen.

Auch das 4. Haus ist, wenn es von Glück bringenden Himmelskörpern, wie Sonne, Mond, Jupiter oder Venus besetzt ist, zu beachten. Wenn diese Himmelskörper harmonische Aspekte haben und in Würden stehen im 2. oder 10. Haus, so können auch diese Konstellationen als günstig für die finanzielle Lage aufgefasst werden, hauptsächlich für das legte Drittel des Lebens. Wenn aber Neptun, Saturn, Mars oder Uranus mit disharmonischen Bestrahlungen sich im 4. Haus befinden, oder wenn die oben erwähnten Glücksbringer im 4. Haus stehen, aber durch Saturn, Mars oder Uranus disharmonisch bestrahlt sind, so wird das legte Lebensdrittel in weniger günstigen Verhältnissen verlaufen, die sich wohl etwas besser gestalten würden, wenn einer dieser Planeten durch einen harmonischen Aspekt von Jupiter, Venus oder Sonne bestrahlt wird.

Schließlich (besonders wenn das 2. Haus unbesetzt ist) muss beachtet werden, ob der Herr des 1. Hauses sich im 10. Haus befindet oder umgekehrt, ob der Herr des 1. oder 2. Hauses gleichzeitig aufsteigend ist im Augenblick der Geburt; ob der Planet im 10. Haus das Aufsteigende (1. Haus) günstig anblickt oder auch die Spitze des 2. Hauses, ebenso die

Planeten, die sich eventuell in diesen Häusern befinden, und endlich wie die Himmelskörper im 10. Haus oder der Herr dieses Hauses von harmonischen Himmelskörpern aus anderen Häusern des Horoskops bestrahlt werden.

Die Zeichen von bescheidenen Geldverhältnissen oder überhaupt einer ungünstigen Finanzlage sind, wenn die Himmelslichter von disharmonischen Planeten aus disharmonischen Aspekten bestrahlt werden, in fallenden Häusern sich befinden, gegenseitig in disharmonischen Aspekten stehen, besonders wenn die gegenseitige schlechte Bestrahlung im 2. Haus stattfindet, wenn ferner alle Glück bringenden Planeten unter der Erde sind.

Das weist auf knappe Erwerbsmöglichkeiten in der Jugend, wenn die hauptsächlichsten Teile dieser Konstellationen sich im Osten befinden. Ferner sind Saturn und Mars in Eckhäusern stehend immer für den Besitzstand ungünstig. Je nach der Vermischung der erwähnten Konstellationen wird sich auch die Größe und Dauer der misslichen Verhältnisse bilden.

Wenn die Mehrzahl der Planeten, darunter der Herr des 2. Hauses und der Herr des Glückspunktes, Wohlstand durch ihre Stellung und Konstellationen anzeigen, so wird derselbe anhaltend sein. Im anderen Falle aber, wenn diese Planeten nicht sonderlich bestrahlt sind und einer von ihnen sich in Elevation über dem Punkt für Glück befindet, so wird der Reichtum nicht von langer Dauer sein.

Der Signifikator für Geldangelegenheiten (Der Herr des 2. Hauses) östlich, zeigt an, dass der Geborene seinen Wohlstand in der Jugend rasch erwirbt, westlich stehend aber deutet er auf langsamen Erwerb in reiferen Jahren.

Über Kinder

Zu Untersuchungen über die Zahl, Gesundheit und den Charakter der Kinder beachte man das 5. und 11. Haus, die Planeten, welche sich darin befinden und jene, welche die Spitzen dieser Häuser bestrahlen.

Die nachstehenden, der Tradition entnommenen Ausführungen bez. der Fruchtbarkeit und der Anzahl der Kinder sind mit Vorsicht aufzunehmen und haben überhaupt nur für weibliche Personen Geltung, da ja der gesunde Mann fruchtbar ist.

Harmonische Planeten im 5. Haus und in harmonischen Aspekten mit dem Mond oder der Venus, ferner das 5. und 11. Haus als auch deren Herren in fruchtbaren Zeichen zeigen viele Kinder an, und besonders wenn Jupiter oder Venus in einem harmonischen Aspekt zum Mond stehen oder die Herren des 5. oder 11. Hauses sind. Uranus, Saturn, Mars und der absteigender Mondknoten verneinen oder deuten nur auf sehr wenig Kinder. Das ist so gemeint: wenn diese Planeten Herren des 5. oder 11. Hauses sind, oder noch mehr, wenn sie sich in jenen Häusern befinden. Merkur im fruchtbaren Zeichen und in einem östlichen Haus stehend, um so mehr wenn er Herr des 5. Hauses ist, zeigt Kinder an. Wenn der Herr des 5. Hauses Kinder verheißt, allein steht oder unbestrahlt ist, weist er nur auf ein Kind. Ist er aber in einem doppelkörperlichen oder wässerigen Zeichen, so zeigt er mehrere Kinder an. Wenn ferner dieser Planet in einem männlichen Zeichen steht oder im Aspekt mit der Sonne, oder der Planet selbst ist männlich, so deutet er auf Knaben. Aber im weiblichen Zeichen, und ohne Sonnenanblickung, oder der Planet selbst ist im weiblichen Zeichen, deutet er auf Mädchen.

Es sind auch die Zeichen des 11. Hauses zur Ergänzung zu beachten.

Wenn hauptsächlich das Zeichen des 5. Hauses Kinder verheißt, also ein fruchtbares Zeichen ist, aber Uranus, Saturn oder Mars, oder der absteigender Mondknoten befinden sich im 5. Haus, so wird der Native viel Kummer während ihrer Lebenszeit mit ihnen haben. Das gilt um so mehr, wenn die erwähnten Planeten oder der Drachenschwanz im Zeichen absteigender Mondknoten oder Jungfrau oder in sehr übler Bestrahlung stehen.

Die Unfruchtbarkeit in weiblichen Horoskopen ist wahrscheinlich, wenn die unglücklichen Planeten, wie Uranus, Saturn, Mars oder die Sonne, Herren des 5. Hauses sowie des 11. Hauses sind, als auch des Punktes für Kinder, und sie stehen in unfruchtbaren Zeichen, ohne harmonische Aspekte von Venus und Jupiter oder aber sie sind in der Mehrzahl (nämlich alle Kinder verneinenden Planeten) in Elevation über die harmonischen Planeten.

Sollten aber die disharmonischen Planeten oder die Sonne in fruchtbaren Zeichen oder in weiblichen stehen, oder aber in unfruchtbaren, jedoch in harmonischer Bestrahlung günstigerer Planeten, so kann wohl auf Kinder geschlossen werden, jedoch werden dieselben kränklich sein. Steht die Sonne in einem Aspekt zu Uranus oder Saturn oder der Herr des 5. Hauses ist rückläufig oder aber in Konjunktion mit der Sonne, eventuell in einem disharmonischen Aspekt zu Saturn oder Mars und besonders wenn in diesem Falle Saturn oder Mars peregrinus (ohne Würden) wären, ferner der Mond in einem Manneshoroskop oder die Sonne in einem weiblichen Horoskop außerordentlich kräftig, aber in disharmonischer Anblickung mit dem Uranus, Saturn oder Mars aus dem 5. Haus stehen, so kann auf Kinderlosigkeit geschlossen werden.

Der Mond im 5. Haus und dieses Haus im Zeichen Krebs verheißt sehr großen Kindersegen bis zum Überfluss. Wenn die Herren des 5. und 11. Hauses Kinder verheißen und sie befinden sich östlich an einem guten Platz des Horoskops (Eckhäuser, 11. und 2.), so werden die Kinder gut geraten, tüchtig und ansehnlich sein. Sind die Herren des 5. und 11. Hauses, sowie des Punktes für Kinder in harmonischem Aspekt (Sextil und Trigon) mit dem Punkt für Glück und dem 1. Haus, so sind die Kinder meist gut geraten, beliebt bei ihren Eltern und Erziehern; aber wenn die erwähnten Herren ohne Bestrahlung und ohne Würden sind, ohne Aspekt zum „Glückspunkt“ und zum 1. Haus, so werden die Kinder schwer lenksam sein. Wenn die Herren des 5. und 11. Hauses sowie des Punktes für Kinder, eventuell auch die Planeten, die sich im 3. Haus befinden, miteinander gut aspektiert sind, so werden sich die Kinder lieben, harmonisch zusammenstimmen und einander helfen.

Besonders wenn noch dazu im 3. Haus gute Planeten stehen, so wird großer Friede und Eintracht zwischen ihnen herrschen. Wenn sich aber diese sämtlichen Signifikatoren für Kinder durch disharmonische Aspekte bestrahlen, gibt es Streit zwischen den Kindern und Uneinigkeit, um so mehr wenn noch im 3. Haus ein disharmonischer Planet steht. Es muss besonders erwähnt werden, dass bei allen Untersuchungen über Kinder die Planeten in Rücksicht gezogen werden müssen, welche sich im 5. Haus befinden, und in zweiter Linie auch jene, welche im 11. Haus stehen.

Die Zahl der Kinder wird vergrößert oder verringert durch die Natur der Himmelskörper, welche sich im 5. Haus befinden, oder der des Herrn dieses Hauses.

Stehen der Punkt für Kinder, die meisten kinderbringenden Planeten sowie die Spitzen des 5. und 11. Hauses in der Mehrzahl in weiblichen Zeichen, so kann vorwiegend auf Mädchen geschlossen werden, andernfalls auf Knaben.

Der Mond im 5. Haus und in einem fruchtbaren Zeichen, besonders Krebs oder Fisch, verheißt viele Kinder.

Traditionelle Aphorismen über Liebe und Ehe

a) zum Horoskop eines Mannes

Hauptsächlich ist die Stellung des Mondes zu überlegen.

Man hat aber auch die Kraft jenes Planeten zu untersuchen, der die meiste Macht über das 7. Haus hat (der Herr des 7. Hauses), ferner den Himmelskörper, der im 7. Haus steht, sowie die Venus. Diese Konstellationen geben Auskunft über Eheangelegenheiten. Ebenso die Stellung des Punktes für Liebe und Ehe ♥.

Wenn die Venus in den Zeichen Stier, Waage, Krebs oder Löwe steht, so ist das kein gutes Zeichen für einen frühen Eheschluss; wenn dagegen die Venus im selben Zeichen mit der Sonne steht und nicht mehr als 18° von ihr entfernt, so ist das schon günstiger für die Ehe.

Die beste Konstellation für einen Eheschluss ist aber, wenn Venus der Sonne im Sextil oder Trigon zu Mars stehen, um so mehr, wenn Separation vorhanden ist.

Wenn Saturn oder Uranus im 7. Haus stehen oder von diesem Haus die Herren sind, so wird der Geborene nicht früh heiraten, erst dann, bis Saturn oder Uranus mit einem guten Planeten in Aspekt stehen und die Sonne oder der Mond diese Konstellation mit einem harmonischen Aspekt verstärken.

Über die Zahl der Frauen

Wenn der Mond und der Liebespunkt (♥) östlich stehen und besonders in einem Eckhause in den Zeichen Zwillinge, Schütze oder Fisch, so dürfte der Geborene wahrscheinlich mehr als einmal heiraten. Der Mond in obiger Situation, von verschiedenen Planeten angeblickt und stark in seinem Zeichen, deutet ebenfalls auf öftere Heiraten.

Steht jedoch der Mond in einem anderen Zeichen und befindet sich nur zu einem Planeten in Anblickung, so deutet das auf nur eine Ehe. Viele Planeten im 1., 5. oder 7. Haus deuten auf sehr viele Liebschaften.

Auch der Punkt für Liebe und Ehe, östlich stehend und in einem doppelkörperlichen Zeichen wie Zwillinge, Schütze oder Fisch, deutet auf mehrere Ehen, ebenso wenn die Spitze des 7. Hauses von einem doppelkörperlichen Zeichen besetzt ist.

Über die Eigenschaften der Frauen

Man untersuche jenen Himmelskörper, welcher zum Mond den nächsten Aspekt in Applikation hat. (Wenn z. B. in irgendeinem Horoskop der Saturn in Quadratur und der Jupiter im Sextil zum Mond steht, so hat der Jupiter den nächsten Aspekt zum Mond; stünde zum Mond aber auch gleichzeitig die Venus in Konjunktion, so ist die Venus als der den Mond am nächsten aspektierende Planet zu betrachten.) Es muss aber dabei immer das Verhältnis der Applikation bestehen.

Wenn der Uranus zum Mond den nächsten Aspekt hat, so gibt das viel Streit, Unfrieden und eine wenig behagliche Häuslichkeit. Die Frau wird exzentrisch, übereilt und wenig häuslich sein, dagegen die Wissenschaften lieben und sich mehr für das öffentliche Leben interessieren.

Wenn Saturn zum Mond den nächsten Aspekt hat, so wird die Frau entweder sehr mürrisch oder ernst und verschlossen sein.

Wenn Jupiter zum Mond den nächsten Aspekt hat, so wird die Frau anständig, häuslich, wohlerzogen, liebevoll und sparsam sein.

Wenn Mars zum Mond den nächsten Aspekt hat, so wird die Frau energisch, widerspenstig, herrisch, aber auch ein sehr guter Kamerad und Freund des Ehegatten sein. Wenn aber der Mars durch disharmonische Aspekte von disharmonischen Planeten getroffen wird, so dürfte die Frau ungemein heftig, streitsüchtig und sehr stolz sein; wird der Mars aber noch dazu durch einen disharmonischen Aspekt der Venus getroffen, so mag die Frau auch noch sehr sinnlich sein.

Wenn Venus zum Mond den nächsten Aspekt hat, so wird die Ehefrau sehr gut veranlagt, fröhlichen Gemüts, sehr häuslich und geschickt, zärtlich, sanft und nachgiebig sein.

Ist die Venus aber durch disharmonische Bestrahlungen betrübt, so wird sich die Frau wahrscheinlich als unklug, modesüchtig, töricht, arrogant, schwatzhaft, verschwenderisch und sehr sinnlich erweisen.

Wenn Merkur zum Mond den nächsten Aspekt hat, so wird die Frau sehr klug, geistig befähigt, geschäftstüchtig, demnach mehr praktisch als ideal veranlagt sein. Wenn aber der Merkur durch disharmonische

Bestrahlungen betrübt ist, so ist die Frau meist unwahr, geschwätzig, unbeständig.

Wenn die Sonne den nächsten Aspekt zum Mond hat, so wird die Frau sehr ehrenwert und anständig sein, freigebig und barmherzig, aber stolz, eitel und nicht leicht zufriedenzustellen. Jedenfalls kann sie aber als vollkommen verlässlich gelten. Ist aber die Sonne von disharmonischen Aspekten getroffen, so wird sie unwahr, verschwenderisch, falsch und herrschsüchtig, träge, herausfordernd und scheinheilig sein.

Wenn aber der Neptun den nächsten Aspekt zum Mond aufweist, so wird die Frau sehr der Kunst geneigt sein, wenig Häuslichkeit besitzen und dem Mystizismus zustreben. Meist stehen die „berühmten Frauen“ unter dieser Konstellation. Sie streben mehr dem Idealen und Geistigen zu und sind nur schwer imstande, den Pflichten einer Hausfrau zu genügen. Steht aber der Neptun in disharmonischen Aspekten, so weist er auf exzentrische, unwahre, verleumdungssüchtige Frauen, die meist ganz verdrehte Ansichten haben.

Die vorstehenden Regeln gelten für die erste Frau; für jede folgende Frau gilt der Planet, der den nächstnäheren Aspekt hat.

Man hat aber auch den Planet zu untersuchen, derim 7. Haus steht ; wenn das 7. Haus unbesetzt ist, so hat man den Herrn dieses Hauses zu berücksichtigen.

Uranus im 7. Haus weist auf Disharmonien sowohl für Liebschaften als auch für die Ehe, um so mehr, wenn der Uranus keine harmonischen Aspekte durch Jupiter, Venus, Merkur oder Sonne hat.

Saturn im 7. Haus mit harmonischen Aspekten deutet auf eine arme, aber arbeitsame, saubere und sorgliche Frau, welche aber keine besonders gute Gesundheit haben wird. Saturn als Herr des 7. Hauses und in disharmonischer Bestrahlung oder im 8. Haus stehend, zeigt vorherrschend Unannehmlichkeiten in der Liebe oder Ehe, auch Ehelosigkeit an.

Jupiter im 7. Haus deutet auf eine sehr gute, meist recht harmonische, oft aber auch reiche Ehe. Jupiter in disharmonischer Bestrahlung gibt ein tugendhaftes Weib, das aber üble Angewohnheiten hat. Jupiter als Herr des 7. Hauses im 2. Haus stehend, zeigt ebenfalls oft ein reiches Eheweib an.

Venus im 7. Haus und in harmonischer Bestrahlung zeigt eine sehr gute Hausfrau an, besonders wenn diese Bestrahlung vom Jupiter stammt oder vom Venus, sie ist dann sehr sorglich und voll Liebe zu ihrem Gatten und ihren Kindern. Ist aber die Venus durch disharmonische Aspekte betrübt, so deutet sie Unglück in der Liebe oder Ehe. Steht die Venus in Quadrat oder Opposition zum Mond oder in einem Aspekt zu Mars, so wird die Frau jähzornig, unbeständig und indiskret sein. Venus im harmonischen Aspekt zu Jupiter oder Merkur deutet immer auf eine tadellose Frau, die ihre Wünsche zu beherrschen versteht.

Auch Venus zeigt oft ein reiches Eheweib an, wenn sie als Herrin des 7. Hauses im 2. Haus steht.

Merkur als Herr des 7. Hauses weist auf sehr kluge, geschäftstüchtige Frauen. Diese Konstellation bringt auch oft dem Manne ein Geschäft oder einen Beruf in die Ehe. In disharmonischer Bestrahlung wird die Ehegattin leichtsinnig, unwahr oder treulos sein.

Mond im 7. Haus stehend deutet oft auf eine Ehe mit einer Witwe oder mit einer älteren Frau. Mond als Herr des 7. Hauses und in disharmonischer Bestrahlung deutet auf eine kränkliche, launenhafte, unbeständige und furchtsame Frau. Diese Konstellation weist auf keine allzu glückliche Ehe.

Die Sonne im 7. Haus deutet auf eine sehr stolze, selbstbewusste, rechthaberische, eitle, aber anständige Frau. In disharmonischer Bestrahlung der Sonne wird die Frau sehr herrschsüchtig, zänkisch und unwahr sein.

Verschiedenes

Der Planet, welcher zum Mond den nächsten Aspekt hat, in seinem Fall, deutet oft auf eine Frau aus einem fremden Lande. Wenn dieser Planet die Venus ist und dieselbe ist Herrin des 9. Hauses und steht selbst im 1. oder 10. Haus, so kann die Frau aus einem sehr fernen Lande stammen. Venus in Konjunktion mit der Sonne deutet auch auf eine Fremde. Ist die Venus (im 7. Haus natürlich, was auch für die vorhergehende Regel gilt) in einem Aspekt mit Mars, Saturn oder Merkur und in Mutualrezeption (Vertauschung der Würden, wenn z. B. Jupiter im Widder und Sonne im Krebs, hier steht eines in der Erhöhung des anderen), so deutet das mitunter eine Ehe mit einer entfernten Blutsverwandten an. Venus in Konjunktion mit Mond zeigt überhaupt große Liebe in der Ehe an. Venus mit Saturn gut zusammengestirnt, bringen Glück und Beständigkeit in die Ehe. Steht Mars als Herr des 7. Hauses in Mutualrezeption, mit Venus, Saturn oder Merkur, so werden die Liebenden beim Eheschluss meist gleichaltrig sein.

b) Zum Horoskop eines Weibes

Über Heiraten und Verbindungen bei Frauen. Wie beim männlichen Horoskop der Mond, so gilt beim weiblichen die Sonne. Man untersuche also diejenigen Planeten, die zur Sonne den nächsten Applikationsaspekt haben.

Auch das 7. Haus muss untersucht werden, sowie die Planeten, welche sich darin befinden. Ferner sind auch der Herr des 7. Hauses, besonder wenn im 7. Haus kein Planet sich befindet, wie auch der Punkt für Liebe und Ehe ♥ zurate zu ziehen.

Anzahl der Gatten

Wenn sich die Sonne und ♥ östlich, in einem Eckhause, in einem doppelkörperlichen Zeichen wie Zwillinge, Schütze oder Fisch befinden, ferner mit mehreren östlich stehenden Planeten in Aspekt stehen, so heiratet die Geborene öfters. Steht die Sonne aber in keinem doppelkörperlichen Zeichen oder ist sie nur mit einem östlichen Planeten durch Aspekt verbunden, so heiratet sie nur einmal.

Eigenschaften des Gatten

Derjenige Planet, welcher die Sonne mit dem nächsten Aspekt in Applikation aspektiert, deutet nach seiner Natur auf die Eigenschaften und die Natur des Gatten. Bei mehreren Ehen wird dann der zweite Gatte nach demjenigen Planeten bestimmt, der den zweitnächsten Aspekt zur Sonne hat, usw.

Das 7. Haus zeigt das Äußerliche des Gatten, ist aber auch mitbestimmend bei seinem Charakter, seinen Eigenschaften. Verhältnissen, usw.

Jupiter oder Venus im 7. Haus zeigt einen vorzüglichen Gatten an. Saturn oder Mars im 7. Haus weist in Liebes- und Heiratssachen auf wenig Harmonie. Sonne im 7. Haus und in harmonischer Bestrahlung deutet auf einen stolzen Ehemann, der in guten Verhältnissen lebt. Merkur im 7. Haus weist auf einen romantischen Gatten, der rasch verliebt ist. Der Mond im 7. Haus zeigt einen Gatten an, der den Wechsel liebt und sowohl den Aufenthaltsort als auch seinen Beruf gerne ändert. Mars bringt Streit und Disharmonie. Uranus im Aspekt zur Sonne deutet auf einen Ehegatten mit einem leicht entzündlichen Temperament, der sehr die Frauengesellschaft liebt. Wenn der Aspekt zwischen Sonne und Uranus ein disharmonischer ist, so dürfte die Geborene erst später zur Heirat kommen, wohl aber vorher viele Liebschaften haben, besonders wenn Uranus im 5., 7. oder 11. Haus steht.

Steht die Sonne in einem harmonischen Aspekt mit fi, so weist sie auf einen beständigen, arbeitsamen, nüchternen, ernsten, aber kalten und phlegmatischen Gatten. Bei einem disharmonischen Aspekt mag er sehr geizig sein. Sonne, Merkur und Jupiter harmonisch zusammengestirnt weisen auf einen wohlhabenden Gatten. Der Jupiter oder die Venus mit der Sonne in einem harmonischen Aspekt zeigen einen ehrenwerten Gatten au, der freigebig ist und ein edles Gemüt hat.

Mars im Aspekt mit der Sonne deutet auf einen strengen, heftigen, ziemlich starrsinnigen Gatten, der leidenschaftlich und willkürlich sein wird, aber nicht ohne Liebe. Das gilt nur bei guter Stellung und günstiger Bestrahlung des Mars.

Wenn die Sonne gar keinen Aspekt mit dem Mars hat und dieser sehr srliwach ist oder in übler Bestrahlung, so wird eine Ehe nicht besonders glücklich ausfallen. Wenn aber bei dieser Konstellation Uranus oder Saturn zur Sonne in einem disharmonischen Aspekt stehen, so wird die Geborene wahrscheinlich nicht heiraten oder vielleicht in einer illegitimen Verbindung mit einem Manne zusammen leben.

c) Regeln für beide Geschlechter

Saturn in Konjunktion mit Merkur im 7. Haus deutet auf Neigung zum Ehebruch.

Wenn Neptun im 7. Haus steht und disharmonisch aspektiert ist. so, deutet er ebenfalls auf Neigung zur Untreue.

Wenn Uranus oder Mars im 7. Haus steht, in disharmonischer Bestrahlung, so kann oft auf Trennung oder Ehescheidung geschlossen werden. Bei guter Bestrahlung wird es sehr viel Streit und Zwietracht in der Ehe geben. Uranus im 5. oder 7. Haus zerstört mitunter auch Verlobungen, die meist plötzlich aufgehoben werden, ferner gibt er mehrere Verlobungen vor der Ehe. Mars oder Uranus im 5. oder 7. Haus und in schlechten Aspekten mit der Sonne bei Frauen sowie von Mond bei Männern zeigen oft illegitime Verbindungen an.

Der Saturn im 7. Haus und in disharmonischer Bestrahlung zeigt oft Ehelosigkeit oder Scheidung an, in harmonischer Bestrahlung aber späte Heiraten, Hindernisse und Verzögerungen.

Venus im 5. oder 7. Haus getroffen durch disharmonische Aspekte des Saturn, deutet auf Schwierigkeiten und Hindernisse bei der Verlobung oder beim Eheschluss, auch auf Fehlschläge in dieser Angelegenheit. Wenn die Venus in derselben Weise durch Uranus betrübt wird, so weist diese Konstellation auf Eifersucht, Argwohn und Misstrauen. Der Mond, von disharmonischen Aspekten der Venus getroffen, deutet ebenfalls auf Argwohn, Eifersucht und Hindernisse in Liebes- oder Eheangelegenheiten.

Das eheliche Glück hängt ab von den harmonischen Stellungen zwischen Mond, Venus, Sonne und Mars und hauptsächlich vom 7. Haus, dem Punkt für Liebe und Ehe sowie deren Herren, und es wäre nur auf ein bescheidenes Eheglück zu rechnen, wenn Uranus, Saturn oder Mars das 7. Haus disharmonisch bestrahlen würden, oder die Herren wären vom 7. Haus oder dem Punkt für Liebe und Ehe, außer die starken, harmonischen Aspekte der harmonischen Himmelskörper würden da mildernd eingreifen und diese üblen Aussagen abschwächen oder teilweise aufheben.

Es ist auch sehr darauf zu achten, wie die Spitze des 7. Hauses und der Punkt für Liebe und Ehe aspektiert werden.

Mond und Sonne und ihre gegenseitige Bestrahlung bei der Gegenüberstellung eines männlichen und eines weiblichen Horoskops deuten das geistige Verstehen, die geistige Zusammengehörigkeit an. Dagegen deuten Mars und Venus in ihrer beiderseitigen Bestrahlung (Mars zu Venus und umgekehrt, nie aber Mars zu Mars oder Venus zu Venus) auf die körperliche Zusammengehörigkeit, die sinnliche Liebe. Stehen nur Sonne und Mond in beiden Horoskopen in harmonischen Aspekten, nicht aber Mars und Venus, so ist zwischen Mann und Frau nur ein Freundschaftsband, während das sexuelle Leben Unstimmigkeiten hat. Stehen nur Venus und Mars gegenseitig gut, so ist der Bund mehr auf Leidenschaft gegründet, die sich bald auslebt. Sonne und Mond ohne gegenseitige Aspekte oder in disharmonischer Bestrahlung zueinander lassen gar keine geistige Übereinstimmung zu und weisen in dieser Beziehung auf

Disharmonien. Stehen Mars und Venus disharmonisch zueinander, wird es viel Unfrieden geben, sind sie aspektiv überhaupt unverbunden, deutet das auf mangelndes sexuelles Interesse, dauerndes Unbefriedigtsein.

Man kann auch aus der Natur der Häuser, in welche der Punkt für Liebe und Ehe zu stehen kommt, auf den Charakter, die Ursachen und den Verfolg des Liebes- oder Ehebundes schließen.

Dieser Punkt im 2. Haus deutet auf eine Geldheirat oder eine Ehe, bzw. Liebesangelegenheit, die pekuniäre Vorteile bringt, im 3. Haus deutet er auf einen Bund, der auf einer kleinen Reise begonnen hat oder durch Geschwister, eventuell durch Schriften, Dokumente usw. vermittelt wurde, im 4. Haus durch die Eltern oder in Verbindung mit Haus- und Landbesitz, im 5. Haus deutet er betreffs der Ursache auf ein Kind, Vergnügungsorte, Lehramt, und so fort, durch alle Häuser, ganz den Aussagen dieser Häuser entsprechend. Das Zeichen, in welchem dieser Punkt sich befindet, ebenso die Aspekte, die er und sein Dispositor erhalten, sowie die Natur der betreffenden Häuser weisen denn auch auf den weiteren Verlauf dieser Ehe- oder Herzensangelegenheiten.

Betreffs der Aussagen über Liebesverhältnisse allein sind stets das 5. Haus, der Herz und die Stellungen von Venus, Mars und Saturn zu beachten.

Eine dauernde Ehe zeigt sich meist dadurch, dass Sonne und Mond in den Horoskopen zweier Eheleute in Rezeption, Sextil oder Trigon stehen, und zwar so, dass z. B. die Sonne des einen Eheteils mit dem Mond des anderen, oder der Mond des einen mit der Sonne des anderen Eheteils in dieser Weise verbunden sind.

Baldige Lösung des Ehebundes tritt wahrscheinlich ein, wenn Sonne und Mond in den beiden Horoskopen in keiner günstigen Verbindung stehen, sich vielmehr aus Quadratur oder Opposition bestrahlen und von Saturn, Mars oder Uranus disharmonische Aspekte erhalten.

Wenn Sonne und Mond in beiden Horoskopen sich disharmonisch bestrahlen, dagegen aber von anderen gütigen Himmelskörpern harmonische Aspekte empfangen, so deutet das nur auf zeitweise Trennung und auf Wiedervereinigung resp. Wiedererneuerung der Liebe. Wird die disharmonische Sonnen- und Mondstellung aber von disharmonischen Aspekten böser Planeten getroffen, so folgt gänzliche Trennung mit großer Erbitterung.

Über den Beruf

Zur Beurteilung des für den Geborenen geeigneten Berufes werden in erster Linie das Zeichen, in welchem sich das 10. Haus befindet, und der Planet, der es besetzt hält, untersucht. Ist das 10. Haus jedoch unbesetzt, so wird auch der Herr dieses Hauses sowie die Bestrahlung desselben in Betracht gezogen. Dann aber auch der Planet, welcher im 1. Haus steht, und schließlich der Punkt für Beruf und dessen Dispositor. Der Stärkste unter diesen Signifikatoren gibt den Ausschlag.

Berufsbeeinflussung der Planeten. wenn sie im 10. Haus stehen, dasselbe bestrahlen, dort die Herren sind sowie des 1. Hauses und des Punktes für Beruf.

Der Kräftigste unter ihnen gibt den Ausschlag, die anderen beeinflussen nur in sekundärer Beziehung, als Neigung oder Nebenberufe.

♅ Elektrotechniker, Mechaniker, Luftschiffer, Antiquitätenhändler, Altertumsforscher.

♆ Dichter, Musiker, künstlerisch begabte Personen, aber auch Magnetopathen und sich mit naturgemäßer Heilweise beschäftigende Personen.

♄ Harmonisch bestrahlt, wissenschaftliche Betätigung, sonst bei weniger guten Aspekten Beschäftigung mit Landwirtschaft, Bergbau, Gebäuden, Steinbrüchen und allen schweren Handarbeiten.

♃ Priester, Bankiers, Rechtsanwälte und Notare, Wissenschaftler, Kaufleute, auch Personen in höheren Stellungen. Jupiter im Aspekt zu Merkur Berufe in Verbindung mit dem Kultus, Literatur und dem Gesetze. Mars im Aspekt zu Jupiter Mechaniker, Ingenieure oder Berufe, die mit Feuer oder Metall in Verbindung stehen.

♂ Militärs, Chirurgen, Militärärzte, Chemiker, Apotheker, Ingenieure, Marineoffiziere, Mechaniker, Messerschmiede, Fleischer und alle Arten Beschäftigungen mit scharfen Instrumenten, Eisen. Feuer und

Metall. Diese Konstellation weist auch auf mechanische und konstruktive Geschicklichkeit.

♀ Musiker, Künstler, Sänger, Juweliere, Seiden- und Schnittwarenhändler, Tuchhändler, Geschäfte mit Modewaren, Schmuck, Parfüm, Spielwaren; ferner auch Wirte, Köche und Pächter oder Besitzer von Vergnügungsetablissements.

☉ Öffentliche Funktionäre, hohe Staatsbeamte, Botschafter, Gesandte, Regierungsbeamte und verantwortliche öffentliche Stellungen, sonst auch Goldschmiede, Juweliere.

☿ Mathematiker, Sekretäre, Schreiber, überhaupt Beschäftigungen im Bureau, Gelehrte, Notare, Anwälte, Lehrer, Literaten, Redner, ferner Graveure, Kupferstecher, Zeichner, Beamte und Boten. Wenn der Merkur im beweglichen oder gemeinschaftlichen Zeichen steht, wechselt der Geborene seinen Beruf gern, besonders wenn Merkur im Aspekt zu Uranus ist. Dieser Aspekt macht geneigt zum Studium der Elektrizität. Mars mit Merkur im Aspekt Mechaniker, Ingenieure etc. Die Venus im Aspekt zu Merkur Beschäftigungen mit Musik, Poesie, Handel mit Kleidern und Schmuck. Saturn im Aspekt zu Merkur gibt Neigung zur Agrikultur oder Beschäftigungen in Verbindung mit der Kirche, mit Landwirtschaft, Meiereien usw.

☾ Matrosen, Kellner, Fischer, Fischhändler, Reisende, Hausierer usw. Der Mond im 10. Haus zeigt viel Tätigkeit im Geschäft, öfteren Wechsel im Beruf, und wenn er in einem beweglichen Zeichen steht, mehr als eine Profession (besonders wenn er durch Uranus bestrahlt wird), aber auch Reisen in Verbindung mit dem Beruf. Der Mond in den Zeichen Krebs, Jungfrau oder Fisch deutet oft auf einen Beruf mit dem Wasser in Verbindung.

Die Häuser haben auch einigen Einfluss darauf, z. B. Sonne in Kon junktion mit Venus im 3. Haus kann nicht nur den Handel mit Juwelen und Zierarten, sondern auch damit verbundene erfolgreiche Reisen zeigen. Dieselbe Konstellation im 5. Haus zeigt Erfolg mit Theater, Vergnügungsetablissements oder auch als Lehrer, speziell wenn der Herr dieses Hauses durch Trigon des Jupiter aus dem 9. Haus bestrahlt wird. Personen mit Saturn oder Mars im 1. Haus und in einem irdischen oder wässrigen Zeichen sind meist am besten für Handarbeiten zu verwenden.

Diese Zeichen machen meist langsam und lassen den Verstand ohne Intuition und Schärfe sein.

Es ist auch ferner zu merken, dass die bedeutsamen Planeten, je nach ihrer Stärke oder Schwäche, einen besseren oder minderen Beruf ergeben.

Wenn diese Planeten östlich sind oder in Eckpunkten, so geben sie Macht und Autorität im Beruf, aber wenn sie westlich oder in einem fallenden Haus sind, geben sie nur untergeordnete Stellungen in den betreffenden Berufsarten. Ein harmonischer Planet in Elevation über den Signifikator für den Beruf gibt Erhöhung, Beförderung, Ehren und Auskommen. Aber disharmonische Planeten in Elevation über den Herrn des Berufes, oder derselbe ist selbst disharmonisch bestrahlt und ein unglücklicher Planet, so kann nur auf schwerer zu erfüllende Berufspflichten geschlossen werden.

Die hauptsächlichste Zeit, in welcher Erfolg oder Mißerfolg zu erwarten steht, sieht man aus der Stellung der für den Beruf bedeutsamen Planeten.

Diese bedeutsamen Sterne im östlichen Viertel geben Erfolg oder Mißerfolg in jüngeren Jahren, z. B. ab 25 Jahre, in der Mitte des Himmels, für die mittlere Lebenszeit, also von 30 – 45 Jahren, und im westlichen Viertel, für die spätere Periode des Lebens, von 45 – 60 Jahren.

Zwei gleichstarke Signifikatoren für den Beruf

Wenn Merkur und Venus die Signifikatoren für den Beruf sind. Musiker, Schauspieler, Maler, Redner, Lehrer, Artist, Tänzer oder Musikinstrumentenmacher. Wenn Mars in harmonischen Aspekten zu Merkur und Venus. Bildhauer.

Saturn in harmonischen Aspekten zu Merkur und Venus. Spielzeughändler, Galanteriewarenhändler oder Juweliere.

Jupiter in harmonischer Verbindung mit den erwähnten Signifikatoren. Administratoren, Justizbeamte, Magistratspersonen, Erzieher, besonders wenn der M. C. in den Zeichen Zwillinge oder Waage und der

Merkur nahe der Sonne steht. Merkur rückläufig, macht oft große Sänger und Musikmeister.

Wenn Mars und Merkur gleichstarke Signifikatoren für den Beruf sind, so beeinflussen sie zu folgenden Berufsarten: Waffenerzeuger, Bildhauer, Vergolder, Kupferstecher, Graveure, Chirurgen.

Wenn Jupiter harmonische Aspekte hat zu Merkur und Mars. Ansehnliche Stellungen beim Militär, der Justiz und der Industrie. Hat Jupiter aber disharmonische Aspekte zu diesen Signifikatoren: spittfindige Anwälte und Verteidiger.

Wenn Venus und Mars gleichstarke Signifikatoren sind. Färber, Par-fümeure, Friseure, Gärtner, Handwerker in Zinn, Gold, Silber oder Leder, Soldaten, Drogisten, Physiker oder Chemiker. Saturn mit ihnen verbunden: Meßner, Kirchenbeamte, Leichenbesteller, Totengräber, Schuhmacher.

Jupiter in Verbindung mit Mars und Venus. Gerichtspersonen, Künstler, Kirchenhändler, Aufseher über Anstalten, welche Frauen beherbergen, Gefängniswärter.

Uranus in Verbindung mit ihnen. Berufe in Badeanstalten, öffentlichen Etablissements, ferner als Schuttleute, Polizisten, Chemiker, Drogisten und in besonders günstiger Stellung auch Philosophen.

Sonne in Verbindung mit ihnen. Meist Stellungen bei der Regierung oder ähnliche Berufsarten.

Merkur als Allein-Signifikator.

Im Aspekt mit Saturn. Rechtsanwälte, Kuratoren, Stationsbeamte, Antiquitätenhändler. In Halbquadrat, Quadrat, Einundhalbquadrat und Opposition zu Saturn: Töpfer, Drechsler.

In Aspekten mit Mars. Seiler, Hirten, Bildschnitter, Steinbrecher, Maurer, Steinmette, Milch- und Käsehändler. Mit Jupiter im Aspekt. Maler, Redner, Advokaten, Schriftsteller, Bankbeamte. Im Aspekt mit Uranus und Mond. Verkehrsbeamte.

Venus als Allein-Signifikator.

Im Aspekt mit Saturn. Berufsarten in Verbindung mit Kleidern, Schmuck, Vergnügungen, Dekorationen, Schneider, Schuster, Krämer.

Mit Merkur verbunden. Apotheker, Chemiker. Mit Jupiter. Priester, Seidenhändler.

Mars als Allein-Signifikator.

Mit der Sonne verbunden. Berufsarten mit Feuer in Verbindung, Soldaten, speziell wenn die Sonne in den Zeichen Stier oder Löwe oder nächst dem M. C. steht. Auch Köche, Jäger, Kupfer-, Messing-, überhaupt Metallarbeiter und -Gießer. Steht der Mars in Separation von der Sonne. Schiffbauer, Schmiede, Landleute, Maurer, Zimmerleute und untergeordnete Berufsarten. Mit Mond in Verbindung. Fleischer, Brauer, Färber und Fischhändler. In Verbindung mit Saturn Seeleute, Bergleute, Brunnengräber, Gips- und Stuckarbeiter, Anstreicher und Dekorationsmaler, Wächter, Viehhändler, Köche, Fleischer, Gerber, Schuster, Schreiner. In disharmonischen Aspekten. Tagelöhner, Müller, Gasarbeiter, Kohlenbrenner, Diener. Mit Jupiter in Verbindung. Soldaten, Gerichtsdiener, Zigarrenhändler, Mechaniker,. Gastwirte, Kirchenbeamte und Religionslehrer; die beiden letzten Berufe besonders, wenn eine Konjunktion zwischen Mars und Jupiter vorherrscht. Auch Anwälte, Rechts- und Schriftgelehrte.

Traditionelles über die Eltern

Das 4. Haus und die Sonne bei Taggeburt und das 4. Haus und der Saturn bei Nachtgeburt repräsentieren den Vater, das 10. Haus und die Venus bei Taggeburt, sowie das 10. Haus und der Mond bei Nachtgeburt die Mutter.

Der Punkt für Vater und der Punkt für Mutter sowie ihre Dispositoren sollen in günstigen, harmonischen Aspekten stehen, dann leben die Eltern in Friede und Harmonie. Streit dagegen und Zwietracht, mindestens gegenseitiges Nichtverstehen oder Kälte herrscht bei den Eltern, wenn diese Punkte oder ihre Dispositoren in disharmonischen Aspekten zueinander stehen. Durch Beachtung der Zeichen, in welchen das 4. Haus und Sonne oder Saturn, bzw. das 10. Haus und Venus oder Mond, sowie die beiden Punkte stehen, kann man auch auf den Charakter der Eltern schließen; ebenso beachte man auch die Natur der Häuser, in welchen die für Eltern bedeutsamen Himmelskörper und ihre Punkte sich befinden.

Sind diese Signifikatoren sämtlich in kosmisch harmonischer Stellung, harmonisch aspektiert von Jupiter, Venus, Mond oder Sonne, oder von ihnen umgeben, so kann man auf einen sozial besseren Stand und auf allgemeines Wohlergehen der Eltern schließen.

Steht ein disharmonischer Planet im 4. Haus und wird dieses Haus bei einer Taggeburt von der Sonne disharmonisch aspektiert, so soll das ein ungünstiges Zeichen für das allgemeine Wohlergehen des Vaters sein, ebenso, wenn bei einer Nachtgeburt nebst der Anwesenheit eines disharmonischen Planeten im 4. Haus der Saturn dieses Haus in disharmonischen Winkeln trifft.

Ein disharmonischer Planet im 10. Haus und die Venus dieses Haus bei einer Taggeburt disharmonisch aspektierend, soll eine ungünstige Wirkung für die Mutter haben, desgleichen wenn bei Anwesenheit eines disharmonischen Planeten im 10. Haus bei einer Nachtgeburt der Mond dieses Haus sehr harmonisch aspektiert.

Bei der neuerdings, anscheinend nicht mit Unrecht propagierten Ansicht, dass das 4. Haus der Mutter und das 10. Haus dem Vater zugehörig sei, müssten die obigen Angaben selbstverständlich eine Umkehrung erfahren.

Die Ursachen von dem Glück oder dem Unglück der Eltern lassen sich durch die Aspekte dieser Häuser, wie auch durch die lokale Position der Herren dieser Häuser erkennen. So kann man bei disharmonischer Aspektierung dieser Häuser und der Anwesenheit des betreffenden Signifikators im 6., 8. oder 12. Haus auf Kränklichkeit schließen, bei einer Position im 2. Haus auf finanzielle Verluste usw. Günstige Verhältnisse im Elternhause stehen mit einer harmonischen Aspektierung dieser Häuser und einer harmonischen Stellung der Signifikatoren in Verbindung.

Von den Eltern ererbte Anlagen oder Schwächen, mentaler oder physischer Art lassen sich oft dadurch erkennen, dass die dafür geltenden Signifikatoren irgendeine harmonische oder disharmonische Determination mit den die Eltern betreffenden Prinzipien aufweisen.

Über Reisen

Diese, ebenfalls einer alten Tradition, also einer Zeit entstammenden Regeln, wo das Reisen noch beschwerlich und meist auch mit Lebensgefahr verbunden war, haben wohl in der heutigen Zeit, die nicht nur reiselustig ist, sondern infolge der modernen Verkehrsmittel und differenzierter Lebens- und Erwerbsbedingungen das Reisen notwendig macht, zum größeren Teil ihre Bedeutung verloren.

Immerhin aber verdienen die Grundprinzipien der nachstehenden Aphorismen auch in der Jetjtzeit noch eine gewisse Beachtung, besonders in bezug auf die Zuteilung der Länder der Erde zu den Tierkreiszeichen.

Das 3. und 9. Haus ist hauptsächlich in Betracht zu ziehen. Der Mond im 3. Haus ist ein sicheres Zeichen von vielen kurzen Reisen, besonders wenn er durch Uranus bestrahlt wird. Der Mond im 9. Haus zeigt auf viele lange Reisen, und wenn er im wässerigen Zeichen steht, auch auf Seereisen.

Fixe Zeichen an der Spitze des 3. oder 9. Hauses deuten auf wenig Reisen, bewegliche Zeichen dagegen auf öftere Reisen. Stehen fixe Zeichen an der Spitze des 3. und 9. Hauses und befinden sich die Herren dieser Häuser ebenfalls in fixen Zeichen, auch Mond, Merkur und Uranus, so wird der Betreffende nur sehr wenig reisen. –

Saturn stark vorherrschend im Horoskop und im 1., 3. oder 9. Haus macht sehr bodenständig.

Der Mond vielfach aspektiert durch andere Planeten, zeigt nicht nur einige sehr lange Reisen, sondern auch Tätigkeit in Geschäften, welche mit diesen Reisen zusammenhängen. Uranus, Merkur und Mond sind am hauptsächlichsten bedeutsam für Reisen.

Wenn Uranus und Merkur im Aspekt zum Mond sind und mächtig im Horoskop und noch dazu in beweglichen oder gemeinschaftlichen Zeichen, so stehen viele Ortswechsel und Reisen in Aussicht. Mond, Uranus oder Mars im 9. Haus zeigen auch oft Reisen an, besonders wenn sie im wässerigen Zeichen sind, ist das ein starker Beweis für lange Reisen in ferne Länder, erfolgreich oder nicht, je nach dem Verhältnis ihrer harmonischen oder disharmonischen Bestrahlung.

Wenn sie in diesem Zeichen in Würden stehen und harmonisch aspektiert sind, so ist Glück und Erfolg gewiß. Uranus im 3. oder 9. Haus im Aspekt zu den Himmelslichtern gibt Ortswechsel und viele Reisen. Ebenso wenn der Mond das 10. Haus besetjt und sich im Aspekt zu Uranus befindet, besonders im beweglichen Zeichen.

Auch hat man die Kraft und Position von Sonne, Mond, Mars zu beachten. Wenn dieselben in der Mehrzahl sich in fallenden Häusern befinden, besonders in den Zeichen Widder, Krebs, Waage oder Steinbock, so wird der Geborene viel reisen.

Mars, besonders im 9. Haus und im Quadrat oder Opposition mit Sonne oder Mond, bringt große Neigung zu Fußwanderungen.

Mond im 7. oder 9. Haus und speziell in den Zeichen Fisch, Zwillinge oder Schütze bringt viel Domizilwechsel.

Merkur in einem Eckhaus und in einem beweglichen oder doppelkörperlichen Zeichen deutet auf eine gewisse Rastlosigkeit und große Reiselust.

Merkur und Mond in Konjunktion oder Rezeption oder beide im 1., 3. oder 9. Haus bringen ebenfalls große Reisen zu Land und Wasser.

Die Sonne oder der Mond im 7. Haus verursachen Reisen wegen Heirat- oder Liebesangelegenheiten, besonders wenn der Punkt für Liebe und Ehe in diesem oder im 3. oder 9. Haus steht, oder wenn sich der Herr dieses Punktes im 7. Haus befindet.

Auch der Punkt für Reisen ist zu beachten. Für denselben gelten die gleichen Bestimmungen wie für die übrigen Reisesignifikatoren.

Es ist im Allgemeinen nach der alten Tradition sehr ungünstig, in ein Land zu gehen, welches durch jenes Zeichen vertreten wird, in welchem ein disharmonischer Planet steht. Dagegen sind solche Länder günstig, in deren Zeichen ein glücklicher, harmonisch bestrahlter Planet steht. Nachstehende alte Liste zeigt, wie die Länder der Erde und die größeren Plätte unter die zwölf Tierkreiszeichen verteilt sind:

Länder: Deutsches Reich, Schwaben, Ober-Schlesien, England, Dänemark, Klein-Polen, Burgund, Syrien, Teile Palästinas, Japan.

Städte: Braunschweig, Lindau, Krakau, Florenz, Neapel, Verona, Padua, Capua, Marseille, Utrecht, Saragossa, Leicester, Birmingham, Blackburn.

♉

Länder: Franken, Lothringen, Schweden, Polen, Cypern, Irland, Persien, Klein-Asien, Weißrussland, der griechische Archipel, Kaukasus, Madeira, Rhodus.

Städte: Leipzig, Würzburg, Mett, Luzern, Zürich, Parma, Palermo, St. Louis, Mantua, Dublin, Carlstadt.

♊

Länder: Vereinigte Staaten von Nordamerika, Belgien, Brabant, Lombardei, Unter-Aegypten, Sardinien, West-England, Armenien, Tripolis, Flandern, Wales, Teile von Palästina, Württemberg.

Städte: Nürnberg, Mainz, Bamberg, Bruck, Kissingen, Haßfurt, Villach, Brügge, London (17° 54'), Plymouth, Versailles, Löwen, San Franzisko, Melbourne (10° 29'), Cordova.

♋

Länder: Holland, Schottland, Neu-Seeland, West-Afrika, Mauritius, Paraguai, Algier, Anatolien.

Städte: Görlitt, Trier, Magdeburg, Lübeck, Amsterdam, Bern, Mailand, Venedig, Tunis, Algier, York, New-York, Manchester, Stockholm, Konstantinopel, Genua, Cadix.

Länder: Die Alpen, Baden, Frankreich, Italien, Sizilien, Böhmen, der Norden Rumäniens, Kalifornien, Chaldea bis Bassorah, das Land von Tyrus und Sidon.

Städte : Koblenz, Baden, Krems, Ulm, Linz, Prag, Rom, Ravenna, Bristol, Portsmouth, Philadelphia, Damaskus, Chicago, Bombay.

♍

Länder: Nieder-Schlesien, Etschtal, Kärnten, Kroatien, Türkei, Schweiz, Elsaß, Griechenland, West-Indien, Assyrien, Mesopotamien (vom Tigris bis zum Euphrat), Kreta, Babylonien, Morea, Thessalonien, Kurdistan, Virginien, Brasilien.

Städte: Breslau, Heidelberg, Erfurt, Straßburg, Lyon, Toulouse, Paris (29°), Cheltenham, Norwich, Boston, Brindisi, Korinth, Los Angelos, Basel, Jerusalem, Bagdad, Riga.

♎

Länder: Deutsch-Oesterreich, Elsaß, China, Japan, IndoChina, Tibet, Kaspisches Meer, Ober-Aegypten, Savoyen, Birma, Argentinien, Liefland.

Städte: Freiburg, Speier, Frankfurt a. M., Schwäbisch Hall, Wimpfen, Landshut, Karlstadt, Heilbronn, Freising, Wien, Graz, Antwerpen (21°), Charleston, Lissabon, Johannisburg (27°), Kopenhagen (1°), Piazenzia, Ellwangen, Ludwigsburg, Marbach, Hanau, Wiesbaden.

♏

Länder: Preußen, Bayern, Algier, Kappadozien, Judäa, Jiit-land, Marokko, Norwegen, Transvaal, Katalonien, Queensland, Nord-Syrien, Lappland.

Städte: Frankfurt a. O., München, Danzig, Brixen, Bruchsal, Eichstädt, Günzburg, Wildbad, Tübingen, Genf, Davos, Dover, Liverpool, Messina (18°), New-Orleans, Washington, Baltimore, Hull, Milwaukee (7°), St. Johns, New-Foundland (2“). Halifax, New-castle, Cincinnati, Valentia, Nottingham..

♐

Länder: Arabien, Australien, Dalmatien, Ungarn, Mähren, Sachsen, Slavonien, Spanien, Toskanien, Provence, Madagaskar.

Städte: Köln a. Rh., Meißen, Schwab. Gmünd, Laibach, Gotha, Rotenburg a. T., Stuttgart, Judenburg, Budapest, Kaschau, Avignon, Scheffield, Toledo, Bradford, Narbonne.

♑

Länder: Brandenburg, die alte Mark, Thüringen, Hessen, Mecklenburg, West-Sachsen, Posen, Steiermark, Englisch-Indien, Afghanistan, Thrazien, Mazedonien, Morea, Illyrien, Albanien, Bosnien, Bulgarien, Mexiko, Litauen, Island, Schleswig.

Städte: Augsburg, Ulm, Stettin, Brandenburg, Konstanz, Brüssel, Oxford, Port-Said, Jülich, Cleve, Moskau, Warschau.

♒

Länder: Westfalen, Arabien, Rußland, Walachei, Abessinien, Schweden, Preußen.

Städte: Berlin, Hamburg, Bremen, Ingolstadt, Salzburg, Pisa, Salisbury, Brighton, Los Angeles (Kalifornien).

Länder: Portugal, Kalabrien, Galizien, Normandie, Nubien, die Sahara, Batavia, Brasilien, Malta, Ceylon.

Städte: Regensburg, Worms, Alexandrien, Sevilla, Com-postella, Roan, Crimsby, Southport, Lancester, Bornemouth, Stambul.

Über die Geschwister

Man beachte das 3. Haus, dessen Aspekte, Herrscher sowie die Planeten in diesem Haus und den Punkt für Geschwister. Sind diese Plätze harmonisch bestrahlt durch harmonische Planeten, so deutet das auf viele Geschwister. Sind aber diese Plage in der Mehrzahl disharmonisch bestrahlt und besonders durch disharmonische Himmelskörper, dann ist nur auf wenig oder gar keine Geschwister zu schließen, besonders, wenn die disharmonischen Planeten dazu im 4. Haus oder in der Nähe der Sonne sich befinden. Wenn disharmonische Anblickungen aus dem Aszendenten kommen, so ist das für die Geschwister sehr ungünstig. Saturn oder Mars im 3. Haus deuten auf wenig Geschwister.

Wenn jene Orte und Himmelskörper, welche für Geschwister maßgebend sind, harmonisch bestrahlt werden, so bedeutet das Glück für die Geschwister, werden sie aber disharmonisch bestrahlt, so droht ihnen Unglück. Die mehr östlich stehenden Signifikatoren repräsentieren die älteren, die westlichen die jüngeren Geschwister.

Wenn die für die Geschwister bedeutsamen Himmelskörper in harmonischen Aspekten zusammenstehen, so herrscht Friede und Harmonie zwischen den Geschwistern; aber in disharmonischer Position ist auf Disharmonie und Streit zwischen ihnen zu schließen, deren Ursache aus der Natur des betreffenden Hauses und Zeichens zu deuten ist, aus welchem die disharmonischen Aspekte kommen. Auch die Herren des 3. Hauses und des Punktes für Geschwister, einander harmonisch aspektierend, weisen auf Harmonie und Friede; bei disharmonischen Aspekten auf das Gegenteil.

Der Punkt für Geschwister in einem doppelkörperlichen Zeichen weist auf mehrere Geschwister. Dieser Punkt resp. sein Zeichen und sein Herr, sowie der Herr und das Zeichen des 3. Hauses in der Mehrzahl männlich, lässt auf mehr Brüder, und in der Mehrzahl weiblich, auf mehr Schwestern schließen.

Über Freunde

Hier ist hauptsächlich das 11. Haus zu untersuchen. Jupiter, Venus, Sonne oder Mond in diesem Haus, harmonisch bestrahlt oder in Würden, zeigen viele Freunde und viele Hilfe durch dieselben an. Venus und Mond bedeuten weibliche Freunde. Merkur im 11. Haus und in Würden zeigt literarisch und wissenschaftlich tätige Freunde an, besonders jene, bei welchen die Natur des Merkur sehr vorherrschend ist.

Sonne in diesem Haus, bestrahlt durch Jupiter, Venus, Mond oder Uranus zeigt an, dass der Geborene bemerkt werden wird und seine Interessen durch einflussreiche, der Sonne angehörende Personen, oder durch solche Personen, welche jenen Planeten angehören, die die Sonne bestrahlen gefördert werden. Wenn Sonne, Mond, Jupiter oder Venus im 1. Haus stehen, in Würden und unbetrübt, so wird der Geborene viele Freunde anziehen, selbst wenn das 11. Haus keine derartige Aussage gibt. Saturn im 11. Haus weist auf wenig Freunde; wenn er ohne Würden oder disharmonisch aspektiert ist, so hat der Geborene keine ihm nützlichen Freunde.

Mars im 11. Haus und in Würden zieht Freunde an, aber wenn Mars disharmonisch gestellt ist, stößt er sie ab. Uranus im 11. Haus und in einem luftigen Zeichen, zieht oft Freunde an von markanter Persönlichkeit und exzentrischem Wesen. In anderen Zeichen ist die Anziehungskraft nicht so stark. Sonne in Konjunktion mit Mond bringt viele Freunde. In einem männlichen Horoskop bringt dieser Aspekt viel Unterstützung durch Frauen. Wenn das Zeichen des 11. Hauses des einen Horoskopes gleich ist dem Zeichen des 1. Hauses eines anderen Horoskopes, so ist bei beiden Personen auf Freundschaft zu schließen.

Über Feinde

Das 12. Haus bedeutet geheime und das 7. Haus offene Feinde. Im 12. Haus Mars, Uranus oder Saturn weisen auf heimliche Feinde, und wenn sie disharmonisch bestrahlt sind, auf sehr viel Kummer, Leid und Verleumdungen. Jupiter im 7. Haus in Opposition mit einem Planeten aus dem 1. Haus bringt viel Opposition, besonders von Personen, welche Jupiter-Charakter haben. Die Sonne im 7. oder 1. Haus und ein Planet in Opposition dazu zeigt an, dass der Geborene viel kräftige Gegnerschaften im Leben haben wird. Merkur im 1. Haus in Opposition zu Neptun aus dem 7. Haus zeigt wegen Feinden Prozesse und viele Geldverluste an, besonders wenn noch dazu Neptun das Quadrat der Sonne hat oder auf das 2. Haus determiniert ist. Mars, Saturn oder Uranus im 7. Haus in Opposition zu einem Planeten aus dem 1. Haus macht viele offene Feinde und Gegner; der Geborene wird sehr viel durch Feindschaft zu leiden haben.

Merkur disharmonisch bestrahlt durch Mars oder Saturn, ist ein Zeichen von Feindschaften, welche der Geborene durch sein eigenes reizbares Temperament oder durch seine Sorglosigkeit und Gleichgültigkeit verursachen wird. Personen, welche den Mond in Quadrat zum Mars haben, bekommen die Feinde durch eigene Schuld infolge Unüberlegtheit und zu großer Impulsivität. Die Merkur-Person steht der Saturn-Person feindlich gegenüber, wenn der Saturn den Merkur im disharmonischen Aspekt bei der Geburt bestrahlt hat. Es ist meist eine Unmöglichkeit, ohne Feindschaft und Kränkung zu leben für jene Personen, bei welchen Mars, Saturn oder Uranus im 12. Haus und disharmonisch bestrahlt stehen; selbst ihnen wohlmeinende Personen verwandeln sich oft in Feinde, und es können ihnen sogar heimliche Feinde in der eigenen Familie erstehen.

Wenn die Sonne in einem Horoskop fortschreitet zu dem Platz des Saturn in einem anderen Horoskop, so mag Feindschaft zwischen beiden Personen entstehen. Die dadurch entstehenden Quadrat, Opposition oder Parallelschein sind in diesem Falle nicht so schlecht, als die Konjunktion. Besonders kräftig wirkt es, wenn die eine oder andere Person dem Saturn angehört. Wenn die Sonne in einem Horoskop fortschreitet über den Mars des anderen, soll es ebenfalls Feindschaft zwischen beiden Personen geben.

Die Technik der Diagnose und Prognose

Einleitung

Der knapp bemessene Raum dieses Buches gestattet keine größere, breit angelegte Ausführung dieses Abschnittes. In Band VI dieser Kollektion wird der Leser eine erschöpfende Anleitung in dieser Richtung finden.

Das hier ausgearbeitete Übungshoroskop allein ist aber schon imstande, den denkenden Leser mit der Technik der Prognose vertraut zu machen. Übung macht hier den Meister. Die Hauptsache hegt in einer guten Kombination der Regeln aufgrund des Studiums des Bandes II dieser Kollektion: „Synthese", und diese Fähigkeit kann nicht gelehrt werden, sie muss sich nach und nach selbst entwickeln.

Zur Prognose ist es nötig, sämtliche Aspekte, die die Gestirne untereinander bilden, zu berechnen. Auch müssen die Aspekte, welche die Häuserspitzen, Mondknoten und sensitiven Punkte erhalten, bestimmt werden. Dabei sei darauf aufmerksam gemacht, dass alle Orte der Ekliptik, wie Häuserspitzen, Mondknoten und sensitiven Punkte nur Aspekte empfangen, nicht aber geben können, da sie keine strahlenden Energien wie die Gestirne sind.

Der Umkreis aller Orte der Ekliptik ist 5° bei den starken und 3° bei den schwachen Aspekten.

Bei den Häusern braucht man nur die Aspekte des 10., 11., 12., 1., 2. und 3. Hauses zu berechnen. Da die anderen Häuser um 180° entfernt liegen, werden sie mit denselben Himmelskörpern die Ergänzungsaspekte zu 180° bilden. Wenn z. B. das 10. Haus Trigon Mars hat, so wird das 4. Haus Sextil Mars haben, denn Trigon und Sextil bilden zusammen 180°. Wenn das 1. Haus eine Konjunktion mit Saturn hat, empfängt das 7. Haus eine Opposition mit Saturn. Wenn z. B. das 11. Haus ein Halbquadrat mit Uranus zeigt, so wird das 5. Haus ein Eineinhalbquadrat mit Uranus haben usw.

Schließlich muss man die Gestirne des zu deutenden Horoskopes auf ihre Stärke und Schwäche, harmonische oder disharmonische Stellung prüfen, um bei der Auslegung das Schwergewicht auf jenen Himmelskörper legen zu können, der in bezug auf Haus, Zeichen und Aspekte der stärkste und einflussreichste ist.

So vorbereitet mag man an die Auslegung schreiten in der Art und Weise des nachstehenden Beispieles und teilweise anhand der Regeln und Bestimmungen dieses Buches.

Voraussetzung ist, dass der Leser sich aus Band I und II dieser Kollektion die nötigen Kenntnisse von der Natur und Wirkungsweise der Zeichen, Gestirne, Häuser und sensitiven Punkte gründlich angeeignet hat.

Beispiel mit Horoskopfigur

Das nachstehende Beispiel hat den Zweck, den Leser anzuleiten, dass er die in diesem Buche enthaltenen „Aphorismen und Regeln“ richtig anzuwenden versteht und in Rücksicht auf eine wirklich individuelle Prognose in sorgsamster Auswahl und Anwendung nicht mehr zur kritiklosen Abschreiberei gezwungen ist.

Um nun dem Schüler die „Technik der Prognose“ zu zeigen, sei nachfolgend das Radixhoroskop 3 für die weibliche Geburt im Band 1, mit Aszendent 20° 29 Fisch zur prognostischen Bearbeitung herangezogen.

Da ein wichtiger Teil der Prognose in den Aspekten wurzelt, folgen dieselben an dieser Stelle:

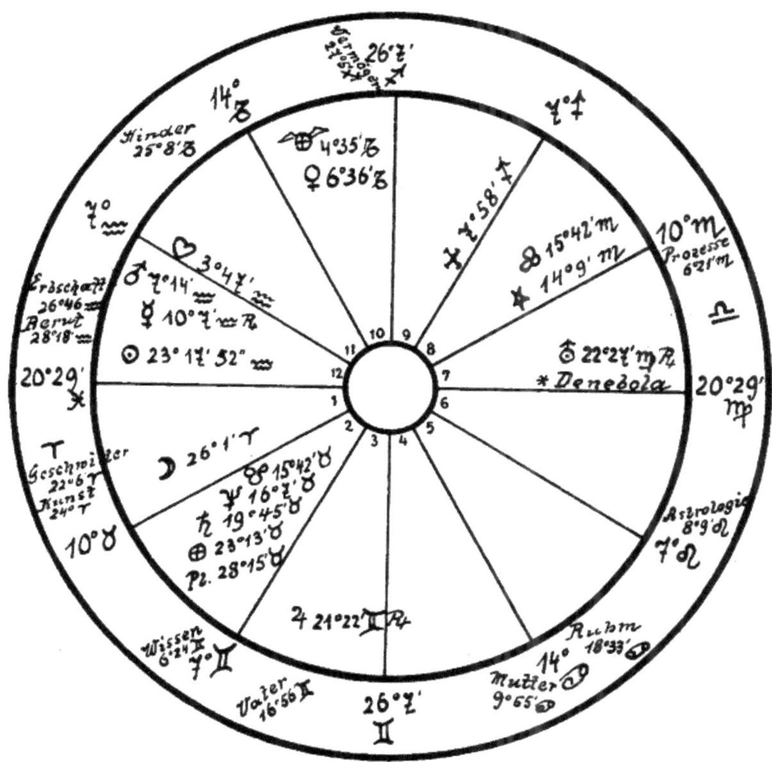

Sonne Halbquadrat Venus
Sonne Sextil Mond
Sonne Quadrat Neptun
Sonne Quadrat Saturn
Sonne Quadrat Pluto
Sonne Trigon Jupiter
Sonne Quincux Uranus
Sonne Parallel Merkur

Mond Confinis Pluto
Mond Sextil Jupiter
Mond Sextil Sonne

Neptun Konjunktion absteigender Mondknote
Neptun Konjunktion Saturn
Neptun Quadrat Merkur
Neptun Quadrat Sonne
Neptun Parallel Saturn und Merkur

Uranus Quadrat Jupiter
Uranus Trigon Saturn
Uranus Trigon Pluto
Uranus Eineinhalbquadrat Mars
Uranus Eineinhalbquadrat Merkur
Uranus Quincux Sonne

Saturn Konjunktion absteigender Mondknote
Saturn Konjunktion Neptun
Saturn Quadrat Sonne
Saturn Trigon Uranus
Saturn Eineinhalbquadrat Venus
Saturn Parallel Neptun

Jupiter Confinis Saturn
Jupiter Sextil Mond
Jupiter Quadrat Uranus
Jupiter Trigon Sonne

Jupiter Eineinhalbquadrat Mars

Mars Konjunktion Merkur
Mars Confinis Venus
Mars Eineinhalbquadrat Jupiter
Mars Eineinhalbquadrat Uranus
Mars Parallel Venus

Venus Confinis Mars
Venus Halbquadrat Sonne
Venus Eineinhalbquadrat Saturn
Venus Parallel Mars

Merkur Konjunktion Mars
Merkur Quadrat Neptun
Merkur Eineinhalbquadrat Uranus
Merkur Parallel Sonne und Neptun

Aufsteigender Mondknote Opposition Neptun
Aufsteigender Mondknote Opposition Saturn

Absteigender Mondknote Konjunktio Neptun
Absteigender Mondknote Konjunktio Saturn

Glückspunkt Quadrat Sonne
Glückspunkt Confinis Mond
Glückspunkt Trigon Uranus
Glückspunkt Konjunktion Saturn
Glückspunkt Konjunktion Pluto
Glückspunkt Confinis Jupiter
Glückspunkt Eineinhalbquadrat Venus

Liebespunkt Eineinhalbquadrat Jupiter
Liebespunkt Konjunktion Mars
Liebespunkt Confinis Venus
Liebespunkt Konjunktion 12. Haus

Todespunkt Sextil Mars

Todespunkt Confinis Venus
Todespunkt Sextil Merkur
Todespunkt Eineinhalbquadrat Mond

Reisepunkt Halbquadrat Sonne
Reisepunkt Eineinhalbquadrat Saturn
Reisepunkt Confinis Mars
Reisepunkt Konjunktio Venus

Vater Confinis Neptun
Vater Confinis Saturn
Vater Quadrat Uranus
Vater Konjunktion Jupiter

Mutter Quincux Mars
Mutter Opposition Venus
Mutter Eineinhalbquadrat Sonne
Mutter Quincux Merkur

Kinder Confinis Sonne
Kinder Quadrat Mond
Kinder Trigon Uranus

Geschwister Sextil Sonne
Geschwister Konjunktion Mond
Geschwister Quincux Uranus
Geschwister Confinis Saturn
Geschwister Sextil Jupiter

Vermögen Sextil Sonne
Vermöögen Trigon Mond
Vermögen Quadrat Uranus
Vermögen Halbquadrat Merkur
Vermögen Konjunktion 10. Haus
Vermögen Konjunktion Ascendete Venus

Erbschaft Konjunktion Sonne

Erbschaft Sextil mond

Beruf Sextil Mond
Beruf Quadrat Pluto

Ruhm Sextil Neptun
Ruhm Sextil Uranus
Ruhm Sextil Saturn
Ruhm Confinis jupiter
Ruhm Konjunktion 5.Haus

Kunst Sextil Sonne
Kunst Konjunktion Mond
Kunst Quincux Uranus
Kunst Sextil Jupiter

Wissen Trigon Mars
Wissen Trigon Merkur
Wissen Quincux Venus

Prozess Eineinhalbquadrat Jupiter
Prozess Sextil Venus
Prozess Quadrat Merkur
Prozess Quadrat Mars

Astrologie Halbquadrat Uranus
Astrologie Halbquadrat Jupiter
Astrologie Opposition Mars
Astrologie Opposition Merkur
Astrologie Quincux Venus
Astrologie Konjunktio Ascendet Saturn

1.Haus Confinis Sonne
1.Haus Opposition Uranus
1.Haus Sextil Saturn
1.Haus Quadrat Jupiter
1.Haus Halbquatrat Mars

1.Haus Sextil Neptun

2.Haus Quadrat Mars
2.Haus Quadrat Merkur
2.Haus Trigon Venus
2.Haus Eineinhalbquadrat Uranus

3.Haus Trigon Mars
3.Haus Trigon Merkur
3.Haus Quincux Venus
3.Haus Konjunktion Wissen

4.Haus Trigon Sonne
4.Haus Konjunktion Jupiter
4.Haus Sextil Mond
4.Haus Quadrat Uranus
4.Haus Eineinhalbquadrat Merkur

5.Haus Sextil Neptun
5.Haus Konjuntion Mutter
5.Haus konjunktion Ruhm

6.Haus Opposition Mars
6.Haus Opposition Merkur
6.Haus Quincux Venus
6.Haus Halbquadrat Uranus
6.Haus Konjunktion Astrologie
6.Haus Konjunktion Ascendet Saturn

7.Haus Quincux Sonne
7.Haus Konjunktion Uranus
7.Haus Trigon Saturn
7.Haus Quadrat Jupiter
7.Haus Eineinhalbquadrat Mars
7.Haus Trigon Neptun

8.Haus Quadrat Mars

8.Haus Quadrat Merkur
8.Haus Sextil Venus
8.Haus Halbquadrat Uranus
8.Haus Kunjunktion Ascendet Sonne

9.Haus Sextil Mars
9.Haus Sextil Merkur
9.Haus Confinis Venus
9.Haus Konjunktion Todespunkt

10.Haus Sextil Sonne
10.Haus Opposition Jupiter
10.Haus Trigon Mond
10.Haus Quadrat Uranus
10.Haus Halquadrat Merkur
10.Haus KonjunktionVermögen

11. Haus Trigon Neptun

12. Haus Konjuntion Mars
12. Haus Konjunktion Merkur
12. Haus Confinis Venus
12. Haus Eineinhalbquadrat Uranus
12. Haus Konjunktion Liebespunkt

Es befinden sich 5 Planeten in positiven und 6, einschließlich der Aszendent, in negativen Zeichen, ferner 1 Gestirn in Feuerzeichen, 4 in Luftzeichen, 5 in Erdzeichen und 1 (Aszendent) im Wasserzeichen. 2 Planeten sind in Kardinal-, 6 in fixen und 3 in labilen Zeichen. Die Eckhäuser sind mit 3, die nachfolgenden mit 3 und die fallenden Häuser mit 4 Planeten beseht. In den östlichen Häusern befinden sich 9 und in den westlichen nur 1 Planet, 5 stehen über dem Horizont und 5 unter demselben.

Die Sonne im Wassermann und der Jupiter in Zwillinge befinden sich im Exil, Venus und Saturn im Eineinhalbquadrat stehen auch in Rezeption und Merkur Eineinhalbquadrat von Uranus ebenfalls, wodurch beide Aspekte sich einem Quadrat nähern. In den intellektuellen Häusern (1., 3. und 9.) befinden sich Mond und Jupiter. Rückläufig sind Uranus, Jupiter.

Man beginnt die Prognose stets mit der Erforschung des Charakters, der Seelen-Analyse, der Neigungen, geistigen Veranlagung, der Willenskraft und seelischen Widerstandsfähigkeit, um dadurch auch die Stärke und Reagenzfähigkeit des Individuums gegenüber den siderischen Einflüssen zu erkennen, denn nicht alle Menschen reagieren auf ein und denselben Aspekt in gleicher Weise und gleicher Stärke. Daran anschließend sind die Reizempfindlichkeiten des Gemütes zu untersuchen, und hierauf die intellektuellen Anlagen und Fähigkeiten.

Den Lehren des berühmten Astrologen Morin folgend, untersucht man zu diesem Zwecke in erster Linie die Einflüsse des Geburtszeichens, und zwar in Berücksichtigung auf das Dekanat, in dem der Aszendent steht, wie auch auf die Aspekte, die dieser erhält. Sodann werden die Eckhäuser 10, 7 und4 in gleicher Weise zur Beurteilung herangezogen.

Zur weiteren Untersuchung wird nun die Sonne, als das höhere, innere Prinzip, die aufbauende Energie, die Willenskraft herangezogen, und zwar in Rücksicht auf ihre kosmische und akzidentelle Stellung im Horoskop.

Nun folgt zur Beurteilung der Persönlichkeit, der Reagenzfähigkeit und Reizempfindlichkeit des Gemüts- und Empfindungslebens und der Gefühlsstärke der Mond, und zwar gleichfalls aufgrund der kosmischen und akzidentellen Stellung.

Der Geburtsgebieter, also jener Planet, der im Geburtszeichen sein Domizil hat, ergänzt diese Untersuchungen, desgleichen jeder Planet im Aufstieg, also Planeten im Orbis bis zu 8° vor oder nach der Spitze des Aszendenten, ferner alle Planeten in den 4 Eckhäusern, aber legten Endes auch im 3., 9. und 5. Haus. Die Planeten im 1., 3. und 9. Haus haben auch einen starken Einfluss auf die intellektuellen Fähigkeiten, und im 5. Haus auf das Triebleben und die Sexualität.

Die geistigen und intellektuellen Fähigkeiten und Qualitäten werden auch stark beeinflusst durch Mond, Merkur, Uranus wie auch durch Neptun. Ihre kosmische Kraft oder Schwäche müssen genau berücksichtigt werden, ebenso ihre Dispositoren und diejenigen der erwähnten Häuser, auch die Aspektierung dieser Häuser, besonders wenn sie durch keinen Planeten besetzt sind.

Wenn Antiszien in Konjunktion mit entscheidenden Häuserspitzen oder Planeten stehen, sind sie ebenfalls zu berücksichtigen, und zwar nach der Natur ihres Planeten, der Zeichen, in denen sie sich befinden und in denen ihr Planet steht.

Auch die für diese Untersuchungen infrage kommenden sensitiven Punkte sollen berücksichtigt werden.

Es ergeben dann alle diese Untersuchungen das Gesamtbild des inneren und äußeren Menschen mit all seinen Vorzügen, Stärken, Fehlern und Schwächen, seinen Neigungen, Leidenschaften, Anlagen, Fähigkeiten und Entwicklungsmöglichkeiten.

Nun ist als Allgemeinbeeinflussung noch zu berücksichtigen, iu welchem Trigon (Feuer, Luft, Wasser, Erde) sich die Mehrzahl der Planeten befindet, auch ob sie sich in kardinalen, fixen oder labilen Zeichen zeigt.

Hat man nun auf diese Weise die Charakter- und Seelenanalyse durchgeführt und die intellektuellen Fähigkeiten und Qualitäten erkannt, so schreitet man zur Lebensbeschreibung bzw. zur Darstellung der Schicksalsmöglichkeiten, die sich aus dem Gesamtbild bzw. aus dem Charakter und der Wesenheit des Nativen ergeben, indem man mit dem 2. Haus beginnt und mit dem 12. Haus endet. Es ist das die traditionelle Form.

Jedes Haus wird, entsprechend seinen Auswirkungsmöglichkeiten, genau untersucht, und zwar nach der Natur der in demselben befindlichen Planeten, nach dem Zeichen der Hausspige, der Aspektierung, der Stellung des Dispositors, der mit diesem Haus in Konjunktion stehenden Antiszien (Spiegelpunkt), und schließlich auch in Rücksicht auf die den Auswirkungsmöglichkeiten des betreffenden Hauses entsprechenden sensitiven Punkte, wie z. B. beim 2. Haus den Glückspunkt, Punkt für Vermögen, für Erbschaft, beim 6. Haus den Tod, beim 5. Haus den Punkt für Kinder usw., auch wenn sich diese Punkte in anderen Häusern befinden.

Schließlich muss auch die Temperamentsmischung festgestellt werden. Man findet nach Morin die Temperamentsmischung auf folgende Art: Die Verteilung der Planeten und des Aszendenten auf die Zeichen der 4 Trigone entscheidet insofern, als jedem Planeten 1 Einheit und Sonne, Mond, Merkur und Aszendent je 2 Einheiten zugeteilt werden, wie folgt:

Bei Luft und Erde ist hier das Verhältnis 6:5. Da Sonne, Mond, Merkur und Aszendent immer den Vorrang haben, so entscheidet hier die

Besetzung des Lufttrigons, da sich in diesem auch Merkur und Sonne befinden. Die Zugehörigkeit der Zeichen zu den Temperamenten ist folgende:

Feuerzeichen = cholerisch melancholisches Temperament

Luftzeichen = cholerisch sanguinisches Temperament

Erdzeichen = lymphatisch melancholisches Temperament

Wasserzeichen = lymphatisch sanguinisches Temperament.

Wie man sieht, kombinieren sich immer 2 Temperamente zur gemeinsamen Wirkung. Die Allgemeinbeeinflussung der Temperamente ist folgende:

1. Feuerzeichen = cholerisch melancholisch. Cholerisch = rasches, reizbares Wesen, Leidenschaftlichkeit, Heftigkeit, Herrschsucht. Melancholisch = feiner, beweglicher Geist, nachdenklich, grüblerisch, zu asthenischen Affekten neigend, wie Trübsinn, Einsamkeit, zeitweise schwankend in den Entschlüssen, im Allgemeinen ein „Idealist".

2. Luftzeichen = cholerisch sanguinisch. Cholerisch = wie oben. Sanguinisch = heitere Natur, heftiges Wesen, lebhafte Gemütsbewegungen, entschiedenes Auftreten, voreiliges Benehmen, Unbedachtsamkeit, Übereilung, Liebe zu Tafelfreuden und Vergnügungen, witzig, gefällig gegen jedermann.

3. Erdzeichen = lymphatisch (gleich phlegmatisch) melancholisch. Lymphatisch = phlegmatische, zurückhaltende Veranlagung, ver-

Feuer	**Luft**	**Erde**	**Wasser**
☾ 2	♃ 1	♆ 1	Ascendent 2
	♂ 1	♄ 1	
	☿ 2	♂ 1	
	☉ 2	♅ 1	
		♀ 1	
2	6	5	2

träumt, sinnlich, das Bestreben möglichst wenig Energie auszugeben, wenig Aufwand an Iniative. Melancholisch = wie oben.

4. Wasserzeichen = lymphatisch sanguinisch. Beide wie oben.

Auf dieselbe Art, und zwar mit Zuteilung der Einheiten in der gleichen Weise wie bei den Temperamenten wird auch die Zugehörigkeit zu den Konstitutionen oder Qualitäten (kardinal, fix, labil) beurteilt:

Hier entscheidet sofort die Zugehörigkeit zur fixen Qualität. In Band 2 „Synthese" findet der Schüler die Einflüsse für die drei Qualitäten.

Kardinal	**Fix**	**Labil**
☾ 2	☉ 2	♅ 1
♀ 1	♆ 1	♃ 1
	♄ 1	Ascendent 2
	♂ 1	
	☿ 2	
	♂ 1	
3	8	4

Geist, Seele, Charakter, Anlagen und Fähigkeiten

Der Aszendent des Radixhoroskops befindet sich im 3. Dekanat des Zeichens Fische. Man darf nun keinesfalls die Allgemeinbeeinflussung dieses Zeichens kritiklos und wörtlich abschreiben. Diese Ausführungen dürfen nur als Hinweise aufgefasst werden und erleiden bei jedem Individuum vielfache Änderungen durch die Planeten und deren Aspekte, usw. Das Zeichen Fisch als negatives und labiles Wasserzeichen mit seinem neptunischen Einschlag durch den Dispositor Neptun bezeichnet nur die Grundtendenz des Wesens.

Bei Menschen, die unter diesem Zeichen geboren sind, ist das psychische Moment stark hervortretend, ebenso auch das Gefühls und Gemütsleben, das immer einem starken Fluktuieren ausgesetzt ist, denn es hängt zu einem großen Teil von den günstigen oder ungünstigen Einflüssen der Umwelt ab, da ihnen eine außergewöhnliche Reizempfindlichkeit zu eigen ist. Das Zeichen Fisch als 12. Zeichen entspricht den Auswirkungsmöglichkeiten des 12. Hauses, das sich einigermaßen insofern auf die Persönlichkeit erstreckt, als es sich in Hemmungen, Hindernissen, Feindseligkeiten und Krankheiten manifestiert. Infolgedessen wird der Allgemeineinfluss des Geburtszeichens Fisch immer einigermaßen gefärbt sein durch das etwas lähmende Gefühl einer gewissen Unzulänglichkeit der Kräfte im Kampf gegen sich selbst aber auch gegen die Ungunst der gegnerischen Strömungen des Lebens. Es entsteht dadurch zeitweise eine gewisse Unsicherheit, sogar ein Minderwertigkeitsgefühl, was in diesem Horoskop um so stärker hervortritt, weil das 12. Haus so stark besetzt ist. Die Native muss aber dagegen energisch ankämpfen und sich wehren, es ist das zum Teil die Aufgabe ihres Lebens, um die Kräfte des Widerstandes und des Willens zu entwickeln. Die Möglichkeit dazu ist ihr gegeben, denn der harmonisch bestrahlte Mond steht im Energiezeichen Widder im 1. Haus im Sextil-Aspekt mit Sonne und Jupiter. Außerdem entspricht der Grundton ihres Wesens dem cholerisch sanguinischen Temperament.

Wir haben also als Grundton des Wesens der Nativen die Zugehörigkeit zur cholerisch-sanguinischen Temperamentsmischung und zur fixen Qualität zu werten und damit die Einflüsse des Geburtszeichens Fische zu kombinieren.

Wir sagten, dass der Nativen die Möglichkeit gegeben ist, die Widerstandskraft und Willenskraft stärker zu entwickeln. Das zeigt sich auch durch die glückliche Temperamentsmischung und die durch die fixe Konstitution bedingte Zähigkeit, Ausdauer und Beharrlichkeit, einmal gefasste Pläne und Entschließungen durchzuführen.

Dem Zeichen Fisch wird eine gewisse Liebesnatur zugesprochen, Hilfsbereitschaft und Barmherzigkeit, Aufopferungsfähigkeit, infolge eines warmen Gefühles gegen Schwäche und Hilflosigkeit. Das drückt sich in diesem Horoskop noch besonders dadurch aus, dass die Sonne im Trigon mit dem 2. Geburtsgebieter Jupiter steht, und ebenso der Mond, der nach der Analogie das Gemüt beherrscht. Der Mond steht außerdem im Sextil mit der Sonne, was auf ein starkes Gefühls- und Gemütsleben schließen lässt, denn der Mond steht dabei im 1. Haus. Da aber der Aszendent ein Quadrat durch Jupiter erhält, wird die angeborene Güte auch zeitweise in unbedachte Verschwendung ausarten.

Der Aszendent im Sextil mit dem Geburtsgebieter aber auch mit dem Neptun macht sehr sensitiv und feinfühlend und sehr empfänglich für Sympathien und Antipathien, worunter die Native zeitweise sehr zu leiden hat, besonders wenn sie gezwungen ist, unter einer disharmonischen Umgebung zu leben. Diese beiden Konstellationen beeinflussen aber auch ihr unterbewusstes Seelenleben und geben ihr transzendentale Einströmungen, ein gewisses Ahnungsvermögen und hellseherisches Empfinden.

Obwohl das Sextil des Saturn auf den Aszendenten insofern einen wohltuenden Einfluss auf die Native ausübt, als er ihr einen ernsten, selbstbesinnenden Einschlag gibt und ihr in Zeiten tiefer Entmutigung wieder Hoffnung und Selbstvertrauen einflößt, ist er doch nicht imstande, die durch Aszendent Konjunktion mit Uranus wirksame Klippe ihres Lebens auszuschalten. Der tl in dieser Stellung wirkt wohl als Gegenpol besonders in späteren Lebensjahren, kann aber, hauptsächlich in der Jugend, nicht immer verhindern, dass Ungestüm, Impulsivität, allzu große Unabhängigkeitsliebe, verkehrte, oft extreme Anschauungen und Empfindungen infolge 1. Haus Opposition mit Uranus nicht nur in psychischer und seelischer Hinsicht, sondern auch in materiellen Angelegenheiten zu leidvollen Zuständen, Verkehrtheiten und ungünstigen Auswirkungen führt. Uranus in Opposition auf den Aszendenten deutet überdies auf eine übernormale, zeitweise sogar krankhafte Reizempfindlichkeit, auf ein mimosenhaftes Gemüt, das durch alle Einflüsse sofort in Vibration gerät.

Besonders in Bezug auf die Umwelt bzw. auf Personen, die mit der Native irgendwie verbunden sind, wird diese übergroße Empfindlichkeit zeitweise sich ungünstig auswirken und zu Disharmonien und Differenzen mit diesen Personen führen, denn Uranus steht im 7. Haus und ist Dispositor des 12. Hauses, wie auch des des Liebespunkt (♥). Diese Opposition des Uranus auf das 1. Haus und Uranus als Dispositor des 12. Hauses verstärkt auch das, dem Zeichen Fisch im Allgemeinen zugehörige Ungemach, dass solche Personen meist wenig verstanden und nach ihrem wahren Wert geschätzt werden, es wird ihnen oft misstraut und vielfach ohne jeden Grund.

Das Sextil des Geburtsgebieters Neptun auf das 1. Haus ist durchaus gut zu werten, macht idealistisch gesinnt, gibt altruistische Empfindungen und unterstützt die Liebesnatur des Zeichens Fisch, hier besonders durch materielle Hilfsbereitschaft, denn Neptun steht im 2. Haus und im Erdzeichen Stier. Da der Neptun aber sehr disharmonisch aspektiert ist, besonders durch Quadrat des Merkurs aus dem 12. Haus, so hat die Native durch Undank und Missverstandensein auch in dieser Beziehung leidvolle Erfahrungen zu machen. Diese Stellung des Neptun zum 1. Haus gibt auch einen Hang zu Träumereien, zu fantasievollen Vorstellungen, die nicht zu realisieren sind. Außerdem ist ein stark poetisches Gemüt vorhanden, worauf auch schon der Punkt für Kunst in seiner Konjunktion mit dem Mond im 1. Haus und seiner sonst sehr harmonischen Aspektierung deutet.

Das Sextil des Saturn aus dem 2. Haus und einem Erdzeichen auf das 1. Haus lässt aber auch auf einen stark ausgeprägten Erwerbssinn schließen, der sich zur Erreichung seiner Zwecke mitunter ganz origineller Hilfsmittel zu bedienen weiß, denn Saturn erhält auch ein Trigon mit Uranus. Die gute Verbindung der Sonne und des Mondes mit Jupiter schließt aber dabei jedes allzu egoistische Vorgehen und hauptsächlich jede unehrenhafte Handlung vollständig aus.

Das Quadrat des 2. Geburtsgebieters Jupiter auf das 1. Haus ist nicht günstig zu werten, wenn auch der Jupiter im Zwillinge exiliert ist und an quantitativer Wirkung etwas einbüßt. Es wirkt diese Konstellation insofern ungünstig auf den Charakter ein, als sie nicht nur zeitweise zu unbegründeten Voreingenommenheiten verleitet, sondern auch zu Ungerechtigkeiten und zu einem vorschnellen und unüberlegten Schluss und Urteil, denn Jupiter steht im Applikations-Quadrat mit Uranus. Der Jupiter im Quadrat zum 1. Haus führt auch gern zu Übertreibungen in Bezug auf seelische Affekte sowohl als auch auf materielle Handlungen und verleitet auf Kosten der absoluten Wahrheit auch mitunter, wenn auch ungewollt, und meist nur durch die starke Gemütsbewegung und Impulsivität (Mond im Widder) verursacht, zu Entstellungen, also zu Unwahrheiten.

Das Halbquadrat des Mars auf das 1. Haus verursacht eine gewisse Neigung der eigenen Meinung zeitweise durch Schärfe des Ausdrucks oder durch Sarkasmus stärkeren Nachdruck zu verleihen, allerdings ohne jede Böswilligkeit. Da der Mars in Konjunktion mit dem Merkur verbunden ist, erhält diese Neigung noch eine stark intellektuelle Note und verbindet sich mit sophistischen Redewendungen, mit eindringlichen Argumentationen, was bis zur eigensinnigen Rechthaberei ausarten kann, denn der Mars steht auch im Eineinhalbquadrat mit dem Jupiter. Starke seelische Erregungen können auch zum Jähzorn führen, da Mars auch im Eineinhalbquadrat mit Uranus steht, doch hält der Zorn nicht lange an, wenn auch ein langes Nachzittern der Erregung bestehen bleibt.

Der Aszendent steht im 3. Dekanat des Zeichens Fisch. Hier ist Mars der Mitherrscher, wodurch die Leidenschaften etwas stärker und kraftvoller werden, was auch zu größerer Energie und einem stärkeren Selbstbewusstsein führt, als sonst dem Zeichen Fisch zu eigen ist. Immerhin aber betont das 3. Dekanat dieses Zeichens sehr stark die geistige Ebene und durchsetzt in dieser Beziehung das ganze Wesen der Nativen, gibt ihm einen philosophischen Einschlag und einen intensiven Entwicklungsdrang.

Darauf deutet auch das 10. Haus im Zeichen Schütze. Es verursacht im Allgemeinen einen größeren Drang nach höherer Erkenntnis, mit der Neigung, dieser Erkenntnis entsprechend zu leben und sie anderen mitzuteilen bzw. andere damit zu beeinflussen. Auch diese Mitteilsamkeit entspringt der angeborenen Neigung zu helfen, um so mehr da das 10. Haus in Konjunktion mit dem Antiszium der Venus, im Sextil der Sonne und Trigon Mond steht. Da dieses Haus aber auch durch seinen Dispositor Jupiter eine Opposition erhält, so wird die Native in dieser Beziehung leicht zu einem Übereifer verleitet, der unter Umständen sogar schädlich wirken und ihr Feindschaften eintragen kann, weil das 10. Haus auch ein Quadrat durch Uranus, den Dispositor des 12. Hauses, erhält, welcher Planet immer, selbst in den besten Absichten, zu Übereilungen, Übereifer und impulsiven Handlungen tendiert.

Das 7. Haus im Zeichen Skorpion deutet im Allgemeinen auf einen ziemlich praktischen, klaren und zielbewussten Geist. Das liegt ja teilweise auch im Zeichen Fisch verankert, welches Zeichen auf eine schöpferisch tätige Gedankenwelt weist, mit guten Ideen und klugen Einfällen. Das wird noch dadurch unterstrichen, dass sich der Geburtsgebieter Neptun im Erdzeichen Stier befindet. Dabei wird eine große Zähigkeit im Verfolgen der Ziele aufgewendet, eine Ausdauer, die mit klugen und praktischen Einfällen verbunden ist, denn Neptun steht in Konjunktion mit dem Saturn. Das ist alles um so schärfer ausgeprägt, weil das 7. Haus im Trigon mit Neptun und Saturn steht. Aber auch in dieser Beziehung hat die Native mit Hindernissen und Hemmungen zu kämpfen, was Quadrat Jupiter und Eineinhalbquadrat mit Mars anzeigen. Da der Dispositor des 7. Hauses, der Merkur aber auch der Mars im 12. Haus lokalisiert sind, kann die Native in Zeiten größerer Missgeschicke leicht in Mutlosigkeit oder lähmende Unentschlossenheit verfallen, die aber nicht lange anhalten können, denn sowohl Uranus in Konjunktion mit dem 7. Haus, als auch das Zeichen Fisch selbst entsprechen einem allzu beweglichen Geist, einer gewissen geistigen Unruhe, die immer nach Neuem und nach Beherrschung der Verhältnisse strebt.

Die im Zeichen Wassermann exilierte und im 12. Haus in ihrer reinen Auswirkung auf Charakter und Gemüt etwas gehemmte Sonne entwickelt immerhin gute Eigenschaften in diesem Zeichen und verleiht dem Wesen etwas Seltsames, Geheimnisvolles, das nicht leicht zu ergründen ist. Ein humanes, menschenfreundliches Denken und Empfinden vermengt sich hier mit Ehrlichkeit und Toleranz. Feingeistigkeit und Ehrgeiz, intuitive Erkenntnis sind ziemlich ausgeprägt, schon durch den Dispositor Uranus, der mit der Sonne im Quincux steht. Sonne im Wassermann erzeugt aber starke Leidenschaften, die nur durch die ruhige Oberfläche verdeckt scheinen und in diesem Horoskop nie zu aggressiver Wirkung gelangen können, da die Sonne im Sextil mit Mond und Trigon mit Jupiter steht. Eine leichte Anpassungsfähigkeit ist durch Sonne im Wassermann gegeben, besonders weil die Sonne im 3. Dekanat dieses Zeichens steht, in dem Venus Mitherrscherin ist. An dieser Stelle macht die Sonne besonders freundlich und angenehm im Wesen und Umgang und lässt sehr sympathisch erscheinen. Die Freude an Genuss und Geselligkeit erhält eine feinere Note und das Gefühlsleben tritt mehr hervor. Leichte Inspiration, auch Neigung zum Studium der menschlichen Natur.

Da aber die Sonne im 12. Haus steht, werden alle diese Eigenschaften mehr oder weniger gewissen Trübungen und Hemmungen ausgesetzt sein, oder ihre Auswirkungen gestalten sich zeitweise nicht in der entsprechenden guten Qualität.

Die Sonne im Quadrat mit Neptun verleitet leicht zu falschen Anschauungen und Empfindungen, irreführenden Vorstellungen, die noch dazu durch längere Zeit mit einer gewissen Zähigkeit festgehalten werden, denn der Geburtsgebieter Neptun steht im fixen Zeichen Stier in Konjunktion mit aufsteigender Mondknote und Saturn, der in diesem Zeichen seine essenzielle Natur voll auswirken kann.

Die Sonne im Quadrat mit Saturn verursacht zeitweise melancholische Anwandlungen, pessimistische Stimmungen und Einsamkeitsbedürfnisse, es überfällt die Native plötzlich und ohne jeden ersichtlichen Grund eine unerklärliche Traurigkeit. Das sonst starke Selbstbewusstsein macht dann einer Mutlosigkeit, einem Minderwertigkeitsgefühl Platz, das einigermaßen lähmend auf Energie und Unternehmungskraft wirkt, besonders zu Zeiten, wo Sonne und Saturn in disharmonischen Aspekten zueinanderstehen. (Transite.) Aber diese ungünstigen Einflüsse haben einen sehr wirksamen Gegenpol durch Sonne in Sextil mit dem Mond und Trigon mit Jupiter. Diese Aspekte bewirken sehr bald wieder das seelische Gleichgewicht und kräftigen das Selbstbewusstsein.

Die Sonne im Sextil mit dem Mond deutet im Allgemeinen auf ein sehr harmonisches Seelenleben, starke Gefühlsempfindungen und eine intensive Empfänglichkeit des Gemüts mit dem Bestreben nach einem harmonischen Ausgleich, um so mehr weil Mond im kräftigen Feuerzeichen im 1. Haus steht. Das Trigon der Sonne mit Jupiter wirkt in gleicher Weise und deutet auf eine sehr sympathische Persönlichkeit, die günstig auf ihre Umgebung wirkt und eine große Anziehungskraft besitzt. Es gibt dieser Aspekt viel Hoffnung und Selbstvertrauen und verfeinert den ganzen Charakter. Die Gesinnung ist grundehrlich, voll Treue und moralischer Festigkeit und Abscheu vor allen gemeinen und unehrlichen Handlungen.

Einen großen Einfluss in diesem Horoskop besitzt auch der Mond im 1. Haus, dem Haus der Persönlichkeit. Seine Stellung im Widder ist wohl eine Pervertierung, denn der kalte und feuchte Mond steht hier im warmen und trockenen Feuerzeichen, aber dieser Druck auf die essenzielle Natur des Mondes wirkt nicht ungünstig, sondern verleiht dem Mond, der nach der Analogie die irdische Persönlichkeit vertritt mit ihrem Seelenleben, das Prinzip einer stärkeren, selbstbewussten Energie und Selbstbehauptung, was dem Geburtszeichen Fisch weniger zu eigen ist, wonach durch diese Mond-Stellung die Native nicht mehr den reinen, negativen Fisch-Typus aufweist. Der Mond im Widder beherrscht auch das Verstandesleben in günstiger und selbstbewusster Weise und wirkt befruchtend ein, um so mehr, weil er von disharmonischen Aspekten frei ist. Das Wesen wird durch diese Konstellation lebhaft, impulsiv, voll Ehrgeiz und Selbstvertrauen, Schaffenskraft und Unternehmungslust. Die starke Unabhängigkeitsliebe besonders in wirtschaftlicher Beziehung verbindet sich mit einem scharfen Verstand und lässt gern nach eigenen Plänen handeln. Eine Eignung zum Pioniertum für soziale oder öffentliche, auch wissenschaftliche Probleme wird verstärkt durch eine gewisse Kampflust bzw. einer Freude am Besiegen von Hindernissen. Freilich kann die Native in dieser Beziehung schon durch den starken o- Einfluss leicht in Extreme geraten. Auch steht der Mond im 3. Dekanat Widder, wo der Jupiter seine Mitherrschaft hat, und das Wesen hitziger und ruheloser macht.

Der Mond im Sextil mit Jupiter ist ein ausgezeichneter Aspekt, der auf eine sehr aufrichtige und offene Gesinnung deutet und auf ein treues Wesen von Verlässlichkeit und Ehrenhaftigkeit schließen lässt, besonders weil Jupiter auch 2. Geburtsgebieter ist.

Neptun als 1. Geburtsgebieter kann, da er im 2. Haus lokalisiert ist, keinen besonders großen Einfluss auf Wesenheit und Charakter ausüben. Immerhin, da er die höhere Schwingung des Mondes sein soll, wirkt er mitbestimmend mindestens auf das Gefühlsleben, das er überaus eindrucksfähig und empfänglich macht, denn er steht im Stier. Die Sinnlichkeit erhält damit eine Verstärkung durch glühende, geistige Vorstellungen, wie überhaupt alle Vorstellungen und das Denken plastische Dichte erhalten, die sich oft bis zur greifbaren Deutlichkeit gestalten. Aber es bedeutet diese Vorstellungskraft insofern eine Gefahr, als Neptun in Konjunktion mit absteigender Mondknote steht und auch im Quadrat mit Merkur, was leicht zu verhängnisvollen Irrtümern führen kann, denn Neptun in Konjunktion mit Saturn hat ja an und für sich die Tendenz zu einem in die Irre gehenden Seelenleben und im Quadrat mit Merkur, verstärkt durch Parallelschein, wird das Einbildungsleben zeitweise sehr ungeregelt, voll falscher Vorstellungen oder Ansichten und einem Verkennen der Wirklichkeit zugunsten eines voreingenommenen und meist durch den Saturneinfluss mit Zähigkeit festgehaltenen Standpunkt.

Eine prominente Stellung in diesem Horoskop nimmt auch die Venus im 10. Haus im Zeichen Steinbock ein, sie ist aufsteigend zum Meridian. In ihrer essenziellen Natur erscheint sie ebenfalls pervertiert, denn ihre Zugehörigkeit zu Warm und Feucht wird im Steinbock mit Kalt und Trocken im Sinne ihres Dispositors Saturn einigermaßen umgewandelt, sie verliert ein wenig das Bewegliche, Ungebundene, Strahlende und erhält etwas Eingeschränktes, das Gemüt mehr oder weniger Unterdrückendes, mehr der Klugheit Unterstelltes. Die Liebe zum Genuss, zur Schönheit und Lebensfreude erhält eine ernstere Note, etwas Zurückhaltendes, wodurch das ganze Triebleben gewissen Spannungen ausgesetzt ist, hier um so mehr, weil die Venus im Eineinhalbquadrat und in Rezeption mit Saturn steht. Diese Konstellation wirkt durch die Rezeption beinahe wie ein Quadrat, also ziemlich stark. Das Sexualleben erhält dadurch auch eine gewisse, vom Normalen etwas abweichende Note, vielleicht mit einem leichten sadistischen Einschlag, weil die Venus auch noch im Parallelschein mit dem Mars steht. Allerdings verleiht der gut gestellte Mond und Sonne in Trigon mit Jupiter auch die Kraft, Entgleisungen und Exzesse in dieser Beziehung zu verhüten. Zeitweise verursacht die Stellung der Venus zum Saturn aber auch in sexueller Beziehung Ablehnung oder eine gewisse Gefühlskälte.

Der Uranus im Zeichen Jungfrau im 7. Haus macht in jeder Beziehung sehr originell und eigenartig, erfindungsreich und verleiht eine gewisse Genialität. Trotz aller Überstürzung und Impulsivität liegt dennoch im Denken und Handeln Methode und ein ausgesprochen praktischer Einschlag, eine Persönlichkeit, die durch originelle Ideen und Hilfsmittel auch schwierige Lagen des Lebens zu meistern versteht. Leider ist der Uranus mit Merkur und Mars (mit Merkur auch in Rezeption) durch Eineinhalbquadrat schlecht verbunden. Das steigert die Reizempfindlichkeit des Gemüts zeitweise zu einer mimosenhaften Krankhaftigkeit, das seelische Gleichgewicht wird angegriffen und die Objektivität und Nüchternheit des Urteils wird getrübt. Die sehr starke mentale Energie und die Fähigkeiten verirren sich dann in falsche Ideen oder in Irrtümern im Denkprozess, besonders auch durch Jupiter in Quadrat mit Uranus, was einseitige Neigungen und Vorstellungen bewirkt und zu stark in denselben beharren lässt. Zu Zeiten solcher Einflüsse ist die Horoskopeignerin nur sehr schwer vernünftigen Vorschlägen zugänglich zu machen, denn die gute Willenskraft verwandelt sich dann leicht in Eigenwillen.

Sehr gut aber wirkt die Trigon-Verbindung des Saturn mit Uranus, die sich auch in Applikation befindet. Das deutet auf ein starkes Streben nach Vertiefung, nach höheren Erkenntnissen, auf Entschlossenheit und Willenskraft. Geduld und Beharrlichkeit sowie ein innerer Ernst des Wesens und methodisches Vorgehen lassen hochstehende Ziele erringen. Diese Konstellation deutet auch auf eine starke Kraft zur Selbstzucht, die, wenn energisch angewendet, der Geborenen manche Unebenheit ihres Wesens besiegen helfen würde. Es ist auch eine große Begeisterungskraft für nützliche und fördernde Ideen vorhanden und eine kräftige Intuition, ein gewisses Hell empfinden.

Das' Geburtszeichen Fisch deutet im Allgemeinen auf gute intellektuelle Qualitäten mit einem künstlerischen Einschlag und poetischer Nuancierung. Das Auffassungsvermögen ist gut und leicht, nur wird die Urteilskraft einigermaßen beeinträchtigt durch das Gefühl, durch zu subjektive Einstellung. Stimmungen und Launen sind zu schnellem Wechsel ausgesetzt und gehen zu leicht in Trübseligkeit und Disharmonie über, in ein pessimistisches Grübeln und Brüten ohne Ziel und Zweck. Es ist über dem Fischgeborenen ein unerklärliches „Etwas", das sich oft wie eine graue Wolke über ihn legt und seine Bewegungsfreiheit in körperlicher, seelischer aber auch geistiger Beziehung unsichtbar hemmt, was hier durch die ungünstige Verbindung der Sonne mit Saturn und Neptun verschärft wird.

Die gute Mond-Stellung kräftigt aber die intellektuellen Anlagen und Mond in Sextil mit Jupiter, wobei Jupiter im Luftzeichen Zwillinge und an einem Ort der Tiefe steht, deutet auch den starken Drang nach Wissensbereicherung, nach höherer Erkenntnis an. Der Mond steht in Konjunktion mit dem Punkt für Kunst und dieser Punkt erhält ein Sextil mit Sonne und ein Sextil mit Jupiter. Es sind also starke künstlerische Qualitäten nach verschiedenen Richtungen vorhanden, deren berufliche Auswirkung aber gehemmt wird durch den Dispositor dieses Punktes und des Mondes, also durch den Mars im 12. Haus. Dieser Mars steht in Konjunktion mit dem Merkur, der Dispositor des Punktes für Wissen und Erziehung ist, also auf Hemmungen und Hindernisse schon in der Jugend in Bezug auf Bildungsmöglichkeiten weist. Da sich der starke intellektuelle Drang aber nicht unterdrücken lässt, kommt der Jupiter im 3. Haus zu Hilfe in seinem Sextil mit Mond und Trigon mit Sonne, was auf Wissensbereicherung durch emsiges Selbststudium, besonders in den mittleren und späteren Lebensjahren weist, da Jupiter rückläufig ist. Auch die sehr gute Bestrahlung des 3. Hauses, das auch in Konjunktion mit dem Punkt für Wissen steht, und des 9. Hauses, dessen Dispositor der Jupiter ist, deuten darauf.

Der Merkur in Konjunktion mit Mars verleiht der Verstandeskraft entschieden sehr viel Energie und erhöht den Wissensdurst, die rasche Fassungskraft, eine gewisse Schlagfertigkeit, aber auch eine reizbare Ungeduld, es kann alles nicht schnell genug begriffen werden, wozu noch Uranus in seiner Opposition zum 1. Haus insofern ungünstig einwirkt, als er immer zu Neuem drängt und der Vertiefung des eben Begriffenen zu wenig Zeit lässt.

Die Lebensprognose

Nach der Schilderung des Charakters, der Anlagen und Fähigkeiten folgt nun die Beschreibung der möglichen Lebensverhältnisse, und zwar beginnend mit den finanziellen Angelegenheiten, also mit den Auswirkungsmöglichkeiten des 2. Hauses.

***

Das 2. Haus erhält disharmonische Aspekte durch Eineinhalbquadrat mit Uranus, Quadrat mit Mars und Quadrat mit Merkur. Das deutet auf einige schwere Schicksalsschläge in finanzieller Hinsicht. Durch Quadrat mit Mars und Quadrat mit Merkur aus dem 12. Haus können Verluste eintreten durch Gegnerschaften und feindliche Bestrebungen. Auch bei Todesfällen bzw. Erbschaften dürfte die Native mit Schmälerungen und Enttäuschungen zu rechnen haben, denn Mars ist Dispositor des 8. Hauses und sein Antiszium befindet in demselben. Darauf deutet übrigens auch der Punkt für Erbschaft, der mit seinem Dispositor Sonne in Konjunktion steht. Der das 2. Haus angreifende Merkur ist Dispositor des 4. Hauses. Dieses Haus als das Elternhaus und der Merkur als Planet der Jugend im 12. Haus, lässt auf schwierige finanzielle Verhältnisse im Elternhaus schließen, und daraus folgernd auf eine in dieser Beziehung etwas entbehrungsreiche Jugend, andererseits aber auch in späteren Jahren durch Verluste in Verbindung mit der eigenen Häuslichkeit, um so mehr, als auch das 4. Haus im Eineinhalbquadrat mit dem Merkur steht. Nun ist Merkur der Dispositor des 7., des Ehehauses. Das kennzeichnet diese möglichen Verluste auch als in Verknüpfung mit ehelichen Verbindungen. Darauf deutet auch das Eineinhalbquadrat des Uranus aus dem 7. Haus. Es können also neben den vorerwähnten anderen Verlusten Perioden im Leben der Nativen eintreten, die finanzielle Schicksalsschläge zeitigen, deren Ursachen irgendwie mit ehelichen Angelegenheiten verbunden sind, sei es durch ungünstige Erwerbsverhältnisse des Gatten oder durch eigene, unüberlegte Handlungen, vielleicht auch durch Leichtsinn des Lebensgefährten. Diese Annahmen zeigen noch dadurch eine gewisse Berechtigung, dass der Uranus im 7. Haus auch der Dispositor des Punktes ♥ ist. Das Quadrat von Mars und Merkur auf das 2. Haus weist aber auch auf gelegentliche Verluste durch eigene, unüberlegte, vorschnelle Handlungen, vielleicht auch aus dem Bestreben heraus, zeitweise eingetretene widrige Umstände trotz unzureichender Mittel allzu eigensinnig und zu sehr getragen vom Gefühlsleben bekämpfen zu wollen.

Das 2. Haus erhält aber auch das wohltätige Trigon der Venus, wobei zu beachten ist, dass die Venus auch Dispositorin dieses Hauses ist und in diesem Horoskop schon durch ihre Stellung im 10. Haus einen bedeutenden Einfluss hat, um so mehr, weil sie auch die Dispositorin der im 2. Haus lokalisierten Planeten Neptun, Saturn und Pluto ist. Diese Konstellation deutet an, dass die Native trotz gelegentlicher Fehlschläge und Verluste durch ihre berufliche Tätigkeit dennoch im Stande ist, ihre finanziellen Verhältnisse immer wieder günstig zu sanieren, ja dass sie sogar periodenweise sehr gute Einnahmen haben muss, besonders weil der Punkt für Vermögen im 10. Haus (Berufshaus) und im Trigon mit dem Mond aus dem 1. Haus steht, was eine gewinnbringende berufliche Tätigkeit in Verbindung mit der Öffentlichkeit anzeigt.

Der Dispositor deses Punktes und des 10. Hauses wie auch des Antisziums der Venus, der Jupiter steht rückläufig am 4. Haus, das deutet, dass die Native in späteren Lebensjahren zu einem Eigenheim und in stabile, geordnete und günstige Finanzverhältnisse gelangen wird, denn Jupiter steht im Sextil mit Mond und im Trigon mit der Sonne, und der Punkt für Vermögen hat Sextil mit Sonne und Trigon mit Mond. Allerdings steht dieser Punkt auch im Quadrat mit dem Uranus aus dem 7. Haus und das 2. Haus und der Jupiter ebenfalls in disharmonischen Aspekten mit diesem Planeten, wodurch gewisse eheliche Verhältnisse (wie schon erwähnt) finanzielle Schädigungen eintreten lassen können.

Da die Native aber zwei Ehen im Leben zu schließen scheint, muss demnach eine Ehe in finanzieller Hinsicht sehr günstig sein, denn der gut aspektierte Saturn im 2. Haus steht mit dem Uranus im applikativen Trigon und wirft den gleichen Aspekt auch auf das 7. Haus. Da Uranus rückläufig ist und Saturn nach der Analogie die späteren Lebensjahre regiert, dürfte es sich hier wohl um die 2. Ehe handeln, und zwar dem Saturn entsprechend mit einem an Jahren viel älteren Mann. Der absteigender Mondknoten in Konjunktion mit dem Neptun im 2. Haus lässt auf die schwierigen Besitzverhältnisse in der Jugend schließen, während der Saturn in Konjunktion mit dem Glückspunkt in späteren Jahren bessere Verhältnisse anzeigt, wenn auch diese nicht immer ganz sorgenlos sein mögen, denn der Saturn erhält ein Quadrat mit der Sonne aus dem 12. und Eineinhalbquadrat mit der Venus aus dem 10. Haus. Die Native wird aber immer Mittel und Wege finden, solche Krisen zu überwinden und auszugleichen, vielleicht auch mitunter durch Hilfe befreundeter Personen (Saturn ist Dispositor des 11. Hauses), denn der Saturn bestrahlt das 1. Haus im Sextil. Der Mond als Dispositor des 5. Hauses im Sextil mit dem Jupiter als Dispositor des Punktes für Vermögen lässt auch auf einen Lotteriegewinn schließen, den die Native auch tatsächlich schon gemacht hat. Zu Reichtum kann infolge der hindernden Konstellationen die Native es schwerlich bringen, wohl aber durch eigene Kraft und eine gute Ehe zu auskömmlichen, stabilen, wenn auch etwas bescheidenen finanziellen Verhältnissen, besonders in den späteren Lebensjahren.

Das 3. Haus im Zeichen Zwillinge deutet meist auf eine größere Verwandtschaft. Es sind mehrere Geschwister vorhanden, denn dieses Haus steht im Trigon mit seinem Dispositor Merkur. Da dieser Planet im 12. Haus steht, dürften sich auch die Geschwister nicht besonderer Glücksumstände erfreuen, um so mehr, weil auch der Dispositor des Punktes für Geschwister, der Mars im 12. Haus und in Konjunkiton mit dem Merkur steht. Da aber sowohl das 3. Haus wie auch dieser Punkt harmonisch aspektiert werden, ist das Verhältnis der Nativen zu ihren Geschwistern ein ziemlich harmonisches, wenn auch durch die Stellung von Mars und Merkur im 12. Haus mit einigen Verwandten eine gewisse Entfremdung bestehen mag.

Das 4. Haus, ebenfalls im Zeichen Zwillinge, erhält ein Quadrat mit Uranus und Eineinhalbquadrat mit Merkur. Der Dispositor ist Merkur. Das lässt auf sehr ungünstige Verhältnisse im Elternhause schließen. Der das 3. Haus im Quadrat angreifende Uranus ist auch Dispositor von Mars und Merkur und dem 12. Haus, dem Haus der Hemmungen und Hindernisse, aber auch der Feindschaften. Es war besonders der Vater der Nativen, der ihr feindlich gegenüberstand, was sich dadurch zeigt, dass der Dispositor des Punktes für Vater, ebenfalls der stark verletzte Mrkur im 12. Haus steht. Günstiger war der Nativen die Mutter, denn der Dispositor dieses Punktes, der Mond steht im 1. Haus im Sextil mit Jupiter und Sonne und dieser Punkt selbst hat Konjunktion mit dem Antiszium Jupiter, welche Konstellation auf eine sehr rechtschaffene und gerecht denkende Frau schließen lässt, die jedoch mit vielen Existenzsorgen zu kämpfen hatte, da dieser Punkt in Opposition der Venus vom 10. Haus steht, welcher Planet Dispositor des 2. Hauses ist. Merkur und Mars, determiniert auf den Vater, deuten auf den gewaltsamen Tod des Vaters, der früh erfolgte, während das 4. Haus in Konjunktion mit Jupiter, Trigon mit der Sonne und Sextil mit Mond, wie auch der die Mutter nach Analogie bedeutende Mond im Sextil mit Jupiter und Sextil mit der Sonne ein höheres Lebensalter für die Mutter versprechen.

Im Allgemeinen deuten der Aszendent Fisch und das 5. Haus im Zeichen Krebs besonders bei weiblichen Personen auf eine reichliche, mindestens normale Kinderzahl. Die Native hat aber keine Kinder, hat auch niemals empfangen. Diese Kinderlosigkeit ist in diesem Horoskop aber ersichtlich, denn der Punkt für Kinder steht mit dem Dispositor des 5. Hauses, dem Mond im Quadrat und der Dispositor dieses Punktes, der Saturn hat Konjunktion mit den absteigender Mondknoten und Konjunktion mit Neptun und befindet sich im Quadrat mit dem Lebensprinzip Sonne aus dem 12. Haus. Außerdem steht der Mitherrscher des 5. Hauses (2. Dekan Krebs) der Mars im 12. Haus. Auch stehen Mond und Punkt für Kinder in den Zeichen Widder und Steinbock, die der Fruchtbarkeit ungünstig sind.

Das 6. Haus als das Haus der Krankheiten ist denkbar disharmonisch bestrahlt. Nicht nur, dass es in Konjunktion mit dem Antiszium des Saturn steht, erhält es auch noch vom 12. Haus, dass nach Morin ebenfalls für Krankheiten wirkt, Opposition mit Mars und Opposition mit Merkur und schließlich noch Halbquadrat mit Uranus und Halbquadrat mit Jupiter. Das ist eine starke Inklination zu Erkrankungen mancher Art, besonders weil auch das 1. Haus durch Uranus, Mars und Jupiter stark verletzt wird. Das 12. Haus in Konjunktion mit Mars und das 6. Haus in Opposition mit diesem Planeten zeigen die Möglichkeit schwerer Operationen an, die durchaus lebensgefährlicher Natur sind, denn Mars ist Dispositor des 8. Hauses, und dieses Haus steht in Konjunktion mit dem Antiszium der Sonne. Der Mars im Wassermann hat seinen Dispositor Uranus im Zeichen Jungfrau, Uranus ist gleichzeitig Dispositor des 12. Hauses und der Sonne. Die zu Operationen führende Krankheit hat infolge des Zeichens Jungfrau ihre Hauptursache in den Gedärmen. Mars steht überdies im Eineinhalbquadrat mit Uranus. Die Stellung des Mars im 12. Haus, wie auch des rückläufigen Merkur tendiert im Leben mehrfach zum Aufenthalt in einem Krankenhause, was aber auch die exilierte Sonne im 12. Haus anzeigt, die vom 6. Haus Dispositorin ist, aber auch gleichzeitig Dekanatsherrscherin. Sie erhält ein Quadrat mit Neptun, Quadrat mit Saturn und Quadrat mit Pluto. Schon das Quadrat des Neptun auf die Sonne ist gefährlich, weil Neptun der Geburtsgebieter ist, der auch unheilbare Krankheiten oder mindestens solche geheimnisvollen, schwer erkennbaren Ursprunges bedeutet; gefährlicher aber ist wohl das Quadrat des Saturn zur Sonne, denn die Sonne ist nicht nur die Lebenskraft, sondern beeinflusst nach der Analogie auch das Herz, wonach der Saturn als das Prinzip der Verlangsamung, Hemmung und Einschränkung einen diesbezüglichen ungünstigen Einfluss auf die Herztätigkeit auszuüben geeignet ist. Die Hilfe des Trigon Jupiter zur Sonne ist hier nicht allzu groß, denn auch der Jupiter. ist exiliert. Hier deutet nur der Mond, der im Feuerzeichen Widder zwischen Sonne und Jupiter steht und beide Gestirne im Sextil bestrahlt, auf eine starke, körperliche Widerstandskraft, die es der Nativen ermöglicht, manche schwere Krankheit zu überwinden.

Der rückläufige Merkur im 12. Haus im Zeichen Wassermann wirkt sehr ungünstig auf die Nerventätigkeit, besonders weil er im Zeichen des Uranus steht und mit diesem durch Eineinhalbquadrat verbunden ist, denn Uranus repräsentiert den Nervenäther, die feineren Nervenkräfte. Die Rückläufigkeit beider Planeten kann sich in einer größeren Nervenerschöpfung besonders in späteren Lebensjahren ungünstig bemerkbar machen. Merkur im Wassermann, und disharmonisch aspektiert neigt aber auch zu Erkrankungen der Eingeweide und zu wechselnden Schmerzen in allen Körperteilen, um so mehr, weil er Konjunktion mit Mars erhält.

Auf krankhafte Nervenzustände mit teilweisen Lähmungserscheinungen weist aber auch der Neptun in seinem Quadrat mit dem Merkur und seiner Konjunktion mit Saturn, und absteigende Mondknoten. Das 8. Haus steht im Zeichen Jungfrau, das die Zeugungsorgane usw. regiert. Der Mars aspektiert dieses Haus im Quadrat. Bei einer Operation musste auch ein Eierstock operativ entfernt werden. Der Tod im Zeichen Schütze ist gut bestrahlt durch Sextil mit Mars und Sextil mit Merkur, ein Zeichen der körperlichen Widerstandskraft, mit der die Native ihre Erkrankungen glücklich überstehen kann.

Der Dispositor vom Tod, der Jupier im Zeichen Zwillinge im 4. Haus steht in Konjunktion mit dem Punkt für Vater im selben Zeichen. Da sich der Dispositor dieses Zeichens und dieses Punktes, der Merkur im 12. Haus als Krankheitssignifikator befindet, da er das 6. Haus in Opposition aspektiert und mit Mars in Konjunktion steht, lässt er darauf schließen, dass die Disposition zur Nervenerkrankung durch den Vater vererbt wurde, wogegen von Seite der Mutter keine Krankheitsvererbung vorliegt, denn der Dispositor dieses Punktes, der Mond ist sehr gut bestrahlt. Der Aszendent im Zeichen Fisch in seinen disharmonischen Aspekten mit Uranus, Jupiter und Mars deutet auf sehr empfindliche Füße und muss sich die Native besonders vor Erkältungen, Frost und dergleichen an den Füßen hüten, da infolge Quadrat mit Jupiter auf den Aszendenten in späteren Jahren eine Lungenentzündung, die eine Fußerkältung zur Ursache haben mag, droht. Die Opposition des Uranus auf den Aszendenten ist auch eine starke Warnung in Bezug auf ein extremes Verhalten bei Bädern, die keinesfalls zu kalt, zu heiß oder zu lang ausgedehnt genommen werden dürfen. Das Zeichen Fisch am Aszendent gibt im Allgemeinen eine gewisse Inklination zu Verwundungen und Unglücksfällen aller Art, auch durch Waffen, scharfe Gerätschaften und durch Feuer.

Es wurde für die Native der Einfluss der cholerisch-sanguinischen Temperamentsmischung festgestellt. Das erfordert Vermeidung jeder Überhitzung in der Ernährung. Gemischte Kost ist am vorteilhaftesten, viel Gemüse und Obst. Überanstrengung ist zu vermeiden, desgleichen alle Erhitzung und Aufregung. Viel Sorgfalt zur Ernährung und Kräftigung der Nerven ist geboten.

Das 7. Haus steht in enger Konjunktion mit dem rückläufigen Uranus. Da nun dieser Planet seiner Natur nach an und für sich zu Trennungen neigt, außerdem mit dem Dispositor des 7. Hauses, dem Merkur vom 12. Haus und mit dem Mars im Eineinhalbquadrat steht, kann gewiss auf eine Ehescheidung geschlossen werden.

Auch der Punkt für Prozess befindet sich im 7. Haus, dem Ehehause, und da er mit seinem Dispositor, dem Mars wie auch mit dem Dispositor des 7. Hauses, dem Merkur aus dem 12. Haus im Quadrat steht, zeigt sich ganz klar ein Eheprozess, der allerdings erst in späteren Jahren und nach einer längeren Ehedauer durchgeführt wurde, denn Uranus und Merkur sind rückläufig. Merkur als Dispositor des 7. Hauses steht im 12. Haus, dem Haus der Hemmungen, Einschränkungen und Feindschaften, in in Konjunktion mit Mars, und der ♥ befindet sich an der Spitze des 12. Hauses, ebenfalls in Konjunktion mit dem Mars. Diese Konstellationen deuten an und für sich auf eine unglückliche Ehe mit vielen Sorgen und Enttäuschungen, denn Mars und Merkur sind auch disharmonisch bestrahlt und erhalten keine Hilfe durch einen nennenswerten harmonischen

Aspekt. Diese schlechte Besetzung des 12. Hauses ist auch sehr bezeichnend für das ungünstige Verhältnis der Nativen zu ihrer Schwiegermutter (12. Haus), von der sie angefeindet wurde. Jupiter an der Spitze des 4. Hauses bedeutet auch die eigene Häuslichkeit. Der Gatte verwendete seine beruflichen Einnahmen zur Bestreitung seiner eigenen Bedürfnisse und steuerte wenig oder zeitweise überhaupt gar nichts zur Erhaltung des Hausstandes bei, welche Aufgabe nur der beruflichen Tätigkeit der Nativen zukam.

Das zeigt sich durch das 7. Haus im Quadrat mit Jupiter, durch Mars im Eineinhalbquadrat mit Jupiter, ♥ im Eineinhalbquadrat mit Jupiter und Uranus im applikativen Quadrat mit Jupiter. Der Gatte war zur Zeit des Eheschlusses vermögend, das zeigt das 7. Haus im Trigon mit Saturn und Neptun aus dem 2. Haus, welche Aspekte auch der Uranus erhält.

Da sich der Uranus im Quincunx mit der Sonne befindet und der ♥ im Confinis mit der Venus, wäre eine zweite eheliche Verbindung möglich aber nicht sehr wahrscheinlich, vielmehr ist eine illegale Verbindung besser zu ersehen, denn der Mond als Dispositor des 5. Hauses (illegale Verbindungen, Liebesverhältnisse) ist im 1. Haus vorzüglich bestrahlt durch Sonne und Jupiter und das 5. Haus steht im Sextil mit dem Geburtsgebieter Neptun. Dieser Planet hat im 2. Haus eine Konjunktion mit Saturn, was auf einen älteren Mann deutet. Eine solche Verbindung müsste sich dann auch finanziell besser auswirken. Wenn es bei der Nativen wirklich zu einer zweiten ehelichen Verbindung kommen sollte, so müsste derselben unbedingt eine derartige illegale Verbindung vorausgehen.

Das 9. Haus im labilen Zeichen Schütze und gut aspektiert, ermöglicht im Leben verschiedene größere Reisen, und da der Dispositor Jupiter an der Spitze des 4. Hauses steht, im beweglichen Zeichen Zwillinge, auch verschiedenen Wechsel des Domizils und der Häuslichkeit, wovon einige, besonders hervorgerufen in Verbindung mit ehelichen Verhältnissen, von sehr ungünstiger Auswirkung sein mögen, denn Jupiter erhält aus dem 7. Haus ein Quadrat des Uranus.

Auch sein Eineinhalbquadrat des Mars aus dem 12. Haus, der in Konjunktion mit ♥ steht, deutet darauf. Schließlich sind Ortsveränderungen und Reisen auch durch berufliche Verhältnisse möglich, denn der Punkt für Reisen im 10. Haus in Konjunktion mit der Venus deutet darauf, obwohl auch in dieser Beziehung mit einigen Fehlschlägen zu rechnen ist, denn dieser Punkt steht auch in Halbquadrat mit Sonne und Eineinhalbquadrat mit Saturn.

Das 10. Haus steht im Zeichen Schütze. In diesem Haus befindet sich die Venus und an der Spitze dieses Hauses steht das Antiszium dieses Planeten. Die Venus im Zeichen Steinbock und Jupiter als Dispositor des 10. Hauses im Zeichen Zwillinge deuten auf einen Intelligenzberuf, der durch das Zeichen Steinbock (kardinales Erdzeichen) einen merkantil praktischen Einschlag erhält. Die Native war viele Jahre mit Erfolg und Anerkennung als Büroangestellte tätig. Das Sextil mit Sonne und Trigon mit Mond auf das 10. Haus zeigen die Ersprießlichkeit dieser Tätigkeit an, ebenso die ausreichende finanzielle Entschädigung infolge Konjunktion des Punktes für Vermögen mit dem 10. Haus und dem Antiszium der Venus. Die Native wird durch diese Konstellation sich finanziell durch irgendeine berufliche Tätigkeit immer über Wasser halten können.

Der Punkt für Beruf steht im 12. Haus und im Sextil mit Mond aus dem 1. Haus. In späteren Jahren wendete sich die Native einem Beruf zu, der stark mit der Öffentlichkeit zu tun hat. Die große Anerkennung, die sich die Native in diesem Beruf erworben hat und noch erwirbt, zeigt der Punkt für Ruhm im 5. Haus im Sextil mit Neptun, Uranus und Saturn. Der Dispositor des Punktes für Beruf ist der Uranus im 7. Haus.

Eheliche Verhältnisse haben die Native zu diesem Beruf gezwungen, und zwar zum Teil auch aus finanziellen Gründen, denn Uranus steht im Trigon mit Saturn und Pluto aus dem 2. Haus, was finanzielle Erfolge anzeigt, obwohl die ungünstigen Eheverhältnisse zeitweise in diese Berufstätigkeit auch störend einzugreifen imstande sind, denn das 10. Haus erhält auch Quadrat mit Uranus.

Auch unüberlegte Domizilwechsel und Ortsveränderungen mögen beruflich finanzielle Rückschläge zeitigen, denn das 10. Haus steht mit seinem Dispositor, dem Jupiter von der Spitze des 4. Hauses aus in Opposition und der Punkt für Reisen im 10. Haus erhält ein Eineinhalbquadrat durch seinen Dispositor, den Saturn. Immerhin muss diese berufliche Tätigkeit der Nativen auch fernerhin finanzielle Erfolge ermöglichen, denn Uranus im Haus der Öffentlichkeit bestrahlt nicht nur den Punkt für Glück im 2. Haus durch Trigon, sondern auch im gleichen Aspekt den Saturn und Pluto, wenn auch gelegentliche Hemmungen durch außenstehende feindliche Einflüsse zu überwinden sind.

Das 11. Haus, das Haus der Freunde und Gönner steht im Steinbock, dessen Dispositor der Saturn ist. Es ist frei von schlechten Aspekten, erhält dagegen ein Trigon mit Neptun aus dem 2. Haus. Und da auch der Saturn mit dem Neptun im 2. Haus in Konjunktion steht, wird die Native bei gelegentlichen finanziellen Krisen hilfreiche, befreundete Personen zur Seite haben. Allerdings über viele, ernstere und tief empfundene Freundschaften wird sie nicht verfügen, denn das Zeichen Steinbock ist für engere Verbindungen schwerer zugänglich.

Das 12. Haus dagegen ist in Bezug auf Feindschaften und Gegner stärker bedacht, denn Mars und Merkur m diesem Haus deuten auf sehr viel Anfeindungen, oft rücksichtslosester Art, auch auf gewissenlose Verleumdungen, denen die Native zeitweise ausgesetzt ist, denn Merkur steht auch im Quadrat mit dem Neptun. Der Dispositor des 12. Hauses, der Uranus steht mit Mars und Merkur im Eineinhalbquadrat und da Uranus auch der Dispositor des Punktes für Beruf ist, entspringen viele dieser Anfeindungen der Missgunst beruflicher Gegner.